BLACK SWAN 黑天鹅图书

·········· 为 人 生 提 供 领 跑 世 界 的 力 量 ··········

BLACK SWAN

互联网时代

THE INTERNET AGE

全球第一部全面、系统、深入、客观解析互联网的纪录片

中央电视台大型纪录片《互联网时代》主创团队　著

北京联合出版公司
Beijing United Publishing Co.,Ltd.

图书在版编目（CIP）数据

互联网时代 / 《互联网时代》主创团队著. —北京：
北京联合出版公司，2015.2（2015.4重印）（2015.5重印）（2015.6重印）
（2015.7重印）

ISBN 978-7-5502-3569-4

Ⅰ.①互… Ⅱ.①互… Ⅲ.①网络经济—研究
Ⅳ.①F062.5

中国版本图书馆CIP数据核字（2014）第199299号

互联网时代

作　　者：《互联网时代》主创团队
责任编辑：王　巍
装帧设计：红杉林文化

北京联合出版公司出版
（北京市西城区德外大街83号楼9层　100088）
小森印刷（北京）有限公司印刷　新华书店经销
字数290千字　　710毫米×1000毫米　1/16　19.25印张
2015年2月第1版　　2015年7月第5次印刷
ISBN 978-7-5502-3569-4
定价：49.80元

《互联网时代》主创团队

出 品 人：**胡占凡**

总策划/总监制：**魏地春**

监 制：**齐竹泉 韩 青 张 政**

总制片人：**张 政**

文化顾问/创作指导：**麦天枢**

总 导 演：**石 强 孙曾田**

执行制片人：**杨 晔**

执行总导演：**黎亚辉 刘周全**

主创导演：**桂佳唯 梁 濛 郭 威**

赵 曦 李笠民 马 磊

李 健 董 治 魏超等

互联网时代是一个关联的时代，在这个时代中，我们会由一种个体变为一种集体。我认为，在互联网时代中，我们通过结合把自己变为一种新的、更强大的物种。

凯文·凯利
《连线》杂志创始主编
《失控》作者

网络的形式将成为贯穿一切事物的形式，正如工业组织的形式是工业社会内贯穿一切的形式一样。网络形式是一种社会形式，而非技术形式，没有网络科技即无从存在。这就是我所说的网络社会。

曼纽尔·卡斯特尔
美国南加州大学传播学院教授

互联网有一个好处，我先前也说过，就是人人都能与数不清的人快速发生联系，基本上是零花费，不用美元不费周章。

伦纳德·克兰罗克
美国加州大学洛杉矶分校特聘教授
互联网之父

我觉得，至少在某些方面，互联网像蒸汽机一样掀起了一场革命。今天，大多数人都以一种我们当时开创互联网从未意识到的方式进行沟通。当今，几乎所有的沟通都有赖于互联网技术，在二十年前，这几乎是通信企业也无法相信的场景。

彼得·克斯汀
英国伦敦大学计算机学院教授
英国互联网之父

托马斯·弗里德曼

《纽约时报》专栏作家
《世界是平的》作者

第一次出现了一个全球平台，在这个平台来自越来越多地方的越来越多的人能够就更多不同的事物、以更多不同的方式进行合作，并且其成本比世界历史上任何时候都低。由于互联网，在这个平的世界平台中，个体被赋予了强大的力量。因此现在有两股强大的力量在塑造世界。我们有超级大国：中国、俄罗斯、美国，但我们也有着强大力量的个体，也就是那些可以采取全球行动的个体。

克里斯·安德森

美国《连线》
杂志高级制作人
《长尾理论》作者

我的确认为我们是进入了人类发展的一个新阶段。用一个词语来形容就是民主。时代将有力的工具置于普通人手中。我觉得当我们看向人类发展的历史的时候，你会发现社会是由工具推动发展的，比如原始农业社会的火，再到工业革命时期解放了人力、过渡到机械化的工具。而现在的数字革命又将我们的脑力转换为机械能。每一个例子中，我们都在使用工具，放大自身的潜力。它解放了人类的创造力，让人们的想法走向全球的受众，这是以前任何科技都无法做到的。

尼古拉斯·尼葛洛庞蒂

美国麻省理工学院媒体
实验室创办人
《数学化生存》作者

一个巨大的变化就是它已经是一个联系的世界。这种联系不仅是每一件事都与每一件其他事联系起来，也是移动的联系，而不是静止联系，不是游离的行为。因此，这种联系才是巨大的变化。

蒂姆·伯纳斯-李

万维网发明人
互联网之父

网络从很多方面改变了人和人之间的关系。我认为我们现在还处在起点上，互联网已经改变了我们工作和生活的方式，但是我们现在真正想要实现的是，利用互联网帮助世界各地的人们相互交流和加深理解。

互联网最基本的功能，就是让任何相互联系的群体与在任何地方的任何其他人群交流。不管我们是不是将此称为一个新时代，这确实是我们看待交流方式的一个巨大的变化。这是最全球化的媒介，也是有史以来最社会化的媒介，也第一次使得距离和成本不相关。

克莱·舍基
美国纽约大学客座讲师
《人人时代》《认知盈余》
作者

很多人和很多人交谈，这才是互联网的最根本的民主动态。它让大众交流成为可能，让许多人以一种过去的大众媒体所不能的方式交流。互联网带给民主辩论最根本的改变在于它实现了参与性民主，而不再是代表性民主。

科林·斯巴克斯
香港浸会大学教授

今天的互联网就好比手写时代的印刷术。但是，互联网并不是全新的媒介，它就像是过去印刷术的升级换代。我认为印刷术最大的影响就是让更多人参与到文化运动中，它让更多人获得信息，因此运动有了广大群众基础。

彼特·柏克
英国剑桥大学伊曼
纽尔学院荣誉教授
《媒介社会史》作者

作为一个新时代，因特网的真正转型，主要不在于交流，而在于它对人类信仰的表达，这才是真正的变革。我们正在进入一个阶段，在这个阶段，技术会表达一些关于我们自身的有趣东西，一些印刷变革没有做到的东西，也是工业革命没有完全实现的东西。因此，从这点来看，我们确实是进入了一个史无前例的阶段。

卢恰诺·弗洛里迪
英国牛津大学
互联网研究所教授
信息哲学创始人

互联网是一股变革的力量。互联网改变了几乎每个人的生活，而在即将到来的几年内，它将继续带来更多的变化。我认为我们目前所处的位置，无论从技术，还是从社会角度，没有互联网的话，人类几乎将不能存在。

艾伯特-拉斯洛·巴拉巴西
美国东北大学复杂
网络研究中心主任
《爆发》作者

阿莱克斯·克罗托斯基

《虚拟革命》主持人
英国伦敦政治经济
学院访问学者

就我看来，互联网给我们人类社会带来的最大的变化不非得是政治经济方面，也不一定是人际交往或者社会心理层面的；而是所有这些层面怎样相互作用影响。我认为最重要的是：现在我们怎样具备这样一种能力，让我们去审视以往未曾发现的人类社会生活和心理生活的方方面面。

马克·扎克伯格

Facebook创始人

工业革命是我们社会的巨大进步。我想，互联网革命也是如此，最终人们成为技术经济的一部分。

罗伯特·希勒

2013年诺贝尔经济
学奖获得者
美国耶鲁大学讲座教授

我觉得互联网肯定是一个革命，我不知道这个革命的重要性怎么对比，它的重要性至少等同于工业革命，或者更加重要。互联网时代在某种程度上更加深刻，更加复杂，同时具有更多无限发展的可能。

尼古拉斯·卡尔

《哈佛商业评论》
前执行主编

有些人说在100年前，20世纪早期，我们的电子设备从广度上和深度上改变了社会，但是却比不上互联网影响的一半。互联网没有带来这些明显的基础设施的改变，但是它改变了内在，改变了我们的思想，它带来的是更私人的改变，我们跟其他人沟通方式的改变、我们思考方式的改变、我们观察世界方式的改变，所以我认为互联网带来了显著的影响。

扎克·林奇

美国生物神经科学家
《第四次革命》作者

人类在其整个历史进程中经历了农业革命、工业革命，现在我们正处在信息技术革命阶段，信息技术给政治、经济以及社会带来了根本性的变革。

邓肯·沃茨

《六度分隔》作者

互联网技术给了我们与人交流的新方式、创造内容的新方式、发现和组织信息的新方式。同时它们也给了我们把各自排除在外的新方式。我认为，整体上说，个人被赋予了更大的权利，因为互联网使得准入壁垒降低。

互联网的意义在于它是一股民主化的力量。人人都能参与其中，只要你足够聪明，无论是在印度、中国或是在非洲，如果有个好点子，放在网上，就可以触及上十亿人。在人类历史上，这是前所未有的。

埃里克·布林约尔松
美国麻省理工学院
数字化商业中心主任
《与机器赛跑》作者

我认为，此次互联网革命最非同凡响之处可能在于：我们在以一种可以即时传播、即时复制并可即时提取额外意义的方式，来进行我们的脑力活动，我们因而能以前所未有的方式，将计算机用于大众脑力活动产物。

蒂姆·奥莱利
美国奥莱利传媒
首席执行官

互联网有很多方面都很重要，但我认为最重要的就是哲学。我认为其哲学就是，它是开放的，任何人都可以参与，任何人都可以贡献，我不需要任何人的允许，它是一个全球社会。

伊藤穰一
美国麻省理工学院
媒体实验室主管

互联网当下为我们提供的最重要的东西就是发言的新场所，因为我们把社会的政治视为谁能为谁代言。他们能在全球范围内彼此链接，就能意识到彼此有共同的利益，开始寻找其他类愿意为他们自己代言的人，说"除我之外，无人能代表我"。我们为自己代言，我们有自己的声音，并且能让世人知晓，比如，"听听我们要说的，我们也听听你们要讲的"。参与民主的方式截然不同了。

大卫·斯特恩
哥伦比亚大学校
董会主席

互联网使我们对世界的情况了解更多，我们有了更多的弱连接，我们意识到了更多的新信息和新观点。我认为还有一点好处就是，动员大众参加政治或其他活动更加容易。

马克·格兰诺维特
美国斯坦福大学社会
学院教授
"弱连接"理论提出者

互联网让人类的交流进了一步，因为我们的环境以后就是基于互联网的。大楼、汽车、火车，所有的一切都会与互联网联系在一起，当所有的这一切发生之前，互联网还不会消失。

杨致远
雅虎公司联合创始人

维克托·迈尔-舍恩伯格
英国牛津大学互联网
研究中心教授
《大数据时代》作者

大数据是我们通过比从前更多的数据来审视世界的能力。在过去,人类被数据剥夺着——我们仅有很有限的数据,所以我们试着从每一个数据碎片里面挤出一些见解。然而在大数据时代我们有比从前多得多的数据,并且在新的技术、新的软件帮助下,我们现在可以得到关于生活各个层面的认知,这将彻底改变我们生活和思考的方式。

张朝阳
搜狐公司董事局主席
兼首席执行官

如同蒸汽机发明导致的工业革命,互联网是技术的突破,社会沟通效率的飞跃,更是一场人类社会的变革。特别是在转型期的中国,网络极大推进了改革开放、市场经济和自由竞争,推进了国家法治化和社会公平化。

目 录

从冷战这个偶然的历史背景展开，本集描述互联网技术的诞生过程，它如何在技术、社会、文化、制度等多重因素作用下，逐步发展为连接起每个人的互联网。同时，回望人类历史长河中科学技术带给人类社会发展的巨大推动，比照农耕时代、工业时代和互联网创造的社会变革，理解互联网技术正开创人类一个全新的时代。

互联网技术在短短二十年的商业化浪潮中，以前所未有的速度谱写着改变世界的产业传奇和创业人生。本集从个人兴趣的创造、风投资本的力量、创新创业的精神，解析互联网商业化过程和企业成长背后重要的动力，描绘新技术与需求在市场运动中，如何彼此发现并掀起一波波智慧创造与创业人生的浪潮，成长为今天俯瞰和照耀人类生活所有层面的新行业。

互联网在经济领域引发各产业生产方式、生产关系、生产要素的重新组合、建构。本集对比传统工业时代和互联网时代，不同的分工协作方式、产业链关系、消费与生产的关系等，解析互联网如何改变、解构原有的价值链条和产业格局，创造全新的产业生态和经济模式。当然，互联网带来的效率变革，必然同时给人与机器的赛跑提出新的时代性命题。

互联网去中心化、扁平化、自组织的特性，解构并重构着社会结构，创造新的组织方式和组织形态。本集对比工业时代和互联网时代不同的组织特征，解析人类因互联网实现充分、即时的彼此连接、相互影响，让矗立千年的传统社会组织呈现出自组织、扁平、多元和碎片化的趋势。传播方式和社会结构的变化，必然也深刻影响各国政府的执政理念和施政方式。

互联网赋予每一个人无限的可能，让个人力量增强、个人价值释放。本集通过群体智慧创造、新闻传播变革、自我价值实现的途径等，描绘互联网时代个人的崛起。互联网让普通的个人越过几百年塑造的专业屏障、权威评价和路径依赖，获得平等而充分的展现机会，个人和个人力量的汇聚释放出以往不曾有过的创造力与自我价值。

互联网催动了人类一场新的迁徙，由传统社会向网络化生存的"新大陆"的一次集体迁徙。本集从工作、社交、游戏与人生三个侧面，描绘人类的生存与生活方式如何由线下到线上、由物理空间向网络空间迁移，在这场向时时在线的未来生活不可逆转的大迁徙中，有收获也有失去，伴随着人类的，将是种种不适和情感的、观念的冲突。

技术是中性的，但人性有善有恶，互联网的能量同样让人性恶的一面的破坏力放大。新时代涌现的网络犯罪、网络暴力、网络安全等问题，使管理和控制变得更加迫切、重要而复杂。人类探索着新的管理规则与方式，学习对互联网进行科学、必要、合理的治理和应对。如何

共同努力在治理与发展的平衡中寻求新规则，这项新的
技术已经向整个人类发出了叩问。

隐私，是人类精神秩序、自我尊严的基本体现和保障。
在互联网时代，使用网络和获取服务常常会以牺牲隐私
为代价。在保护与出让的博弈中，在选择个性服务还是
保留隐私的两难中，一个近乎全透明的时代环境渐渐到
来，人类的隐私变得脆弱不堪。这是伴随网络发展将长
久存在的挑战，人们需要建构新的隐私观念和保护制
度，来适应一个全新的世界。

世界是多元的，人类过去、现在和长久的将来，都将依
然是文化传承和价值观的多样化。互联网进入不同发展
阶段、不同文化和社会特性的国家，呈现出不同的特点
和影响，也影响着各国的现在和未来。本集选择七个代
表性的国家，描绘互联网如何受到不同本土文化的影
响，每个民族国家、文化传统与互联网之间的融合与冲
突。同时，解析各个国家正如何选择自己的互联网战
略，面对未来的发展与竞争。

在时代开启的黎明，人类未知的远远大于已知。本集基
于今天的科技试验和技术展望，眺望互联网时代可能的
未来。芯片技术、传感器、云计算的飞速发展让万物相
连和无处不在的智能化成为普遍，计算机、互联网与生
物技术的结合正呈现出人机共同进化的可能……

第1集／时代

引子

1776年3月，瓦特制造的第一台实用性蒸汽机，在英国波罗姆菲尔德煤矿点火，照亮了人类生活的一个新时代。成全了瓦特的大英帝国，凭借"瓦特们"提供的能量，在全球殖民时代称霸两百年。

为追赶隆隆作响的蒸汽机的脚步，欧洲列强们以不同的态度谱写了自己不同的命运。在人类工业革命的战场上最终凯旋的法国，曾经以高于英伦岛数倍的薪金，同时雇用近2万名英国技工；创造了弱国跻身列强奇迹的德国，不仅开创了以国家力量培训新技术人才的先河，也曾经有组织地针对英国盗取图纸和零件，在人类国家竞争史上创生了工业间谍的词汇。

高举着哥伦布的风帆，在全球贸易中曾经独占鳌头的西班牙，却在拥有人类一半以上黄金和白银的富足中迷醉了，虽然与英伦三岛近在咫尺，却在远隔大西洋的美国铺筑商业铁路20年之后，才在巴塞罗那铺下第一根铁轨，始终不曾跨入工业强国的门槛。

瓦特的蒸汽机，作为一项划时代的新技术，是试金石，是镜子。它甄别了人类所有生存集团参与竞争的品质，也映照出态度不同的国家此后数百年的兴衰沉浮。

20世纪中期，人类发明创造的舞台上，降临了一个不同凡响的新事物。众多学者认为，这是人类另一项可以与蒸汽机相提并论的伟大发明。这项可能创生新时代的事物，叫作互联网。

一

夏威夷、马尔代夫，风情万种的海湾里，风情依旧。

这些众人向往的人类休闲胜地，休闲者依然在休闲，但在温柔绚烂的光影里，它们同时成为人们向往的购物店、阅览室、会议室、写字间。

今天，那些可以在自己喜欢的任意地方和时间工作的人们，正描绘出新时代的工作样态。在美国，不在特定场所工作的人，已经占到整个美国工作人口的1/3，并且以每年10%的速度增长着。

这些静态中的奔忙，这些与娱乐、游戏难以区分的专注的时光，这些孤独中深处世界的人生，远离我们曾经关于远近、多少、有无的经验，建构着我们辨别他人和了解自己的新认知。

在温柔的冲刷下正在消退的老常识，是一个时代的力量塑造的。

蒸汽机和它的后代们开启的大工业，将人类从徜徉万年的田野和山泽中召唤出来，在特定的地点汇聚为集体共生的大都会。200年，仅仅200年，世界人口增长了6倍，而世界城市人口增长了将近60倍；英国首都伦敦的人口从96万增长到接近900万；韩国5000万人口中的20%，生活在首都首尔；在中国，经过30多年的改革开放，5.6亿人成为城镇新增人口，首都北京常住人口2100万，是35年前的近3倍。

人类和人类创造的财富，构成了约束每一个个人的时代性汇聚。一个时代的生存意志与效率追求，也将所有人的人生做了不由分说的规定和区分：在确定的地点集中，在确定的地点工作，在确定的地点和时间学习、娱乐、消费……

人类用个人只能仰望的财富力量，用钢筋铁骨铸造了这恢宏的聚合。今天，一个时代的理所当然，动摇了。

美国南加州大学传播学院教授曼纽尔·卡斯特尔说："网络的形式将成为贯穿一切事物的形式，正如工业组织的形式是工业社会内贯穿一切的形式一样。"

《连线》杂志创始主编、《失控》作者凯文·凯利则认为："我们通过结合把自己变为一种新的更强大的物种，互联网重新定义了人类对自身存在的目的及在生活中所扮演的角色。"

那山重水复的遥远就在眼前，距离消失了；那钢浇铁铸的分割依然矗立，遮蔽崩解了。新的个人、新的自由、新的生活，扑面而来，在海滩、在居室、在街角，在每一个你注意或没有注意的地方。

将一切联系起来，为所有人铺筑坦途，为整个人类开拓无限空间的力量，是从57年前，北美大陆的一个早晨开始酝酿的。

二

1957年10月5日，星期六，美国人的黎明如期到来，但美国人这天的早餐却注定不同于往常。习惯在这个时候同时来到餐桌的报纸，送来了一个震惊全美国的消息。

"我们美国人非常震惊，"《纽约时报》专栏作家、《世界是平的》作者托马斯·弗里德曼说出了当时美国人的普遍心态，"俄罗斯人竟然向太空发射了轨道卫星，而我们却不能。哦，天哪！"

《纽约先驱报》关于"史伯尼克"卫星的报道

前一天莫斯科时间22点28分，在苏联的拜科努尔航天中心，人类第一颗人造地球卫星被送入太空。这颗名叫"史伯尼克"、意为"旅行同伴"的83公斤的小星星，成为人类居住地的第一个人工伙伴。

苏联领导人赫鲁晓夫之子谢尔盖·赫鲁晓夫回忆："（那天）我父亲没有睡

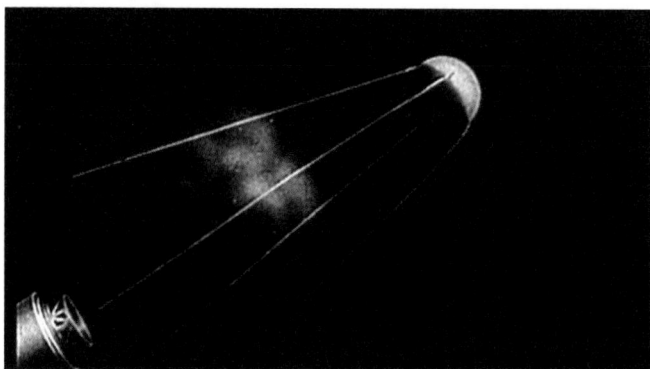

人类第一颗人造地球卫星"史伯尼克"

觉，当时已经很晚很晚，接近深夜。秘书敲开门说，赫鲁晓夫同志，有您的电话。他去了另一个房间，回来的时候脸上满是笑容。他说：'瞧瞧，我要告诉你们一个大秘密，我们发射了史上第一颗"史伯尼克"人造卫星，它正在环绕我们的地球。'"

在地球另一端，"史伯尼克"顷刻间汇成国家安全危机的阴云，笼罩了整个美国。美国的恐慌有着一个时代事关生死存亡的理由。在已经壁垒森严的所谓东西方对立中，酝酿热战的冷战正在一步步被推向高潮。"史伯尼克"卫星则意味着在争霸全球的竞赛中，苏联人终于先行一步。

5天之后的记者招待会上，总统艾森豪威尔公开表达了对国家安全和科技水平的严重不安："这个国家必须在国家生活中给予科学技术以优先权。"

两个月后，美国总统向国会提出建立"国防高级研究计划署"，简称"阿帕"，办公地点就设在五角大楼内。

新生的"阿帕"即刻获得了国会批准的520万美元的筹备金及2亿美元的项目总预算，是当年中国国家外汇储备的3倍。今天，网罗了每一个人的互联网就萌芽在这项拨款中。

日后成为互联网之父之一的罗伯特·泰勒，作为阿帕信息技术处理办公室的第三任主任，当年走进五角大楼三层国防部长旁边的办公室，就立刻被他的富有困扰了：阿帕资助每一个科研项目，都会为研究者提供功能不同的计算机，它们动辄数十万乃至上百万美元，泰勒的写字台旁就环绕着3个功能不同的终端。这些庞然大物互不兼容，造成经费的极大浪费。

罗伯特·泰勒回忆说："我想要做的事就是实现这些系统的在线连接。那么你在国内的某个地区使用一台系统时，你还可以使用位于国内另一地区的其他系统，就像这台系统也是你的本地系统一样。"

将孤独的计算机连接的念头，在美国科学界酝酿已久。曾经参与发明第一颗原子弹和第

前阿帕信息技术处理办公室主任、互联网之父
罗伯特·泰勒

一台电子计算机的科学家万尼瓦尔·布什，1945年就提出了记忆延伸的概念，展望了关于信息检索、网络建设的可能前景。泰勒的前任利克里德，也在1960年发表了题为《人机共生》的文章，预言人们通过机器的交流将变得比人与人、面对面的交流更为有效。

泰勒迈出了实现设想的第一步。1966年春，泰勒走进阿帕署长赫兹菲尔德的办公室，提出由阿帕出面建构一个小型的实验网络。经过20分钟的简短交谈，泰勒离开署长办公室的时候，手中已经握有100万美元和送行的尾音："太好了，干吧！"

谁来花这笔钱？泰勒心中的人选是唯一的。

被誉为计算机天才的拉里·罗伯茨，时年29岁，不善交往，却声名显赫。泰勒以优厚的条件发出邀请时，拉里·罗伯茨正在为林肯实验室两台不同的计算机之间的沟通进行试验。

但出乎泰勒意料的是，拉里·罗伯茨拒绝了他的提议。拉里·罗伯茨认为："它是一个管理职位。我当时并不想做管理，我想留下来搞技术。"

罗伯特·泰勒说："他并没有要离开的意思，他认为他到阿帕来的话，也就成为了一名政府官僚。"

在接下来的10个月中，泰勒每个月都给罗伯茨打一次电话，他得到的回答总

是相同的。

不过，自由的罗伯茨也不是没有枷锁，这个枷锁就是他所在的林肯实验室。

罗伯特·泰勒说："我逐渐了解到阿帕为林肯实验室提供了51%的资助。我请求老板：'你能打电话给林肯实

前阿帕网项目负责人、互联网之父 拉里·罗伯茨

验室，告诉他，拉里·罗伯茨能来阿帕任职的话，将会为林肯实验室和拉里·罗伯茨本人带来最大的好处。'"

虽然拉里·罗伯茨认为自己是被"胁迫"过来的，但他觉得"最后的结果是不错的"。

两周后，被"胁迫"到五角大楼的罗伯茨，是这样体现泰勒的眼光的。罗伯茨用秒表对五角大楼内部所有走廊进行了测量，计算出各个办公室间"最快的行走路线"，人们戏称为"拉里路线"。

"我可以对每个区域的每个部门进行计时。这样我就可以从计算机那里找到最短路径。那只是因为我不想浪费时间，我没有太多的时间可以浪费。"日后被称为"互联网之父"的拉里·罗伯茨回忆说。

为了寻找连接计算机的拉里路线，罗伯茨和一个时代的人类精英们，在平坦和曲折中跋涉了一年半的时间。

保罗·巴兰来了，他带来了能够网罗地球的一张渔网；罗伯特·卡恩和温顿·瑟夫来了，他们将成为人类史上涉及面最广的一份文件——TCP/IP协议的起草者；伦纳德·克兰罗克也来了，他已经怀揣着信息块——也就是日后分组式交换的智慧的钻石……

美国加州大学洛杉矶分校特聘教授、互联网之父伦纳德·克兰罗克对当时场

景的描述是："他们径
直走到研究员面前说：
'聪明绝顶的人啊，我
们提供的资金可以维
持很长的时间，你们
放手做吧。我们既不
会控制，也不会下命
令，你们自己把握灵
活度。开放即可，自
由即可，好好干。'"

美国加州大学洛杉矶分校特聘教授、互联网之父
伦纳德·克兰罗克

　　这些杰出的大脑在碰撞中迅速达成了共识：中心是靠不住的，他们必须在革命性的分布中寻找前景。他们描绘自己构想的形象，来源于人类经验中存在了数千年的渔网。

　　拉里·罗伯茨说："我们的观点是一致的，那就是分布式网络。因为如果你建立一个中心节点，把所有机器连起来，那么中心节点总是会出问题，中心节点会过载并崩溃，因为流量过大，支持不了。我们不能建造那样的网络。如果今天的互联网是中心节点式的，那么我们的中心节点需要美国整个国家这么大。"

　　这是怎样的一张网呢？每一个交汇点都是平等的，每一个交汇点到达另一个交汇点，有着一张网——为所有的连接提供了无限途径。于是，每一个点都是重要的，而每一个点又都是不重要的。

　　这是怎样的一张网呢？伴随节点的增多，网络的扩张，每一个新加入的都会让已有的节点和网络的能量得到相应的扩张。所有的你都让我变得更强，所有的我都让你变得更加有效。

　　这是怎样的一张网呢？在人类信息交流的世界里，处于特权地位的中心被解构了，每一个普通的个人与每一个恢宏的机构划时代地拥有了平等的地位。当然，所谓社会结构扁平化的未来还没有进入创始者们当时的视野中。

　　光有这张网当然是不行的，期待在这张网上无阻碍奔跑的货物——或长或短的信息，必须被切割加工，如同将一盆水化为无数个水滴那般。于是，另一个概念——"信息包交换"伴随着诞生了。

在这张"渔网"上，信息不再是点对点的整体传输，而是把不论怎样规模的信息分切成一个个轻巧的碎片，让它们在网状的通道里自由选择最快捷的路径，在到达目的地后，自动组合、汇聚，还原成完整信息。

重要的系统性创造从来不是浪漫的，从设想、理论走向实践，注定会充满连当事人也感怀的曲折和艰辛。

"我们一直努力让这个房间看起来就像当时的样子，"伦纳德·克兰罗克说，"旧桌子、旧椅子都还在，黑板代替了当时的白板。"

比较一下今天一个普通人手中的智能终端与当时科学家守候的庞然大物，我们就能对互联网的先辈们处理庞大数据的处境领略一二：现在一款普通手机的运算能力是阿帕最大的计算机的7000多倍。

为了减轻节点计算机的压力，他们设计了专门的机器在网络中分配数据。这台著名的"小精灵"，就是日后伴随所有网民的路由器的前身。

右侧白色的机器，即为文中的"小精灵"

"在这个房间里，最重要的东西是那台机器。这里，这台机器是有史以来的第一台互联网设备。"伦纳德·克兰罗克自豪地说，"它是军用加强面板。它内部这么丑，但又很漂亮。对我来说意味着很多，它有中央处理器、存储器、调制解调器、电源和逻辑处理单元。"

1969年10月29日晚上10点30分，聪明而辛勤的人们终于等到了这一刻。克兰罗克和助手在洛杉矶的这个房间里落座，另一端，斯坦福研究所研究员比尔·杜瓦在500多公里之外等待着他。

事实上，落座历史关头的人们表达的雄心极其有限。他们只准备以新时代的方式，从洛杉矶向斯坦福传递一个包含5个字母的单词——LOGIN，意思是"登录"。

伦纳德·克兰罗克回忆说："我们就键入'L'，我们对比尔说'L'有了吗？他说有了。输入'O'，有'O'了吗？有'O'了。输入'G'，有'G'吗？'啪'，死机了。"

仪表显示传输系统突然崩溃，通信无法继续进行。世界上第一次互联网络的通信试验，仅仅传送了两个字母"LO"！

"第一条意想不到的互联网上出现的消息是'LO'，就是'呦，您瞧'里面的'呦'。现在你想一下，'呦'和'您瞧'碰在一起了，这真是注定要发生的妙事啊。"伦纳德·克兰罗克兴奋地说，"我们没预先设计这条信息，但它呈现的东西是这么有先知的意味，有力而简洁，纯凭运气。我想我们大概为互联网的开端，传出了一条最佳的消息。"

这是不同凡响的L和O，这是史无前例的L和O，这是属于分布式和包交换的L和O，这是孕育着大数据和云计算的L和O，这是属于每一个人的L和O。

三

最初的阿帕网，只在4个大学设立了它的节点。一年后，阿帕网扩大到15个节点。众多的计算机跑步般被编织入网，平均每20天就有一台大型计算机登录网络。1973年，阿帕网跨越大西洋，利用卫星技术与英国、挪威实现连接，世界范围的登录开始了。

人类科学技术的全面发育，为互联网的出现准备了充足的条件。但是，整个人类的观念意识，并没有做好迎接未来互联网的心理准备。不同的国家，不同的领域，一个国家内不同的地区，画地为牢的小圈子一个个出现。这些或被称为科研网，或被称为校园网，或被称为法国网、英国网的网络们，如同16世纪的欧洲大陆，公侯遍地。如何让这些操着不同语言，遵循着不同戒条的邦国，敞开门扉、互相接纳，形成统一的网络——互联网，需要一个规范电子设备如何连入、数据如何传输的共同标准。

自始至终，几乎所有的科学家都一致认为：所有的计算机生来平等，每一种差异和个性，所有不同的软件和硬件，都必须被平等地对待。

TCP/IP协议联合发明人、互联网之父 罗伯特·卡恩

TCP/IP协议联合发明人、互联网之父罗伯特·卡恩说："IP地址可以让你在全球互联网中联系任何一台你想要联系到的计算机，让不同的网络一起工作，不同网络上的不同计算机一起工作。"

人的集团之间的协商，总是比人与机器的协商耗费的成本更高。历时10年，在众多各有坚持的网络通讯协议中，阿帕的TCP/IP协议最终胜出。这里所耗费的时间，是发明计算机互联技术所用时间的3倍。

1983年1月1日，TCP/IP成为人类至今共同遵循的网络传输控制协议。

TCP/IP协议联合发明人，同样是互联网之父的温顿·瑟夫评价说："人永远不能预知哪种设计会被采用。但是一开始我们就很确信，这种技术会十分强大，而且会被广泛应用。"

同一年，原本意义上的阿帕网也寿终正寝。依照美国法律，所有政府出资的项目，因体现着纳税人的权利，都必须由纳税人分享。因此国防部出资并推动的阿帕网上，与国防、军事无关的年轻科学家们蜂拥而入。担心军事机密安全问题的美国军方从阿帕网分离出来，建立了自己的军网，去那里

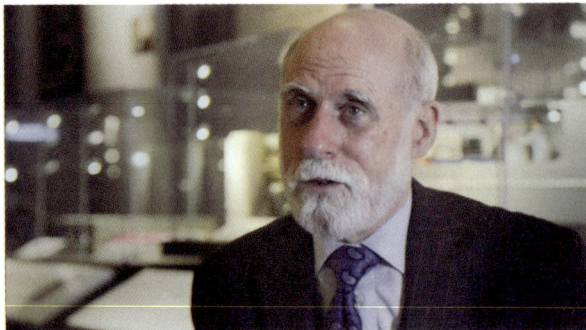

TCP/IP协议联合发明人、互联网之父 温顿·瑟夫

中国科学院 高能物理研究所

从事他们感兴趣的事情。

美国得克萨斯大学奥斯汀分校教授、以太网发明人罗伯特·梅特卡夫说："这个项目是由军队赞助的，但并不是传统意义上的军队赞助。因为这个研究只是基本的电脑科学研究，而不是专门针对某项任务的军事研究。80年代的时候，互联网的资金来源由阿帕变成了美国国家科学基金会，我们把阿帕网改名为互联网，我们做了这个改变。"

1987年9月20日20时55分，按照TCP/IP协议，一封以英德两种文字书写，意为"跨越长城，走向世界"的电子邮件，从中国到达德国。

"为什么我们中国也要用互联网？"中国科学院研究员许榕生回忆当初的情形："因为高能物理数据、实验经常是国际合作的，大家都互相往来，共享研究的数据，如果跨全球这么大的地域，大家都集中在一个地方，这是很不方便的。"

对于中国科学家和教授们的要求，时任中国科学院副院长的胡启恒说："清华、北大和我们，三个单位很快就取得了一致，我们都同意把互联网引进来。于是我们就去跟国务院打报告，说我们要干这个事。国务院批准了，说行，你们干吧。"

1994年4月20日，中国实现了与互联网的全功能连接，成为接入国际互联网的第77个国家。

事实上，获得了全球共同语言的互联网，在此后相当长的时间里，并不属于普通人，它仍然蜷缩在专业人士的圈子，与普通公众天高地远。

带领亿万人跨越山峦的英雄是蒂姆·伯纳斯-李。巧合的是，他与寻找拉里路线的罗伯茨在人类舞台上的出场，都是29岁。罗伯茨要实现的是不同电脑之间的连接，而伯纳斯-李则使电脑连接了所有人。

当时伯纳斯-李供职的日内瓦欧洲核子研究组织总部，80个国家的6500多名科学家和工程师你来我往，人员流动性极大。

蒂姆·伯纳斯-李说："在那之前，人们一般都能接触到并且使用电脑，但是每台电脑上的系统都各不相同。因此我认为应该存在一个假想的、虚拟的空间，使得不同的系统能够交换数据。"

当时的欧洲核子研究组织对新信息技术的需求，是整个世界的一个微小缩影。1991年，伯纳斯-李和他同伴的写作，开辟出了所有人在键盘面前的康庄大道。

"http（超文本传输协议）和html（超文本标记语言）就是电脑之间交换信息时所使用的语言。也就是说当你在电脑上点击一条链接，你的电脑就会自动进入你想要查看的页面，之后它就会利用这种电脑之间的语言，与其他计算机进行沟通，这就是http超文本传输协议。"蒂姆·伯纳斯-李说。

此前，人类已经创造的关于文字、声音、图像的不同文本，在电脑硬盘的地层深处，依然是无法沟通的不同符号世界，但在这里，它们被共同的协议驾驭了，那就是所谓的超文本链接；此前，新生的网络世界里，只有专业人士才能通过复杂的代码程序前往特定的地方，捕捉特定的信息，但伯纳斯-李编写的网页编辑程序，使普通人也不会迷路。

伯纳斯-李贡献的超文本浏览器及相关协议，就是我们每次键入网址时出现的http；伯纳斯-李命名的World Wide Web，就是人所共知的WWW，中文译为"万维网"。于是，网页的概念出现了；于是，所有人的登录开始了。

这是新时代的敲门声；这是新生命的呼吸和心跳；这是全人类的你我他。

英国伦敦大学计算机学院教授、英国互联网之父彼得·克斯汀说："万维网以一种前所未有的方式极大地推广了互联网，并且让互联网的使用得以普及。我

万维网发明人、互联网之父 蒂姆·伯纳斯-李

认为这种普及性非常非常重要。"

　　美国麻省理工学院媒体实验室创办人、《数字化生存》作者尼古拉斯·尼葛洛庞蒂则认为："每当有一个社会是多成分的、自由的时候，就会有更多的创造。蒂姆·伯纳斯-李的发明，毫无疑问是一个里程碑。"

　　万维网大功告成的时候，伯纳斯-李放弃了专利申请，将自己的创造无偿地贡献于人类。如果伯纳斯-李为万维网申请专利，他将是世界上最富有的人。他放弃了专利，成为精神上最富有的人。

　　2012年伦敦奥运会开幕式上，创造了万维网的伯纳斯-李应邀来到主体育场的中央。在全世界的注目下，他在自己当年写作万维网软件的同型号电脑上，敲击出他对整个世界的高贵情感："This is for everyone"——"献给每一个人"。

　　人类的掌声和欢呼，属于每一个互联网技术的伟大贡献者。

四

　　人类学会使用工具，据认为距今已有250万年。

为勾勒人类文明过往的脉络，执着、理性的人类进行了浩如烟海的考证和写作。尽管理论纷繁、观念万千，但在一处大致一致：人类社会运动阶段性的重大变化，背后总是伴随着相应的某种重大技术的诞生。那些重大技术的诞生，不约而同地成为人们把握过去漫长岁月的历史地标。

9000年前，人类将第一粒种子有意识地播种在后来被称为"新月沃土"的穴居旁，我们的先人就一步跨入生存发育的新境界。从此，可以成千上万地定居在同一个地方，不再漫无目的地四处流浪。

3400年前，铁矿石与木炭在西亚某个角落里偶然相遇，从此，坚硬锋利的铁器，武装人类走上大帝国你起我落的广阔舞台。

2200年前，在中亚游牧民族中出现的马镫，使人类文明的蔓延和扩张，有了前所未有的速度和广阔，踩在马镫上的骑士集团被认为是欧洲封建制度诞生的重要推动力。

550年前，西欧小城美因茨的一场大火，成为点燃欧洲宗教改革和文艺复兴运动重要的火种。灾难中星落四方的古登堡工匠，将禁锢在这里的印刷技术播撒到整个欧洲，知识和思考因此冲出了修道院和贵族庄园的围墙。

238年前，英伦岛上第一台蒸汽机的轰鸣，将人类社会送入了新阶段。人类获得的能量完全不同于往常，地球表面的所有物质被精细地分析和辨认，不断化合出生物体不能望其项背的宏大力量。人类获取的财富让旧有的岁月相形失色，恰如1848年卡尔·马克思历史性的感叹："不到一百年所创造的生产力，比过去一切世代创造的全部生产力还要多，还要大。"

人类对知识理性的崇尚，旷古烁今，几乎所有人人生的三分之一，被送入了知识的大工厂。科学技术的概念系统地产生了，被奉为社会发展最基础的力量。

人类创造的让自身都震惊的力量和变动，社会所有领域里发生的革命性变迁，使人类认识到要将蒸汽机启动的这个阶段从人类所有的经历中区分出来，工业时代和工业文明的概念因此诞生。与这个不同往常，又不同凡响的段落比较，过去的万年岁月被称作农业时代或农耕文明。

动能充沛的工业时代，发展和变动几乎是无止境的。时至20世纪中期，随着一个全新的技术登上人类活动的舞台，关于信息爆炸，关于信息时代或知识文明的表述不绝于耳，几乎所有人都看到了一个新时代那喷薄而出朝阳般的光华。

"我们确实进入了一个史无前例的阶段，"英国牛津大学互联网研究所教授卢恰诺·弗洛里迪感叹说，"我们从以物质为基础的社会，以黄金为基础的社会进入了以能源为基础的社会，然后进入以信息为基础的社会。"

万维网出场的1991年，接入互联网的全球计算机只有20万台，23年后的今天，全球70亿人口中将近30亿成为网络人口。

人类因此变得空前富有，一家微博网站一天内发布的信息就超越了《纽约时报》辛勤工作的60年；全球最大的视频网站一天上传的影像可以连续播放98年；如今两天积累的信息总和，就相当于人类历史留下的全部记忆。

伴随着海量信息几乎无成本的全球流淌，伴随着人与人、人与物、物与物之间囊括一切的连接，人们有理由预见，财富、生活、交往、创造、观念，立体的又一轮激烈变革就在眼前。

身处一个时代开启的黎明时刻，人类未知的远远大于已知。无论如何，新时代已经来临，我们每个人都身在其中。

链接

"小精灵"批处理机

1967年，由来自哈佛大学和麻省理工学院的一群年轻科学家组成的一家名不见经传的小型高科技公司BNN，用一份长达200页的标书，成为阿帕网批处理机建设的承包商。在获得了美国政府100万美元的投资之后，这些年轻的科学家们将一个个造价高达10万美元、重量超过400公斤，用于网络连接的、被称为"小精灵"的批处理机，装进灰色的军用钢制箱里，然后利用大型吊车和直升机，将其陆续运往四所知名大学精心建造的计算机中心。最先迎来"小精灵"的是加州大学洛杉矶分校，在之后的一年里，属于一个时代的科技圣物，纷纷入驻斯坦福、麻省理工、哈佛等全美十五所知名大学，构建了后来阿帕网的核心。

NSFNET

从20世纪70年代末开始，有条件的美国大学校园就纷纷出现了个人电脑教室，这些教室都免费向校内所有学生开放，学生们可以利用电脑和网络做他们想要做的任何事情。

渐渐地，本属于军方管理的阿帕网已经被大量的爱好者占据。最终美国军方撤退了，采取将军事网络与科研网络分开的方法，由美国国家科学基金会来管理这个改称为NSFNET的网络，脱胎于阿帕网的NSFNET由此成为一个面向社会的公共网络。从1986到1995年之间，美国国家科学基金会为支持该网络的建设与发展，先后支付了2亿美元。事实上，在互联网商业化之前，NSFNET成为了美国大学里年轻人高贵而时髦的精神享受。

日后繁荣的互联网与其说是科学家们集体研究出来的科研成果，倒不如说是一批又一批年轻人"玩"出来的成果。翻开当年的电脑杂志或者报纸，我们很少看到那些衣冠楚楚、具有学者风度的知识分子，我们看到的往往是一些穿着前卫、充满激情的年轻人。《经济学人》杂志的撰稿人克里斯·安德森在关于互联网的文章中写道："在过去的20年里，是一批十几岁的小黑客、梳着马尾型头发的嬉皮士在美国大学的电脑室里建起了互联网。"

蒂姆·伯纳斯-李与万维网

1990年圣诞节，蒂姆·伯纳斯-李将他的发明正式定名为World Wide Web，这个以全球为疆域的网络，这个被我们译为"万维网"的WWW，是伯纳斯-李送给全世界的圣诞大礼。

伦纳德·克兰罗克说："其中的用户是计算机科学家，他们研发出技术，但被限制在研究员这个圈子里面。"

伯纳斯-李说："在万维网得以创造之前，人们并不知道我们还可以这样工作。那时，人们一般都会使用电脑，但是每台电脑上的系统都各不相同。因此如果你在这台电脑上用这个系统，换一台电脑你就得再登录另外一个系统，因此在不同的电脑和系统之间交换信息变得异常困难。"

万维网降低了互联网的门槛，普通人可以共享共用的互联网降临人间。

然而，伯纳斯-李之所以成为全世界敬仰的伯纳斯-李，不仅仅因为他发明了万维网。在完成了万维网的发明之后，伯纳斯-李和他的研究伙伴曾向欧洲权威的律师咨询，考虑销售网络浏览器软件。

在是否为万维网申请专利并进行商业化运作的问题上，这些年轻的伙伴们之间产生了分歧。

"当时只要出现一项新的项目，一个新的程序，就一定会收取专利费。"蒂姆·伯纳斯-李说，"我们当时进行了激烈的讨论。一部分人认为应该将万维网商业化，但是另外一些人认为不应该这样做，因为我们根本不清楚应该如何操作。而有一部分人认为，我们应该收取专利费。"

直到1993年，伯纳斯-李终于说服大家放弃了申请专利。"如果当时我申请了专利，现在的万维网也只是众多封闭系统中的一个而已。我还要与其他的封闭系统竞争，它们永远也无法合作，不同的系统永远也无法相容。而我的愿望是每个人都能在万维网上彼此分享信息。这是一项意义重大的活动。因此我不能向人们要钱。"蒂姆·伯纳斯-李说。

美国《时代》周刊将蒂姆·伯纳斯-李评为20世纪最杰出的100位科学家之一，并用极为推崇的文字向大家介绍他的个人成就："很难用语言来形容他的发明在全球信息化的发展中有多么重大的意义，这就像古印刷术一样，谁又能说得清楚它为全世界带来了多么深刻的影响。"

谦逊的"互联网之父"们

罗伯特·泰勒、拉里·罗伯茨、伦纳德·克兰罗克、罗伯特·卡恩、温顿·瑟夫、蒂姆·伯纳斯–李，这些曾经以天才般的发明创造改变了世界的人，纷纷被写入了"互联网名人堂"，这些如今两鬓斑白、被世人称为"互联网之父"的人们，已经在人类历史中留下辉煌之名。

1999年，美国"国家创新奖章"颁奖典礼在白宫举行。因为在互联网的前身——阿帕网创建过程中的贡献，罗伯特·泰勒获得了这项国家最高荣誉，然而，美国总统克林顿要亲自向他颁奖时，泰勒本人却没有到场。

罗伯特·泰勒解释道："我的确获得了白宫举行的庆典上克林顿总统亲自颁发的'国家创新奖章'，但我没亲自去领奖。对于大老远跑到华盛顿去就为了领个奖，我不是很感兴趣。于是我打了个电话给我的老板——他就住在华盛顿郊区。我问他能不能帮我领这个奖，他一口答应了。几年后，美国国家工程院给我颁发了德雷珀奖——他们的最高荣誉奖，我还是没去。颁奖典礼也是在华盛顿举行，我让我的大儿子代替我领了奖。"

而与温顿·瑟夫共同发明了TCP/IP协议的罗伯特·卡恩也多次表示，并不喜欢"互联网之父"之类的称号。罗伯特·卡恩说："对于我所做的一切，我想我应该更谦虚点。我认为，如果我当时没有参与到互联网的建设中来的话，肯定也会有别人参与进来，尽管理念可能会稍有不同。"

最早提出互联网基础理论并成功进行了第一次网络连接的克兰罗克说，热爱跆拳道运动、享受家庭生活与互联网事业同等重要。他的咖啡杯上印着心爱的孙女的照片，而他们这代人创建的互联网，则像空气和水一般融入了儿孙辈们的生活。

数据量

据有关资料显示，从人类文明出现到2003年，人类所留下所有信息的总和可以装满100万个1000G的硬盘。但是，这个庞大的数据量仅仅相当于如今人类两天创造出的数据量。

随着人们对互联网的依赖度越来越高，一些专家预计，到2020年，全球数据使用量预计暴增44倍，也就是说全球信息大概需要376亿个1000G硬盘才能存储。如今，众多工业时代留下的废弃厂房中堆满了互联网公司用于信息储存的服务器，每一个大公司都拥有庞大的数据机房。当前全球数据中心每年的电能消耗为300亿瓦，相当于30个核电站的电能输出。

声音

把人类历史总结为简单的一两句话的话，当人们开始有语言，比家庭更大的社会单位随即出现，比如说村庄。当人们开始会写字，王朝随即出现，比如中国的历代王朝和叙利亚王朝，王朝的权力中心可以通过书写命令控制管辖。如果我们的时代有一场新的文艺复兴运动，它与16世纪时一定截然不同。

——彼特·柏克

（英国剑桥大学伊曼纽尔学院荣誉教授）

现在正是有了互联网，我们才逐渐成为"多细胞体"。互联网把世界上的所有东西都连接起来，我们人类也慢慢地演变成了一种新的全球有机体。这个全球有机体允许存在各种不同思想和想法的多样性，就像多细胞体带来的生命大爆炸一样。正是因为互联网把我们变成了一个多细胞有机体，我们才会有发明大爆炸和创意大爆炸这些东西，这也是互联网成为最重要发明的原因。

——凯文·凯利

（《连线》杂志创始主编、《失控》作者）

我们正处于新兴的、被放大的个体时代，你不再需要一个国家来实施全球行动，不再需要一家公司来实施全球行动，现在作为一个个体，你也可以实施全球行动。

——托马斯·弗里德曼

（《纽约时报》专栏作家、《世界是平的》作者）

发生在虚拟世界中的事物被认为是好的标准。但与此相反，真正的世界则是缓慢的、充满摩擦的，需要组织，感觉非常乱。此外，我认为非常重要的是，人们需要重新审视现实世界中能得到什么。

——雪莉·特克尔

（美国麻省理工学院教授、《群体性孤独》作者）

我认为互联网所成就的，与其说是开创一个新时代，不如说它所做的相当于以一种前所未有的方式创建了一个空间，在其中我们可以审视和反思自己与社会。或许这么说来，它会指引人们进入一个新时代。

——阿莱克斯·克罗托斯基

（英国伦敦政治经济学院访问学者）

第二集／浪潮

引子

　　2200年前，西西里岛东南端叙拉古城外蜿蜒的沙滩上，给我一个支点撬起地球的阿基米德，以这样的方式思考着他想描绘的世界：眼前的沙滩，天下所有沙漠中的沙砾，能不能用一个数字表达出来。他给出了这样一个表述：十的一百次方。后来的科学证明了阿基米德智慧的超凡卓著。实际上，世界上的沙砾的确没有那么多，甚至宇宙中以分子、粒子、原子存在事物的总和都没有这样的量。人们将这个人类不可企及的理想量，命名为googol。

　　2200年后，两位斯坦福大学的年轻人产生了一个堪比阿基米德的人生理想，他们想要收集和整理无尽的信息海洋里的所有信息，帮助需要的人快速准确地找到这片汪洋中的任意一滴水。googol的同音词google，在汉语中被翻译为"谷歌"。

一

　　1995年8月9日，硅谷一家创始资金只有400万美元的小公司——网景，在华尔街上市的几个小时后，瞬间成为了20亿美元的巨人。头天夜里工作到凌晨3点，年仅24岁的公司创始人马克·安德森，在睡梦中便轻而易举地完成了从普通人到千万富翁的人生转变。当天，见证过人类百年发展历程的《华尔街日报》评

美国计算机历史博物馆

论道："通用动力公司，花了43年才使市值达到27亿美元，而网景，只用了1分钟。"

历史学家马克·韦伯是美国计算机历史博物馆网络展区的策展人，他用10年的时间，将互联网的发展历程，浓缩在300平方米的展区内，网景公司的图形浏览器，被安放在展区里的显要位置。

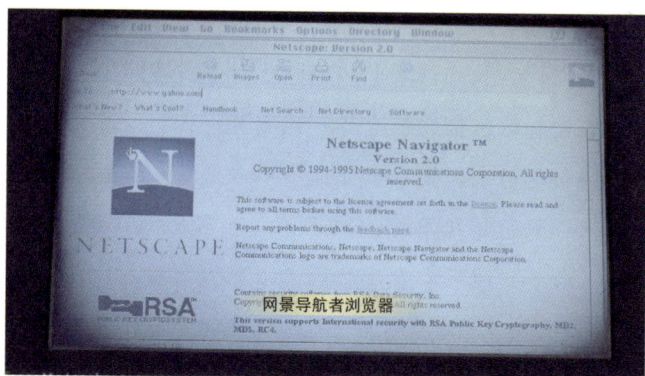
网景导航者浏览器

马克·韦伯说："网景上市证明，一个基于万维网的公司可以引起商界的足够重视。网景浏览器出现之前只有文字的浏览器界面枯燥、乏味，操作指令难以记忆。网景公司创造的图文并茂的浏览器界面，加上便捷的鼠标操作方式，让网景浏览器在推出短短4个月内，便出现在600万台连接互联网的电脑上，市场份额从零暴增到75%。人类历史上，没有任何一样商品或服务拥有如此快速的普及速度。"

真实的诱惑，散发出空前的魅力。网景一夜崛起的神话，让互联网技术第一次向世人展现出汇聚财富的惊人速度与庞大规模，吸引着无畏而敢于冒险的创业者和风险投资家们，奋不顾身地投身其中。一个千帆竞渡、万马奔腾的新时代，拉开了帷幕。

华尔街和硅谷因网景的上市沸腾时，网景浏览器创造的万千网站，又将两个好奇的学生，送进了斯坦福大学校园内一间破旧的简易棚屋里，开始搭建一个新时代的门户。

搜索引擎广泛运用前，人们很难在网络中快速、准确地寻找到信息。大量隐藏在网络深处的网站，让杨致远和大卫·费罗找到了新时代的乐趣，互相攀比着寻找有趣的网站，发现新大陆般的成就感，让他们乐此不疲。

雅虎公司联合创始人杨致远回忆当时的情景："我们想我们可以创建一个目

录，就像黄页一样。我们可以收集网站，让全世界的人们提交他们的网站，告诉我们描述，然后我们可以创立（网站）分类，分类就是目录。然后我们放在了学校用于研究的电脑中。"

雅虎公司联合创始人　杨致远

两个年轻人的目录，让人们能够轻易地寻找到需要的信息。受益者的喝彩声，通过网线从四面八方涌来，不断刺激着他们完善目录。1994年秋天，全球联网计算机不超过1000万台，雅虎网站日访问量就已突破100万。

"我们能够获取最好的服务器、最好的机器和网络连接，因为这些资源，我们的雅虎才得以成功。"杨致远充满感激地说，"这些都是非常重要的因素，而我们是免费获取的，雅虎始于我们的爱好，而斯坦福大学帮助雅虎成长。"

兴趣是创造的母亲。互联网的出现，让普通人的兴趣与卓越和辉煌之间，再没有沟壑与围墙。在很长一段时间里，爱好者们的灵机一动，修筑了互联网通往天下的万千路径。

软件工程师雷·汤姆林森，试图通过网络与朋友隔空聊天，于是，世界上第一封电子邮件诞生了；热恋中的皮埃尔·奥米迪亚为了帮助女友实现搜集天下糖果盒的愿望，于是世界第一家拍卖网站——eBay（易贝）问世了；剑桥大学实验室里的学生们，想要随时关注楼下的咖啡壶里是否还有剩余的咖啡，于是，世界第一个网络摄像头出现了。

美国计算机历史博物馆馆长约翰·郝莱对汤姆林森们的评价是："他们真正想要做的是一些很酷的事情。他们只是想要创造出一些独一无二的事物，然后展示给他们的朋友看。朋友们会说：'哇，真了不起！我不敢相信这是你做的。'

航拍斯坦福大学

然后有人就会过来跟你说：'我能做出与之匹敌的东西来！'创新就这样产生于草根中间。"

不愿如蒲公英般飘散的年轻人的念头，一旦凝固下来，往往就成长为全球创新园地里的参天大树。最初，收拢少年雄心壮志的地方，通常都出乎人们预料得简单甚至简陋，因此这里还诞生了所谓的车库文化，持续地影响着后来和远处的人们。

斯坦福大学创始人雕像

这些简陋的车库和出租屋，数十年来总是涌动着旺盛的雄心，总是不断地向世人讲述着成功或失败的不同故事，但有一点是共同的，它们规律性地散布着，围绕着同一个中心，那就是它们共同的母体——斯坦福大学。

1887年，年过60岁的铁路大王利兰·斯坦福，失去了自己唯一的儿子，他和妻子出资2000万美元，在加州一个名叫帕洛奥托的小镇上，买下相当于两个澳门大小的牧场，修建了一座以儿子名字命名的大学：小利兰·斯坦福大学。为了防止身后的岁月干扰他办学的纯粹意图，利兰·斯坦福留下遗嘱：学校的土地不得出售。

这样一个立足于高尚和永恒的动机，却孕育了世界上第一个高校工业园区。20世纪50年代，被称为乡村大学的斯坦福，试图全面提升教学品质的时候，遇到了资金困难，当时的副校长费雷德里克·特曼，决定将学校空余的土地出租。

于是，一个由研究所、实验室、办公楼为主体的工业园区破土动工。斯坦福提供的诱惑是充满魅力的：入驻企业的员工将在斯坦福获得培训机会。

1955年，以惠普为首的7家高科技公司入驻斯坦福工业园，到1980年，整个研究区的265公顷土地，被90家公司的25万名员工占据。伴随着斯坦福工业园区的土地全部租空，更多的新兴企业，开始围绕工业园区的周围，建设办公楼和厂房，一个被人们称为"硅谷"的高科技产业聚集地形成了。

美国加利福尼亚州 硅谷

美国计算机历史博物馆研究员戴维斯是研究硅谷历史的专家，他的看法是："据我所知，斯坦福影响了29000家公司，它虽然没有发明许多东西，但它提供了这种创新的氛围，它培养人才，这些人则带着创新的点子创立公司。"

特斯拉公司首席执行官埃隆·马斯克说："这里有很多世界上最好的工程师和创立公司的基础设施、风险投资人、法律帮助，就连像租房这样简单的事在世界其他很多地方都相当困难，但在硅谷，房东们都愿意将房屋出租给创业者。"

今天，在这个不到美国国土面积万分之一的狭长地带上，吸引了来自世界各国多达百万的科技人员，近千名美国科学院院士在这里任职，其中包括近百名诺贝尔奖、图灵奖和香农奖的获得者。

1991年，斯坦福大学迎来了百年校庆，仅在这一天，从这里走出的校友，向学校捐款总计120亿美元。

二

1995年年初，年仅半岁的雅虎带来的访问量，让学校的服务器多次陷入瘫痪，校方只好请杨致远和大卫·费罗将网站搬走。当学校已经不能容纳他们的即兴创作时，两位年轻人共同决定，暂时放弃学业，守护他们异想天开的免费服务。当然，两位穷青年并非破釜沉舟，与斯坦福大学一墙之隔的沙丘路，似乎期待着他们的拜访。

其貌不扬的沙丘路，密布着300多家风险投资公司，他们掌管着近2300亿美元的市场力量。这里是"西海岸的华尔街"，它没有华尔街式的张扬和自负，但几乎揽尽这个时代的风采。自1969年起，英特尔、思科、苹果、谷歌、Facebook等高科技公司，都由这里的投资者扶植壮大。

沙丘路3000号，迄今最大、最成功的风险投资公司——红杉资本，便坐落在这里。1995年春天，被誉为"风投之王"的红杉资本投资家迈克

"风投之王"、红杉资本投资家 迈克尔·莫里兹

尔·莫里兹，慕名走进了杨致远和大卫·费罗那间破旧的棚屋。

迈克尔·莫里兹看到的情况是："拖车的里面，就像一对青少年的卧室一样凌乱。"

杨致远说："我们努力把拖车打理得整洁一些，但是当时还是很乱。拖车里到处是睡袋、比萨盒。我确定，很乱。"

迈克尔·莫里兹说："他们脑子里什么都不想，只有专注和爱好，对杨致远和大卫来说就是创造雅虎——互联网最全面的导航服务。"

当然，莫里兹此行的目的，不是为了寻找感动，他的目的很单纯，那就是财富。他的看法是："当时我们不清楚它（雅虎）会不会大受欢迎。但是我们清楚，如果我们抓住雅虎不放，它会是一个非常有战略地位的公司。"

一个月后，红杉资本作出决定，打破从未向免费模式投资的先例，以100万美元的投资换取了这家小公司25%的股份。只拥有几台旧电脑的杨致远和大卫·费罗，凭借他们的智慧，获得了大部分的股份。这样的持股比例，意在让两位囊中羞涩却大脑活跃的年轻人继续掌握公司的决策权。

杨致远说："当时没有人知道未来会怎么样。他下了一个赌注，我们用自己下了一次赌注。当然，我不能说这是标准做法，但是当时的情况对大家来说都是公平的。"

面对与工业时代完全不同的互联网行业，资本开始出让权力。互联网在极短的时间里，教导美国社会接受了这样的新观念：个人智慧与巨量资本有同等、甚至更高的地位。精明的风险投资家们，以这样的眼光和义无反顾地投

LinkedIn联合创始人、《至关重要的关系》作者里德·霍夫曼

硅谷 雅虎公司总部

入的金钱，把这些饱含激情和浪漫的孩子们，从车库里拽出来，送进了殿堂，一个不可思议的智慧价值时代，同时到来。

LinkedIn（领英网）联合创始人，《至关重要的关系》作者里德·霍夫曼的观点是："在硅谷，我们崇尚创造力。我们不会问别人你的父亲是谁，不会问你银行存款有多少，除非你用这个钱资助自己创业，你只需要关心的问题是，'我能做什么，我能创造什么以及我在这方面有多擅长。如果我擅长某样东西，你就会想要了解我，然后同我一起工作'。"

被雅虎吸引的，不仅是几公里外的红杉资本。远在日本的投资人孙正义，隔着太平洋，也嗅到了这股互联网所汇聚出的财富味道。他先后两次专程光临雅虎，用1亿美元的投资，换取了尚未赢利的雅虎38%的股份，美国投资界一片哗然。

仅仅两个月后，孙正义的莽撞，却迅速被市场奉为跨时代的精明。1996年4月12日，雅虎上市，孙正义仅仅售出了2%的股票，就成功套现4亿美元。如果他将所有股票卖出，将获得75亿美元的回报。

整个美国沸腾了。杨致远和大卫·费罗成为各大媒体的座上宾。镁光灯下，亿万富翁杨致远的华裔身份，让他成为了新美国梦的特殊象征，点燃了千万创业者的激情，越来越多的人被卷入对互联网技术的美好憧憬中，大家似乎都看到了一个可把握的未来。

斯坦福大学棕榈大道正前方的大学街，被当地人称为"梦想大街"，创业者与风险投资家们的纷繁交易，都是在街道两旁的众多咖啡馆里完成的。

在人来人往、流动频繁的硅谷寻梦地，20世纪70年代，来自意大利的风险投资人兰扎，是少有的硅谷40多年历史的完整见证人。他开办了一家威尼斯人咖啡馆，既作为他的副业，又作为众多投资伙伴的活动场所。

"人们可能认为我是受到钱财的驱使，但这是对我的误解，我指的是对成功的渴望。"兰扎深有感触地说，"我投入的不过是资金，而你们（创业者）投入的是生命。有人说我冒了很大风险，其实我什么风险都没有。那些失去就不会回来的东西才叫风险。"

互联网在极短时间里所创造的一个接一个的商业传奇，点燃了网络所能够触及的每一个角落。当然，渴望利润的风投，绝不仅仅将他们的视线局限在硅谷，整个美国乃至全球，都在他们的视野中。

1996年11月，美国麻省理工学院毕业的张朝阳，怀揣着从硅谷获得的22.5万美元的风险投资，在大洋彼岸的中国，开通了一家与雅虎十分相似的网站：搜狐。而这笔投资也让广大的中国人，真切感受到了风投的力量。

今天已经习惯于指点江山的马云，曾在北京富华大厦的一间会议室里，见到了传奇投资人孙正义，短短6分钟的交流，他便获得了2000万美元的投资。

如今，似乎能够呼风唤雨的马化腾，与国际投资人共进了一顿价值10元的午餐，他的账户里，便汇入了220万美元的资金。

"刚来中国投资的时候，曾投资过两三个有些想法但更有政府关系的企业，但都以失败告终。"德丰杰投资基金公司联合创始人提姆·德瑞普说，"在硅谷，我们把钱投给有想法的年轻人，我们转念一想，为什么不在中国尝试投资这些人。于是就有了百度、分众传媒和易宝支付，还有所有伟大的公司。"

直到今天，大量涌进的国际风投资本，搅动着这片拥有特别积累的土地，刺激着越来越多的年轻人投身其中。

三

20世纪90年代末的硅谷，无论是在校的还是刚毕业的学生，只要你拥有一个关于互联网的创意，就能轻松地凭借一份简单的企划书，获得可观的投资。以果敢与理性著称的风险投资家们在这股前所未有的狂热气氛中，变得盲目而疯狂。

从1996年开始，硅谷每5天就有一家公司上市，每天都会新增62位百万富翁。据美国风险投资协会统计，1996年，互联网产业的投资额占当年风险资本总额的60%，在随后的几年里，这个比例一直有增无减。

迈克尔·莫里兹形容当时的情景："在飓风中，我们忙得人仰马翻，脑子也都没办法再理性地思考了，很多人都失去了方向。"

"到处都是保时捷，你还可以看到法拉利、兰博基尼和玛莎拉蒂。"说到那个时代，马克·韦伯依然记忆犹新。

美国《新闻周刊》编辑、《大泡沫》作者丹尼尔·格罗斯回忆当时的硅谷："这些公司可能并没有业务，但他们还是会在《新闻周刊》购买整个广告页。可

"千年虫"期间的华尔街

以说一些公司唯一出售的就是他们的股票，他们唯一能够出售的就是自己。"

"我们只在乎眼球，有多少人在关注这家企业。"兰扎说，"这是多么疯狂的逻辑！疯狂透顶！"

2000年，全世界兴奋地庆祝着新千年的到来，长时间盘踞在人们头上的"千年虫"危机顺利渡过，而一场意想不到的危机却悄无声息地到来。从3月10日开始，纳斯达克指数在长达两年的时间里狂跌78%。7500亿美元的资产和60万个工作岗位蒸发，只有不到一半的网络公司活过了2004年。

马克·韦伯描述道："大学街也成了危机爆发时的重灾区。这里很快变得越来越空，越来越悲凉。很多人都在徘徊，然后迷失。"

"那两年许多企业倒闭，没人愿意再出资。接下来很多年，硅谷的创新落到了非常困难的局面，人们以为硅谷再也不会回来了。"兰扎说。

互联网，在如此短的时间内，就创造了人类经济史上一场影响全球的波澜，史无前例。辉煌的泡沫和破碎，是互联网这个新生命能量的另一种表达。

互联网泡沫的崩溃，在全社会激起了内容丰富的反思。比如说，很多人认为这种危机性恰恰是市场经济调整的必要，恰恰是优胜劣汰的必然；但是，硅谷人的反省却有所不同。

兰扎低沉地说："这次危机的始作俑者是我们，是硅谷。我们应该对这次危机负全部责任。我们太自负了。如果有人提出反对意见，我们就会终止对话。"

"人们对短期利好或长期回报的兴奋和遐想影响他们的判断力。人们不理性，做傻事。"迈克尔·莫里兹这样反思。

美国亚利桑那州立大学教授丹·吉尔默痛惜地说："最终，还是普通大众受的损害最多，如果他们卷入这场狂热中。特别是90年代末的泡沫，垃圾股票被出售给最底层的投资人——每一个普通人。他们是整个体系中了解最少的人。"

纳斯达克的迅速下跌，也许暂时中止了网络公司上市融资的进程，企业的破产也浇灭了风险投资的热情，但是，人们并没有因此而停止收发邮件或网上购物。5年间埋下的1亿多公里的光缆，以及相关的配套设施为互联网的快速普及做

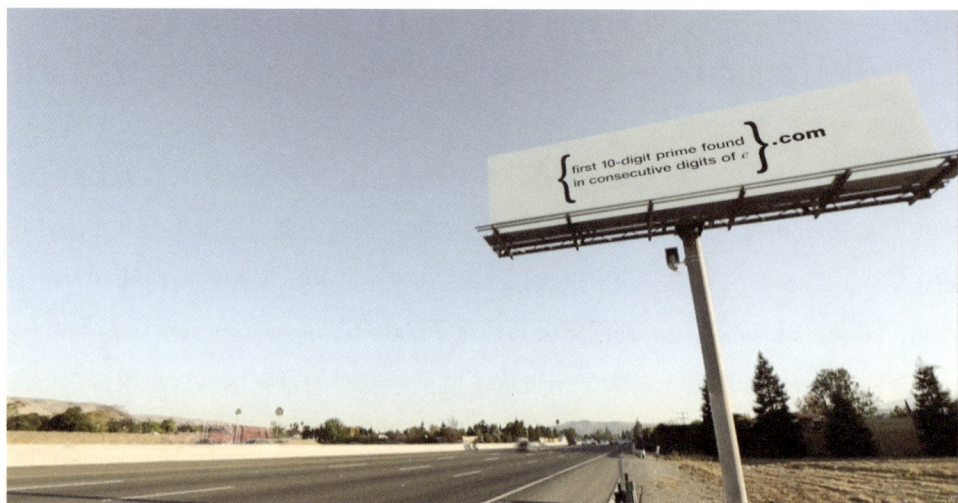

{ first 10-digit prime found in consecutive digits of e }.com

谷歌的招聘广告牌，上面是高等数学题

好了准备。

从1995年到2003年，世界范围内的上网人数从2000万人增加到5亿人。在倒闭和破碎声中，互联网继续在成长和运行着，那些真正的创业者仍然在耕耘着，在收编着队伍，在积蓄着力量。

2004年7月初，硅谷心脏地带的101号公路旁出现了一个巨幅广告，只有学习过高等数学的人，才能看懂那是一道复杂的数学题。一些好奇的人解开难题，答案是一个网址。

登录网站后，会看到一系列难度递增的数学题。最终7500人来到了数学迷宫的出口，他们看到的是谷歌公司的招聘广告。在这个看似游戏的谜题面前，能走到最后的人已经让谷歌甄别了他非功利的兴趣，以及兑现这种兴趣的执着和到达目的地的智慧。谷歌用一道道别出心裁的谜题，招呼着天下的英杰。

位于硅谷的谷歌总部，员工们可以随时来到自己的办公室，并且得到因自己而来的食物和咖啡，在这里你可以带上你的宠物、孩子、朋友，甚至可以玩电子游戏、乐高玩具。

事实上，世界知名的互联网公司，都试图将维护个人、个性的地位，变成新

谷歌总部

公司的新传统。

这些互联网公司正在创造着互联网时代的企业新文化，这里没有强制的权力，没有明确的支配者，所有人都是服务者和创造者。

四

2003年10月的一个凌晨，哈佛大学内，一个评选全校最优秀女孩儿的网站，在校园里迅速蔓延，蜂拥而至的学生对网站上2.2万张图片评头论足，在3小时内就让学校网络陷入瘫痪。网站的制作者是大二学生马克·扎克伯格。由于使用未经授权的照片，扎克伯格受到了学校严厉的处罚，但从这次恶作剧中他窥探到了人类原本的社交需求。不久，一个名叫Facebook（脸谱网）的社交网站成立了。

Facebook创始人马克·扎克伯格的看法是："我想人之所以能成为人的一点，就在于我们有社交能力，和我们所在的社群保持沟通。"

与20世纪90年代的大多数网站不同，新兴的Facebook、YouTube、QQ空间、微

Facebook创始人 马克·扎克伯格

博并不提供任何内容，所有内容都由用户自愿创造上传。网站只是提供了一个自由分享的平台。社交平台激发着人们的创造力，人们聚集起来共同搭建起一个虚拟的网络社会。

网易公司创始人丁磊认为："每个人都可以贡献碎片的知识点、生活的技巧，在这个平台上给大家去分享，他（用户）在贡献的过程中是独立思考的，它（社交网络）是鼓励独立思考的，这个意义就是互联网的核心价值所在。"

分享，只是网络平台的初始阶段，创造的新时代随即而来。

Facebook创立3年后，扎克伯格宣布全面开放Facebook，让所有人都能够登上Facebook平台开发软件，提供服务。不久后，Facebook上出现了游戏、娱乐、工作、资讯等各类服务。而所有的服务，都是由世界各地的Facebook用户开发、上传的，到2009年，来自180个国家超过100万的开发人员为Facebook用户提供了52000个应用程序。至此，Facebook的辉煌不再属于Facebook，而属于Facebook身后数以亿计的网民们，主角是每一个参与其中的普通人。

"每天有更多的应用软件发明出来，更多的人进入这个行业，就像工程师踊跃进入科学、数学领域，公司正以前所未有的速度涌现。有更多的好公司规模做大了。"马克·扎克伯格兴奋地说，"这是前所未有的事情，学生在寝室或者是什么地方，就能创造一些东西。基础设施人人可用，成千上万人的生活得到了改善，这在以前是不可能的。"

如今，社交网站已经吸引了全球数量最大的网络用户，同时越来越多的平台类网站开始出现，已经成功的互联网企业也纷纷向全球开发者开放自己的平台。一个全人类参与、全人类分享的网络生态环境逐渐形成。

Facebook涂鸦墙

搜狐公司董事局主席兼首席执行官张朝阳认为："每个人都有他的独特性，这个独特性可能通过互联网的平台巨大地放大，使他获得成功。这是一个呼唤创意、呼唤多姿多彩的时代，是一个天生我材必有用的时代。"

新浪潮一波未平，一波又起，我们刚刚在写字台前的固定屏幕前坐稳，就突然被告知，这是一个囚笼，于是，自由来临了。

2007年，iPhone手机的问世，让长久以来被网线束缚的互联网，获得了新的自由。触摸的人机交互方式，让冰冷的金属拥有了温暖的人性，而开放的应用商店，则为表面上千篇一律的iPhone，创造了万千不同的内心。

"生活中的每件事，订机票、找电影、购物，我需要在网上订购一些东西，我喜欢那个，我可以买它吗？针对人们生活中的方方面面，都会有人编写出相应的应用，满足人们的需求。"苹果公司联合创始人史蒂夫·沃兹尼亚克说，"我认为是iPhone的出现催生了这一切。只要有互联网，就可以写程序了，你可以在云服务器上写程序，利用手机里的应用来进行工作，因此所有人都可以进行创造。"

你在何处，你都在网上；你孤身一人，你依然在世界之中。笼罩全球的互联网，轻便地伴随着每一个自由的个人，移动起来的，就是不可估量的需求、智慧和创造。

互联网不同于以制造业为核心的工业时代，它将创新和创造几乎随意地赋予了更多的人，甚至它正在一个不长的路途上，铺就了遍及全球的创新人生。

1996年，两位年轻的斯坦福大学博士生拜访杨致远和大卫·费罗，希望正如日中天的雅虎收购他们开发的一项网络搜索技术，这个请求在简短交谈后被拒绝了。临别时，依然年轻的大卫·费罗善意地鼓励道："年轻人，如果你们对自己这项技术真的有信心，那就去创业吧。"不久后，一家日后成为全球最大搜索引擎的公司诞生了。

"大公司感觉到危机感是明智的，产业更新变得更快。我们的问题就是，如何在这种环境中，成就一份事业。"里德·霍夫曼的答案就是，"适应未来，必须不断想象世界在发生怎样的变化，我们该怎样适应和创新以跟上世界变化的步伐。"

年仅30岁的华裔美国人陈士骏，在硅谷的那段时光成就显赫。曾就职PayPal、Facebook的他，在出售自己所创办的YouTube时，一次性获得了上亿美元。不幸的是，他因身患脑瘤在旅途中晕倒在候机厅，出院之后，他沉溺在享受生活的无所事事中。仅仅6个月，离开创造的陈士骏认为，这是比脑瘤还不幸的重大不幸，于是，他又跳上了新时代的竞技场。

回顾这段过往，陈士骏说："我发现成功的意义比我想象的要丰富得多。我可能会死掉，人不可能长生不老，至少要去尝试扳动一下创新的开关，没有什么会比去冒险、去投入精力、去投入夜晚和周末更美妙的。"

一场场关于创业、创新的论坛和比赛从不间断，胸怀抱负的年轻人从世界各地四季不绝，聚集于硅谷。

以车库命名的创业文化如今席卷全球，北京中关村的车库咖啡馆，聚集着一批怀揣创业梦想的人，只需每人每天一杯咖啡，就可以在这里享用一天的免费开放式办公环境。

亚马逊公司创始人杰夫·贝佐斯说："我真正想做的事情是，确保当我80岁的时候，已经将人生中的遗憾最小化。如果我有了创建亚马逊的想法，但是却没有尝试，那我会一直想，如果我尝试了会怎样？我会一直后悔自己没有付诸实践。"

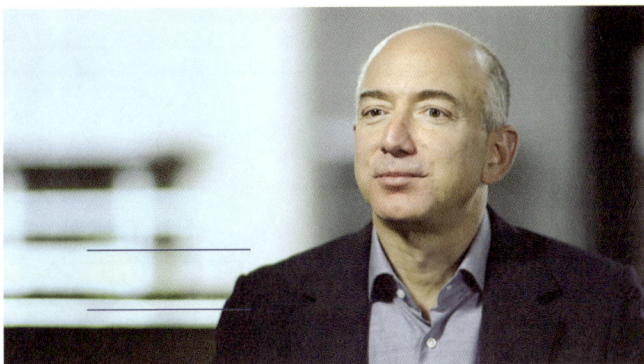

马克·扎克伯格则认为："历史上，我们

亚马逊公司创始人 杰夫·贝佐斯

从未有过如此巨大的机会，一个人、一间屋，创造一种服务，可以让数亿人甚至数十亿人受益。这令人惊异，在此之前不曾有过创造这类业务的能力，而现在有很多人在做这件事。这是一个激发创造、专注爱好的最好时代。"

在北京、在班加罗尔、在伦敦、在巴黎、在首尔、在悉尼，在世界任何一个连接网络的角落，无数拥有梦想的人都在不断地尝试。创造不再属于系统经验，创造不再属于成熟和阅历；创造属于随时随地，属于人生的每一刻。你所不习惯的奇思妙想，可能正是人类智慧山巅上的黄金，这个试图笼罩一切的力量，不可阻挡地涌动起新的浪潮。

整个互联网行业，作为人类智慧的新生儿，在短短20余年的市场经历中，创造了自身的奇观。

当然，互联网的能量绝不会安心于一个新行业的自身发育，它像一轮新生的太阳，高悬天际，俯瞰和照耀地球上人类生活的所有层面。

链接

第一封电子邮件

1971年，28岁的麻省理工学院博士生汤姆林森，坐在BNN公司专门为开发阿帕网项目而成立的实验室里时，突然产生这样一个设想：能不能通过这台冰冷的机器，向另一台机器上传送人的温暖呢？汤姆林森牺牲了午休的时间，输入了两百行程序代码后，世界上第一个电子邮件系统出现了。在将一封他自己后来都忘却了具体内容的邮件，成功发送到另一台电脑上时，汤姆林森完成了一项伟大的发明。不过这个离经叛道的玩闹者，与当年贝尔在发明电话后激动地与助手相拥而泣不同，汤姆林森在发送完人类第一封电子邮件后，特意小声地对身旁的同事说："别告诉任何人，我可不想让他们说我不务正业。"

汤姆林森之所以有如此反应，是因为在他看来，这项在日后被广泛应用的通信手段，不过是他开小差玩的一次小聪明。在那个计算机造价高达几十万甚至上百万美元的年代，计算机的主要功能是用来进行复杂的科学计算。以当时的正统观点来看，利用计算机输入学术论文都是一件极不严肃的事情，更何况用计算机传递悄悄话或是足球比赛结果，那简直是对科技的亵渎。

汤姆林森的"实验"没有立刻引起轰动。这项后来标志一个新时代的发明，在很长一段时间里成为了实验室里上不了台面的玩具。在那个由精英组成的小圈子里，使用电子邮件在网络上窃窃私语成为了一种让人激动不已、而又欲说还休的奇妙体验。1973年一项特殊的专项调查显示，阿帕网上75%的通信量都是电子邮件，这样的结果让负责阿帕网项目的政府官员大为费解和恼火，政府花钱建造这些庞大的基础设施本来是有重要用途的，而这帮家伙却用它来互相发送无聊的电子邮件！而且大多数邮件与建设阿帕网的任务没有任何关系。

第一本电子书

与参与设计阿帕网的汤姆林森不同，对于一个被排除在阿帕网建设之外的大学生来说，哈特对这项神秘的技术抱有宗教般的敬畏。1971年，伊利诺伊大学的大型计算机成功连入阿帕网。这一值得所有学生兴奋的消息很快成为了校园内的重大新闻，所有人都渴望着一睹网络的真容。通过和善的计算机管理员，哈特使用了作为一个学生能想到的一切讨好手段，获得了众多学生梦寐以求的长期使用连接阿帕网计算机的权限，成为了整个伊利诺伊大学唯一能使用阿帕网的局外人。

来之不易的机会，以及跨入网络新大陆的兴奋与崇敬，让哈特油然萌生了一种使命感。坐在计算机前，他用了整整一夜，一个字母一个字母地将由1308个单词构成的《独立宣言》输入电脑，世界上第一本电子书就此诞生。激动不已的哈特，萌生了一个更为大胆的构想。他希望建立一家网络图书馆，来实现两千多年前一位伟大君王都不曾企及的理想。

拥有图书，是亚历山大时代有钱有闲的贵族阶层的特权，公元前259年，古埃及的新君主托勒密一世，产生了一个收集全世界图书的理想。他举全国之力，花费重金修建了当时全球最大的图书馆，并动用军队和外交在世界范围内寻找各种图书。经过三代国王近一个世纪的努力，亚历山大图书馆收集到了包括荷马、欧几里得、亚里士多德、阿基米德等著名学者在内的50万卷手稿真迹。四方学者纷纷云集此地，亚历山大城也因此成为当时世界的文化中心。

计算机面前的凡人哈特，比权倾天下的王者更为幸运，亚历山大图书馆最终在一场大火中灰飞烟灭，但哈特所发起的古登堡电子图书馆计划，即便在哈特2011年不幸去世后，仍然继续着。世界各地爱好读书的网民，仍然源源不断地加入到制作和分享电子书的队伍中来，共同建造巨型的网络图书馆。如今，该计划正以平均每周新增50部电子书的速度扩展着。哈特生前预计，到2015年可用书籍能达到100万本，而实际上，如今的因特网上已经有远超过100万本的电子书供人免费下载。

第一台个人电脑调制解调器

1971年，成立3年多的英特尔公司推出了全球第一个微处理器。几年之后，随着电脑价格的下降，个人电脑进入高校教室和计算机发烧友的书房。

1978年1月16日，被芝加哥当年最大的一场降雪困在家中的学生克利斯坦森和瑟斯，在相隔几条街道的两部私家电话上，探讨着一个问题："我们能不能尝试用电话线连接电脑？""当然，你做软件，我做硬件。"两个星期之后，瑟斯发明了一个用于个人电脑间使用的调制解调器，而克利斯坦森则编写了利用这个调制解调器的软件。之后，二人利用这套技术建立了历史上第一个BBS论坛。为了向更多人炫耀自己的发明创造，克利斯坦森将自己开发的个人电脑传输协议放在论坛上，供计算机发烧友们免费下载和使用。正是这种通过与人分享来展现自我价值的业余爱好者心理，才使互联网能够在极短时间内如潮水般迅速普及。

第一个网络摄像头，看咖啡煮好没有

后来成为视频交流基本技术的创意，最初来源于剑桥大学特洛伊计算机实验室一楼的一只咖啡壶。1991年，剑桥大学特洛伊计算机实验室的学生们，为了能随时了解楼下有没有剩余的咖啡而编写了一个程序，并在咖啡壶旁安装了微型摄像机，使咖啡壶的图像可以传递到实验室的电脑上。由此，第一个网络摄像头装置诞生了。1993年，学生们将监控画面连上互联网，没想到全世界互联网用户蜂拥而至，共有240万人次观看过这个名噪一时的咖啡壶。

互联网商业化元年

1994年被视为互联网商业化的元年，从这一年开始，电子商务网站eBay（易贝）、亚马逊、网络游戏《子午线59》、即时通讯工具ICQ、电子邮件Hotmail等众多网络服务开始产生。新闻、资讯、游戏、娱乐、购物等各类网站纷纷出现。1994—2000年间，2000万个.com域名被注册。

1994年，一位伊朗裔的软件工程师奥米迪亚正在为实现他女友的一个愿望而苦思冥想。奥米迪亚的女朋友酷爱Pez糖果盒，却为找不到同道中人交流而苦恼。奥米迪亚想到了互联网，他建立起一个拍卖网站——eBay，希望能帮助女友及全美的Pez糖果盒爱好者交流和交换糖果盒。令奥米迪亚没有想到的是，eBay非常受欢迎，很快网站就被收集Pez糖果盒、芭比娃娃等物品的爱好者挤爆。最终一个网络交易平台形成了。

1994年，29岁的贝佐斯，坐在位于曼哈顿一栋办公大楼39层的电脑桌前，体验着尚未成熟的互联网。这位1986年毕业于普林斯顿大学电气工学与电脑科学系的工程师，当时是某投资银行的高级副总裁。当贝佐斯偶然间发现，网络使用率正以每年高达2300%的速度暴增时，激动地从办公椅上站了起来，望向窗外曼哈顿林立的高楼。一个把人类的交易活动搬上屏幕、搬进芯片、搬上互联网的想法，在贝佐斯的脑海中浮现出来。从此，世界最大的电子商务网站亚马逊诞生了。

仅仅用了7年，亚马逊网上书店就达到了美国最大的连锁书店巴诺花了130年才达到的营业额。如今这家在全美50个州拥有700多家连锁书店和600多家大学书店的百年老店，只能在电子商务的浪潮中奄奄一息。

"美国在线"

随着美国电信市场和个人电脑市场的不断开放，开着二手车的凯斯，放飞了他的梦想。向往新大陆的凯斯，如同推销一款新型的烫头器或是化妆品一样，以上门推销的方式，挨家挨户地将用户的电脑与电话线路进行连接，然后再连接到自己创办的，提供新闻、电子邮箱等服务的网站上。在将近6年的时间里，凯斯和他的伙伴们，敲开了13万美国居民的家门，使他们成为新一代消费品的用户。这些最早的网民汇聚起来的是一个了不起的数字，凯斯因此将原名为量子的公司，改名为美国在线。1992年，未来前景广阔的美国在线在纽约挂牌上市，一举获得了6600万美元的融资，成为美国知名的互联网接入服务商。

硅谷"车库"的创业文化

1938年，斯坦福大学工程学院的毕业生戴维·帕卡德和威廉·休利特，出于对无线电技术的热爱，在自家的车库开始创造各种无线电设备。不久后，他们创立了一家名叫惠普的公司。

1976年，21岁的乔布斯与26岁的史蒂夫·沃兹尼亚克在乔布斯父母的车库里，组装了一台个人电脑。几个月后，苹果公司诞生了。

1997年，斯坦福大学的拉里·佩奇和谢尔盖·布林决定放弃学业，租下了朋友的车库，开始专心经营他们的谷歌。

2004年，哈佛大学的大二学生扎克伯格，将自己刚刚创办的社交网站Facebook搬到了距离斯坦福大学仅仅3公里左右的出租屋中。

美国的"信息高速公路"与《电信法》

一些制度的推动，也使得互联网有了更加快速的发展。1992年2月，美国总统发表的国情咨文中提出，计划用20年时间，耗资2000亿～4000亿美元，以建设美国国家信息基础结构（NII），作为美国发展政策的重点和产业发展的基础。年底，副总统戈尔又宣布：美国政府正在制定"信息高速公路"的政策，并投入几十亿美元，着手兴建全国光纤信息网，以确保在21世纪初建成"信息高速公路"。

1996年，为进一步促进电信行业的自由竞争，克林顿政府颁布了《1996电信法》。这个法案打破了地方电话与长途电话经营范围的界限，允许任何人或者公司参与到电信领域的竞争中。同时，法案还迫使地方网络商以较低价格把线路提供给互联网服务提供商使用。在这项法案的刺激下，从1996年到2001年，短短5年间，美国共建设了1.3亿公里的光缆，占全世界光缆总长的40%。

"领头羊"美国的做法，引起了西方、亚洲国家的效仿，西方各个国家的垄断电信体系纷纷崩溃，向市场化靠拢。德国、英国将促进电信市场的竞争写入了新出台的《通讯法》。韩国政府则要求本国最大的运营商SK电讯的市场份额不能超过50%，否则每天罚款80万美元。对互联网而言，至关重要的电信和个人电脑，在这场几乎全球性的开放运动中，以这样的步履迎接了新时代。

风险投资

根据美国风险投资协会的定义，风险投资是由职业金融家投入到新兴的、迅速发展的、具有巨大竞争潜力的企业中的一种权益资本。世界上第一家现代意义的风险投资公司——美国研究与发展公司，于1946年在美国成立。由于没有相应的退出机制，加之漫长的投资周期，导致在长达12年的时间里，竟没有出现第二家类似机构。1971年，纳斯达克股票市场的建立，为风险资本退出企业、回收投资提供了便利途径。从此，大量的风投公司如雨后春笋般出现。

风险投资与传统抵押贷款的本质完全不同的是，创业者获得创业资金时，不需要抵押，也无须偿还，风投公司是以入股的方式参与到企业的经营中。同时，风投不仅为创业者提供资金支持，而且还为他们提供管理和经营方面的帮助。直到今天，包括谷歌、Facebook在内的众多有风投背景的高科技公司的高级管理职位，大多都是由风投公司推荐的。

苹果公司的创始人乔布斯曾经说过："在硅谷，你穿什么，你多大年龄都不重要，你多聪明才是最重要的。硅谷是通过智商来投票的。"

为了更大程度地刺激创始人的创造力与激情，精明的风险投资家们，甘愿让创始人们获得更多股份来掌控公司的未来。同样，为了激发员工的创造性，初创的互联网公司都会用丰厚的股票期权来留住人才。也正因如此，才会出现一家互联网公司上市，同时产生几十、甚至上百位百万富翁的财富奇观。

狂热与互联网泡沫

1996年，雅虎上市后不久，在杨致远和费罗创业的车库旁的大楼竣工了，在这幢由微软的创始人比尔·盖茨出资600万美元修建的计算机教学楼的落成仪式上，当时的工程学院院长詹姆斯·吉本斯预言："在一年半之内，这里就会发生非同寻常的事情。到那时，会有人指着这里的一些地方、一些办公室或是某个角落说，这就是1996—1997年间他们白手起家的地方。要知道，他们做的事很了不起。"这是一位教授对一项新事物充满豪情的理性表达。

媒体在采访雅虎两位创始人时，耸人听闻地写道："如何在硅谷轻松赚1亿美元"，煽动性的标题刺激着每一个怀揣梦想或渴望财富的人。媒体的大肆报道，让整个美国沉浸在对互联网技术的美好幻想中，每一个人似乎都看到了一个可预见的未来。

从学校到社会，从宿舍到车库，从沙丘路到华尔街，互联网成为人们谈论的主题。一场新时代的跑马圈地运动正在上演。资本的进入、股票市场的疯狂，吸引了更多追求理想或者渴望成功的人加入到这个产业中来。他们来此的原因不是出于对计算机或者网络的爱好，他们所看到的是网络所提供的机会。

从1996年开始，硅谷每5天就有一家公司上市，每天都会新增62位百万富翁。据美国风险投资协会统计，1996年，互联网产业的投资额占当年风险资本总额的60%，在随后的几年里，这个比例一直有增无减。

2000年，一场突然降临的互联网泡沫破裂的灾难波及全球。2000年3月到2002年10月间，4.6万亿美元的纸面财富消失，相当于2002年美国国民生产总值的50%。在硅谷，20万人失业，这一数字超过硅谷总工作数的20%，无数公司关门歇业，只有不到50%的网络公司活过了2004年。

原本一屋难求的硅谷写字楼，突然之间变得空空荡荡，人去楼空。写字楼的月租金从每平方米700美元跌到了不足以支付维护成本的100美元。那些头一天还开着保时捷的网络新贵们，转眼间便无家可归。

"互联网女王"玛丽·米克尔

玛丽·米克尔，1991年时33岁，著名投资银行摩根士丹利的一位女性分析师。这位在1982年便拥有了第一台个人电脑的女人，比起男性分析师，拥有一种女性特有的直觉，相比严谨而冰冷的分析数据，她更愿意相信自己的亲身感受。

20世纪90年代初，接连出台的政策让摩根士丹利的管理层注意到了互联网这个尚未大众化的产业，他们将深入了解和分析这个产业前景的任务交给了米克尔。

1994年5月7日，《纽约时报》的一篇新闻，让米克尔认识了网景公司，在接触的过程中，网景所开发的产品——图形浏览器——让她看到了一个全新的未来。在米克尔的极力推荐下，摩根士丹利投资了网景公司，同时促成了网景的成功上市。

两年后的1996年2月，一份名为《互联网报告》的小册子在华尔街和硅谷流传开来。这份以大量图表和数据为基础的长达300页的报告，第一次将互联网作为一个产业进行系统化的分析，该报告的作者就是玛丽·米克尔。这份报告也被人们奉为互联网产业的"圣经"。

在这份报告当中，米克尔预测，在之后的几年间，互联网的使用者会以平均每7秒增加一位用户的速度增长，到2000年，互联网会形成一个1.5亿人的巨大市场。此外，"眼球""页面浏览"等分析指标首次出现在报告当中，取代"利润增长率"和"毛利率"等成为衡量企业潜力和价值的重要指标。凭借这份报告，米克尔如愿地成为摩根士丹利技术股票分析部的负责人，并创造出了华尔街闪耀的新职业——互联网分析师。

在之后的两年间，米克尔陆续推出了两份针对互联网广告和电子商务类的重要报告，并且成功预测了亚马逊、雅虎、eBay等十余种网络股票的疯狂上涨。由此，米克尔成为了镁光灯下的明星。1998年，财经杂志《巴伦》称她是"网络女皇"；1999年《财富》将她列为全球50女强人的第3位，评选她的理由是"她是网络的先知"；《华尔街日报》将她归入与美联储主席阿兰·格林斯潘和股神沃伦·巴菲特相提并论的股市大腕行列，称他们为影响市场的"三大推动力"。

玛丽·米克尔，成为了华尔街的明星。

盛誉之下，米克尔变得异常忙碌。创业者和企业家们试图在飞机上拦住米克尔，哪怕只有一分钟的谈话时间；维亚康姆公司为了争取米克尔出席一场会议，不得不派出一架喷气式飞机把她接到会议地点百慕大群岛，再尽快把她送回美国，因为还有一个90分钟的演说等着她去完成。高科技公司排着长队求她帮他们包装上市，人们纷纷要求她推荐股票，从华尔街上的行人、好莱坞的明星，到沙特阿拉伯的王储。米克尔就是财富，米克尔就是点金手，米克尔就是新公司，米克尔就是股票价格。

总是排得满满的时间表，让米克尔把大部分研究工作都交给了资历尚浅的分析师去完成。在此后的四年间，以严谨和客观著称的米克尔互联网报告再未更新。

2000年被狂热催生的互联网泡沫破裂，这时，以互联网女王米克尔为首的证券分析师们成了众矢之的。2001年8月，华尔街投资者针对互联网女王米克尔发起了两项联合诉讼，控告其有意向投资者传递错误购股建议，使他们蒙受经济损失。虽然，米克尔最终没有获罪，不过她在公众面前的形象却从天使变为了魔鬼。曾将她奉为互联网先知的《财富》杂志，在2001年5月的一篇名为《玛丽·米克尔哪里出了错》的评论中措辞严厉地指出，玛丽·米克尔被网络经济的光环冲昏了头脑，而忘记了自己仅仅是一名分析师。接踵而至的负面影响导致玛丽·米克尔的老板丹尼斯·施在2002年给她写了一封信："你的职业生涯到了最困难的时期，你还想继续当分析师吗？"

短短6年时间，米克尔从被人奉为天使的网络女皇变为魔鬼一般的泡沫女皇，互联网让这位女性深切地感受到它的能量。米克尔没有失去信心，她感慨道："我不能控制互联网的速度，它不受控制，它狂暴。"

2013年，米克尔再次发布了她标志性的互联网报告，此时的她已经离开工作了19年的摩根士丹利，加入了老牌风险投资公司 KPCB，成为了合伙人。如今人们已经不再将她的报告奉为圣经，而是更加理性地看待她的分析。在这份报告中，米克尔首次提到了"向中国学习"的观点。

网络生存试验

8848，中国最早的电子商务网站。为了让更多的人了解网络，8848网站联合十余家媒体在北京、上海、广州三地策划了一场"网络生存试验"。该实验是让参赛者在封闭的空间里，利用互联网生存72小时。这个活动在当年引起了不小的轰动，让人们真实地感受到了互联网即将深刻地改变我们的生活。

7∶2∶1

如今，员工人数已经超过2万人的谷歌，将他们的员工以7∶2∶1的比例进行安排，70%的人负责当下的工作，而20%的人则将眼光瞄准未来5年的市场需求，而另外10%的人，则被称为一群异想天开者，他们将注意力投向更长远的未来。谷歌眼镜、自动驾驶汽车、谷歌大脑等众多让人惊叹的项目，就在这群专事未来的人们手中产生。

乔布斯与Siri

2005年，刚刚查出癌症的史蒂夫·乔布斯受邀在斯坦福大学的毕业典礼上演讲，这位几度改变世界的男人在面对死亡时，对台下那些即将走向世界的学生说了这样一段话："'记住你即将死去'是我一生中遇到的最重要的箴言。它帮我指明了生命中重要的选择。因为几乎所有的事情，包括所有的荣誉、所有的骄傲、所有对难堪和失败的恐惧，这些在死亡面前都会消失。我看到的是留下的真正重要的东西。你有时候会思考你将会失去某些东西，'记住你即将死去'是我知道的避免这些想法的最好办法。你已经赤身裸体了，你没有理由不去跟随自己的心一起跳动。"

2010年，病榻上的乔布斯被刚刚出现在苹果手机应用商店里的一款名为Siri的手机应用吸引，他激动地坐了起来，仿佛看到了未来。不久后，Siri的开发者接到了已经身患绝症的乔布斯亲自打来的电话，第二天，在乔布斯家中的壁炉前，Siri的创始人与乔布斯进行了一次长达3小时的关于未来的秘密谈话。3周后，Siri的团队出现在了苹果公司。经过近两年的研发，Siri成为了苹果手机上的一个语音助理，2011年年底iPhone4s上市，不过乔布斯却没能等到Siri面世的这一天。Siri开发团队为了纪念乔布斯，做了这样一个设计。当使用者问："如何才能成为乔布斯？"Siri的回答是："做好你自己。"

声 音

互联网形成了一个平台，使得现在个人能够以个人的形式采取全球行动。这就是这个时代的新鲜事物。世界历史上第一次，个人可以创办一家公司，并且从第一天开始，就实现全球化。

——托马斯·弗里德曼

（《纽约时报》专栏作家、《世界是平的》作者）

创新和颠覆是一种生命发展模式。人们越早意识到这一点，接受新事物就越容易。尤其是在硅谷，创新是硅谷的生命线。因为这里的人们有着超常的能力，能够更好地预见未来。我们的风投家相信冒险，我们的企业家相信冒险，我们的工程师和开发商相信冒险，甚至于新企业的雇员都是相信冒险的。

——杨致远

（雅虎公司联合创始人）

大多数创办了伟大公司的人，其最初目标不是获得巨额利润，他们想帮助改变世界，赋予人们一些前所未有的能力和工具。但想建立一个组织，能做大做强走得远，它就得持续下去，就必须得盈利。

——马克·扎克伯格

（Facebook创始人）

无论是一家公司，还是一款产品，在最初开始时都在某种程度上具有创新精神。对于像我们这样的企业来说，能够在创新时代生存的一点是我们都还没那么老，都很年轻。

——里德·霍夫曼

（LinkedIn联合创始人、《至关重要的关系》作者）

在泡沫顶峰时期，有某种失败是很好的。我是两个企业的联合创始人，一个企业倒下了，另一个存活了下来。失败并不好玩，经历失败的人也不开心，但是你从中获得了很多教训和经验。在泡沫终结时，失败稍微有些不同，因为几乎所有的一切都一无是处，人们对泡沫结束时所发生的一切都有些愤世嫉俗的感觉。然而，那时失败几乎就是命中注定的。

——丹尼尔·格罗斯

（美国《新闻周刊》编辑、《大泡沫》作者）

在大数据时代，我们不理解为什么发生这件事，却能够洞悉是什么正在发生。这个"什么"是一个事实，它比由直觉得来的原因要好得多。我们将乐于掌握一些事实，即使我们可能得不到完整的事实。对原因的追寻常常是无用的。相比于理解事情的起因，能够利用洞悉正在发生的事情的机会能使我们更加真实地感受这个世界。

——维克托·迈尔-舍恩伯格

（英国牛津大学互联网研究中心教授、《大数据时代》作者）

第三集／能量

引子

君士坦丁堡有一部分城墙，在东方与西方的分界点上横亘了1000年。曾经绵延20多公里的墙体上，耸立着96座塔楼和300多座角楼、碉堡，让来自基督徒和穆斯林军队的24次大规模围攻先后饮恨而去。

这座恢宏的不败之城，在1453年迎来了不同寻常的入侵者。奥斯曼土耳其大军不仅拥有司空见惯的步卒、骑士和战舰，还带来了从来不曾出现过的、被称作乌尔班大炮的新式武器。这种青铜大炮长5米，重17吨，口径762毫米，所用的花岗岩炮弹重达680公斤。在震彻古今的轰鸣持续了48天之后，以东罗马的旗帜屹立千年的巨城坍塌了，崩溃了。

从此，在技术进步的脚步声中，不论是东方还是西方，不论是护卫文明的长城还是守护王权的都城，即便依然矗立，也只能沦为后人凭吊往昔岁月的文化陈迹。

一

"当我初到福特汽车公司的时候，我会特意带上自己的午餐，在码头坐下来边吃边看。我们拥有整整一支自己的船队，它们会把矿石送到炼钢的车间。这很神奇，更神奇的是，我们所有人每天都赖以生活的物品，就是在这里生产的。而你竟能看到它们从原材料到成品的整个诞生过程。"福特公司历史专家罗伯特·克里普克如此自豪地说。

奠基人类工业时代的力量，就储存在这座已经老去的新城堡里。

从空中俯瞰福特公司的鲁日汽车城，这是269个足球场范围的钢铁场所。每个月，只是为了93座工业建筑的清洁工作，就得用掉3500个拖把头。从往高炉里填煤，到给铜制的机械抹上一层油，足足8万名工人才能填满这座无人居住的城市。为了适应他们，这里设置了多套消防系统，设备齐全的医院，以及一支3000多人的内部治安队伍。

亨利·福特是鲁日城的缔造者，也是第一个把大规模流水线作业引入汽车制造业的人，仅仅组装一个发动机的环节就被他分解成了86道工序。

罗伯特·克里普克说："福特真的是投入了我们手上所有的资源，就让我们用这种方式生产吧，把这么多人集中在一个地点是很了不起的事情。"

在当时的欧洲，汽车是一种精雕细琢的手工奢侈品，在底特律却好似生产火柴盒和曲别针一般，每隔49秒就能下线一辆。

从黝黑的矿石到亮闪闪的汽车，鲁日城确实容易让人联想到造物主。把资源集中在一个尽可能狭小的空间里，福特便领导人类打开了工业生产的高效之门。

亨利·福特还有一个未竟的梦想，那就是要确立一个完全自给自足的"工业金字塔"，甚至连做油漆的黄豆都得产自福特旗下的农场。这不是他一个人的梦想，而是人类贯穿整个时代的工业生命观。洛克菲勒石油集团、通用电气、杜邦化学公司、克虏伯公司、美国钢铁公司……工业时代的巨子概莫能外，他们都试图网尽天下资源。

集中，是最贴近工业时代人类行为本质的设计，整个行星的表面都是如此演化的。

亨利·福特出生的时候，只有1/5的美国人居住在城市；而在他去世的时候，只有1/5的美国人不居住在城市。

"这个老系统究竟是什么？它基于一座金字塔，有很多人处在底层，随着等级的上升，人会越来越少。每个人每时每刻都在给别人排等级。我们给东西排等级，给人排等级。人们会拉着你问，你的阶层是什么？你的地位是什么？人们像猴子一样，彼此梳理着皮毛，维持着彼此的地位。并且我们都自问：我的等级是什么？我的地位是怎样的？"美国哥伦比亚大学讲座教授大卫·史塔克如此思索。

美国南加州大学传播学院教授曼纽尔·卡斯特尔说："我们已经不再处于工业化社会了，尽管还有很多工业化的趋势，但是我们已经处于另一种社会结构。现在人人都在谈论网络社会。"

某种意义上，这就是我们能够面对的新时代。

悬挂在波音公司全球供应链中心东侧墙壁上的硕大的液晶屏幕，监控着每一架波音787客机从生产到服役的总流程。

这是一条长得超乎经验和想象的流水线。

意大利，"永恒之城"罗马，阿莱尼亚公司出产的碳纤维复合材料，正在固化定型；刚刚完成测试的机翼前缘，正在俄克拉荷马州准备出厂；沈阳飞机工业公司提供的舱门和方向舵，已经拧上了最后一颗螺丝；载着英国罗尔斯-罗伊斯发动机的巨轮，正在大西洋上跨越万里怒涛；一架编号002的波音"梦想搬运工"则正从日本神户机场腾空而起，它那特别改装的腹腔中，正躺着一对机翼主体，它们是从日本三菱重工的热压车间刚刚下线的……

400多万个部件，按照统一的标准，踏着统一的步点，在预定的时间陆续抵达西雅图，来到总装线。

波音也有过自己的"鲁日时代"。20世纪50年代，著名的波音707客机只有大约2%的零部件是在国外生产的。

不过，现在浩大到让人目眩的工程量中的90%，都是由遍布全球各地的40个合作伙伴共同完成的。荧屏、光缆和卫星让波音在跨越整个星球表面的操控，宛如在同一块车间穹顶下一般自如。

美国东北大学复杂网络研究中心主任、《爆发》作者艾伯特-拉斯洛·巴拉巴西认为：

美国东北大学复杂网络研究中心主任、《爆发》作者
艾伯特-拉斯洛·巴拉巴西

一架组装完整的波音787梦想客机

"在过去，大多数的功能之所以都集中于同一组织，是因为这么做更便宜。互联网带来的改变，是它让外包变得便宜得多。维持和开发产业链，在今天实际上已经不再那么昂贵了。所以，从某种意义上讲，产业网络变得更有利润，更有价值了，因为交易成本在降低。"

沈阳飞机工业集团公司是波音的中国协作者。设计师宋航拨通了电话，当线路连通，蒙特利尔、西雅图就近在咫尺，全球各地的设计师都能看到他正在拨动的三维"图纸"。

如今，波音临空一跃推出的787梦想客机，已经创造了全球协作的新梦境，一个真实的新梦境。

"企业组织已经戏剧性地改变了，长远型的大规模企业组织崩溃了。协作方之间的联系不再像原来的汽车工业那样长期稳定。联系实际上源于项目，而这些项目是由产业网络支持的。"曼纽尔·卡斯特尔说，"这就是网络企业，这就是新模式企业，与工业时代的大规模企业是完全不同的。"

时代性的困境都是一样的，时代性的机遇则各有各的不同。

2004年的一天，宝洁公司的几个年轻人提议，在品客薯片上印制图案来刺激消费兴趣，这个点子得到一致认可。但怎么保证把图形印到薯片上仍然无损薯片的完整呢？向人类提供三万多种产品，拥有29000项专利的宝洁公司，被这个小问题持久地困住了。

时任宝洁CEO的雷富礼认为，现在到处都有发明家，为什么不把实验室延伸到他们的身边呢？于是宝洁将难题送上网络平台，它的新时代便来临了。

"众包是一种非常特殊的外包形式。"美国塔夫茨大学弗莱切学院高级副院长巴斯卡尔·恰克亚维奇说，"你在公开平台发出一个求助邀请，比如你可以把它放在一个网站上。最终，你将得到一群人，他们会提交对邀请的反馈。通过聚合这些不同的反馈，我们的产品就能得到极大的优化。"

这个世界早就准备好了解决问题的方案，意大利博洛尼亚一位大学教授发明的可食用喷涂墨汁，就等待着宝洁的召唤。

图案薯片的风行天下将整个宝洁引上了网络平台。在几乎瞬间网罗的150万编外研发队伍面前，曾经令宝洁自傲的28个技术中心，9000余名专职科研人员便显得微不足道。

宝洁公司全球商务开发总监史蒂芬·巴戈特说："当我们把需求发布给一些个人的时候，他们就会把这个需求传递给他们认识的其他人。我们近期发现，我们可以把需求散播给全球的100万人。互联网是唯一能在一周之内达到这种效果的手段。"

这印证了美国《连线》杂志高级制作人、《长尾理论》作者克里斯·安德森的观点："20世纪的合作模式是企业模式。企业雇用雇员，人们在同一个屋顶下，为了某个大目标而工作。21世纪的合作模式就没有那么正式了，它是关于社群

美国《连线》杂志高级制作人、《长尾理论》作者
克里斯·安德森

宝洁公司内景

的。有些创意永远不会成为产品，有些社群永远不会成为公司。但是关键在于，我们现在有了20世纪合作创新模式的替代品。"

艾伯特–拉斯洛·巴拉巴西则认为："最成功的网络，就是那些自组织的网络，想一想互联网。互联网的成功之道，并非因为有个一手遮天的组织强迫我们加入互联网的，而是因为所有的企业，所有的个人都希望能接入互联网。因此，正是我们成就了互联网的成长。"

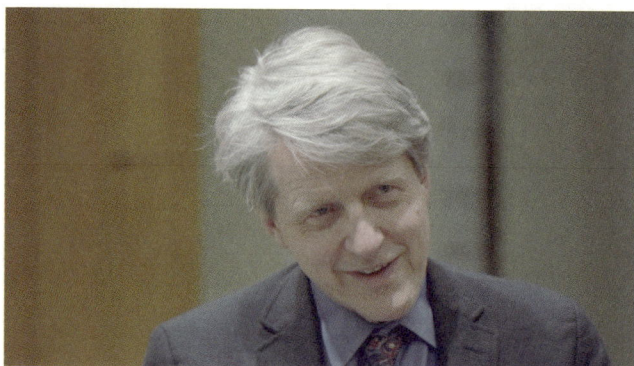

2013年诺贝尔经济学奖获得者 罗伯特·希勒

宝洁业绩的下滑止住了，一年时间，它凭此推出新产品200多款，研发能力提高了60%。

2013年诺贝尔经济学奖获得者、美国耶鲁大学讲座教授罗伯特·希勒则预言："人们低估了人类的多样性，我们有太多与众不同的兴趣、品位和才华。互联网提供了机会，去真正地创造机会。这将会大大地提高生产率，我认为未来几十年，我们将会看到令人惊叹的发展。"

二

有多少恢宏的鲁日，便有多少与之相配的交易场所。

对于生活在城市中的居民来说，纽约的中心不是华尔街，而是时代广场；巴黎的中心不是卢浮宫，而是香榭丽舍大街；东京的中心不是国会议事堂落座的永田町，而是银座和新宿。

美国时代广场

一级商圈、二级商圈、三级商圈……仿佛上帝之手从空中丢下了石子，在城市中激起一个个圈状的涟漪。那些闻名遐迩的大百货公司，总是盘踞在城市的核心地带，俯瞰着一代代新生和老去的人群，在这层层"涟漪"当中奔波、喘息、生存、发育。

在工业化和城市化的进程中，中国是辛勤的学习者和追赶者。国门打开，市场开放，10多亿人的消费热潮，迅速地催生了与沃尔玛、西尔斯相仿的零售业巨人。苏宁便是这一领域的代表。

数以亿计人口节衣缩食的汇聚，创造了全球零售行业里独特的门类，也描画出苏宁、国美们发酵一般的成长速率。短短20年时间，一家蜷缩在南京街头的家电专营门面，成长为销售规模400亿美元的行业领袖。

苏宁云商集团副董事长孙为民说："过去我们做实体店面的时候，我的店越大，集客能力越强；我的店越多，我的渠道影响力越大。我们信奉的一句话是什么呢？叫渠道为王。"

不幸的是，竞争旅途上的"少年"迅速地衰老了。苏宁既赶上了自己的时代，又迎头撞进了别人的时代。

新时代令苏宁畏惧的新对手，就是已经无处不在的电子商务。

在这个领域里一马当先的互联网公司，很俏皮地给自己取名为"淘宝"。淘宝很淘，入行10年，便和它的血亲兄弟天猫商城一道，淘出了14000亿元的年销售额。其中与苏宁命运相关的电子电器销售额超过千亿，每年还以将近一倍的速度增长着。而整个中国市场电商销售额，2013年已经达到10万亿之巨。200万新时代的投递员踩着电子指令的鼓点，奔波出不同于过去的消费风景。

"中间媒介的消失是一种自然的结果，当一种科技极大地提高了经济体系当中不同当事方之间的信息传递效率。因此，你看到各种各样的中介机构，各种各样的经纪人都面临消失。"巴斯卡尔说。

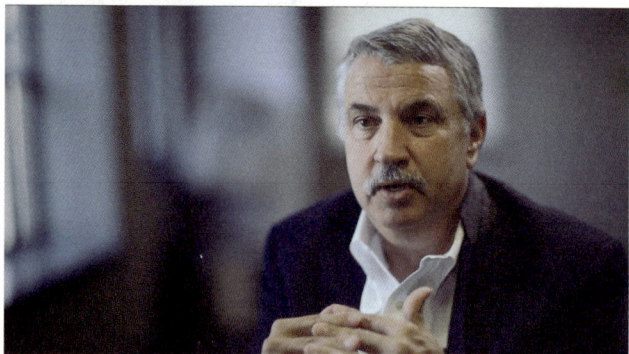

《纽约时报》专栏作家、《世界是平的》作者
托马斯·弗里德曼

"今天的一个全新的现象是什么？"《纽约时报》专栏作家、《世界是平的》作者托马斯·弗里德曼说："互联网形成了一个'扁平的世界平台'，使得个人现在能够以个人的形式采取全球行动。这就是这个时代的新

鲜事物。我想说的是，多亏了互联网和这个'扁平的世界平台'，个人被赋予了强大的力量。"

阿里巴巴集团董事局主席马云的观察是："互联网的机遇就在于对传统行业的完善和改变。现在的阶段是唤醒，然后是参与，然后是共同发展。所以你必须去思考，转型过来，他们的未来就是你的未来。所以现在是唤醒，到参与，到繁荣，这是三个阶段。"

如今，全世界一共有1724家苏宁实体店，它的主要竞争对手国美也拥有1200多家直营店面。这些曾经骄傲的矗立，在不见身影的淘宝面前几乎只是沧海一粟。那些没有惯常的门脸，甚至从生到死都不需要打烊的网上店铺有900万家。

孙为民也认为："到了互联网的时代以后，你就一个店，这个店你想做多大，实际上取决于你这个平台，你这个店能够包容多少产品，多少供应商。这一下子我们的思维就被颠覆了。"

"互联网真正的改变是从效率出发的，但是它到了一定程度就是量变到质变，整个商业的模式就发生了变化。"易车网创始人李斌说。

那波澜壮阔又你来我往的网店们，事实上，它只是一台电脑或者电脑上的一个功能，它只是一部手机或者手机上的一个应用。它的店主们可以挤在地铁上，站在电梯里，品尝着星巴克的咖啡，仰望着昆仑山的冰川，但同时就在上班。

大趋势是在全球舞台上汇成的。

巴斯卡尔说："从根本上来说，互联网将改变每一种行业的市场结构，因为每个行业的市场结构，都取决于你获取信息的能力。"

因此，每个行业都将被互联网重构和改变，不管是音乐行业、电影行业，还是水泥行业。

新技术以它颠覆性的力量，无情地甄别着所有领域里的老组织、老产业。为全球供应着一半以上产品的中国电视机产业便等来了行业之外的闯入者。

2013年5月7日，乐视网创始人贾跃亭等来的结果，比他能够期待的更加恢宏。首批两万台乐视超级电视15分钟全部售罄。

挂在墙上的乐视与众多旧有的品牌表面上并没有什么不同。不同的是，这块人们期待面对的屏幕，不过是通往贾跃亭打造的生态系统的门牌和入口，是通过网络才可能汇聚的过去的岁月和跨文化的空间。

视频、游戏、交友、购物……乐视为人类的家庭终端描绘了这样的可能性，超级遥控器将使你在人类所有的信息文化产品面前随心所欲。

贾跃亭说："对未来的行业的发展，我认为是一个生态系统对生态系统的竞争，或者说是链条对链条的竞争；而不是像在工业时代下的点对点的竞争。"

一家视频网站的跨界出场，摇撼了全天下的电视机供应者，你起我落的大幅度降价并不能保证所有竞争者的生存。新的规则是：所有独立的信息产品，必须成为无法分割的网络世界的元部件。

"很多颠覆性的创新都是跨界产生的，尤其是当产业发生整合的时候。传统行业的格局洗牌会越来越快，现在大家看到的其实才刚刚是个开始。"贾跃亭说。

美国哈佛大学商学院教授、《创新者的窘境》作者克莱顿·克里斯坦森说："这种创新，一方面'杀死'产业领袖，另一方面，给新企业提供进入行业的机会，我们称之为破坏性创新。而破坏性创新总的来说，是让复杂而昂贵的产品变得更便宜，使用门槛更低，让更多的人可以使用它。"

痛定思痛的人们开始改弦易辙。技术潮流的变化往往会扼杀反应太慢的企业，毁灭的威胁也会激励各行各业涅槃重生。

三

许多年前，"苹果之父"乔布斯曾说："当你长大的时候，总有人会对你说，世界就是这个样子。而你的生活就是在这个世界里好好过你的日子，尽量别碰太多壁，努力过好家庭生活，找点乐子，攒点儿钱。你会在某个瞬间明白，你能戳生活一下，实际上当你戳进去，就会有什么东西从另一面冒出来。你能改变，你能重构，这或许才是最重要的事情。"

2013年戳了世界一下的重要事件来自中国，一款产品创造了人类历史上成长最快的百亿美元企业之一。

那是一款手机，它叫小米，它的创始人是雷军。

在它最初"播种"的时候，熟悉雷军的人都认为这是一个疯狂的念头。

的确够疯狂，13位创业者，在手机生产的领域里，没有任何耕作和收获的经验。而自从2007年，乔布斯在旧金山马士孔尼会展中心发布第一款苹果手机以来，智能终端市场便是竞争最为激烈的疆场之一。

在未知领域里的耕作，游戏般开始了。他们把自己的想法放在了网络上，不厌其烦地询问：你想要一款怎样的手机？你希望自己的手机拥有怎样的功能？你最渴望智能终端上哪一款应用？

"在传统工业社会里，大工厂生产什么，我们就买什么。或者当大媒体发布什么，我们就看什么。而在互联网时代，我们都被赋予了参与生产的工具。"克里斯·安德森如是说。

关于小米手机的畅想，迅速汇聚成拥有1.8亿帖子的专门论坛，被称为"米粉"的发烧友就高达60万人。他们既是小米的消费者，也是小米的设计者，同时还是小米市场扩张的推动者。

小米手机在推出之前，1870万台手机的年销售规模便已经在怀。小米是中国西部土地贫瘠地带出产的一种粮食，雷军的小米却生长在新时代最肥沃的土地上。

美国麻省理工学院媒体实验室主管伊藤穰一认为："在互联网上，所谓的生产者和消费者已经开始融合，你可以很容易地从一个消费者和观众转变为一个生产者，从而成为整个生产体系的一部分。"

小米无意中跨越的老时代依然矗立着。

人类一旦登上大工业生产的巅峰，不论怎样杰出的产品，都不可避免要经历紧缺、饱和、剩余的荣辱轮回。

寻找消费者，是生产过剩时代最紧迫的商业课题。

市场学、市场心理学、消费心理学、市场营销学……高等学校的新课程，以难以计数的市场成本和人类智慧分泌出来，庞大的市场调查部门应运而生，以市场调查为生的独立组织成批出现。但人类试图把握的消费动向依然如同沙漠中流

航拍现代汽车工厂

动的沙砾。

在效率意味着一切的标准化生产线上，特定的个性总是被忽略的，特定的消费者依然是尊贵的伪上帝。

"我们从传统理论中得到的理解，企业和消费者之间的关系就是供求关系。这不是我们这个世界的现实，那只是新古典经济学所遗留的古老幻象。当时人们无法想象生产系统和金融系统能够基于新技术而产生的巨大转变。"曼纽尔·卡斯特尔说。

今天的英文里已经诞生了一个新词"Prosumer"——"生产消费者"，传统生产与消费之间曾经难以逾越的高墙被穿透了。新局面废黜了自工业革命以来，制造商们所传承的支配地位，逼迫他们把"大脑"交给网络。

风起云涌的创客运动便是这一趋势的实践者。

2012年年初，美国政府宣称，未来4年内要在全美1000所大学引入创客空间。孕育了早期互联网，并帮助美国确立军事科技领先地位的美国国防部高级研究计划署，再次成为慷慨的资助者。

"个人电脑让电脑运算民主化，互联网让沟通民主化。创客运动则开始推动了制造业的民主化。"克里斯·安德森说。

麻省理工学院个人制造实验室被认为是创客活动的起源，乔布斯和沃兹在硅谷车库里拼装个人电脑的行为，被认为是最早的创客活动。

北京创客空间创始人王盛林说："我们说创新，我们说创造，那创新究竟是怎么出现的？我们需要一个环境，一个土壤。"

"无论你走到哪里，所有的国家都想知道，硅谷成功的秘诀是什么？秘诀就是花费四十年的时间，建立一种创新的文化。"苹果公司联合创始人史蒂夫·沃兹尼亚克说。

大学毕业生王盛林创办的北京创客空间，活跃着800余人。他们通常都集中在网络平台上，对来自他们周边或自身的需求，筛选、创意、设计、制作，试图成为走进别人的生产线的产品。在一场48小时

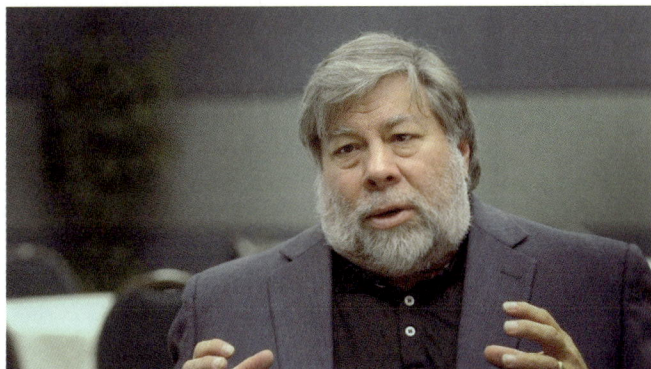

苹果公司联合创始人　史蒂夫·沃兹尼亚克

的创客比赛接近尾声时，一款借助传感器以震动方式为视障人士指路的导航手环已破壳而出。

随着3D打印、激光切割机等新技术的普及，越来越多的年轻人摆脱了资金、设备、场地等老时代的桎梏，开始动手描绘胸中新产品的丘壑。这些无数年轻人、无数新念头活跃的地方，都可能成为新的国家竞争战略的一部分。

托马斯·弗里德曼有一个观点："当世界是平的，就只有两种国家。HIE和LIE，即'高创想型国家'和'低创想型国家'。因此，区分世界的关键，已经不再是发达国家和发展中国家，而是哪个国家能够促进更多创新火花。"

一个国家，一个民族能为人类生产线提供多少全新的构想，已经在转化为全球民族国家竞争的新疆域。

高低优劣正是强弱盛衰。在人类已有财产的领地，新时代的震波也在激荡起我们可以感受的涟漪。

为天下需求者提供临时住房的Airbnb公司，手中并没有一间房，但它有能力将地球上所有空余的卧室、客厅甚至一张沙发搜罗出来，为即便只租用一天的需求者提供他满意的居处，也为有意出租者创造了10亿美元以上的年收益。

"你们知道吗？美国有8000万个电钻，你们知道它们的使用频率吗？平均每部只有13分钟。我们真的需要8000万个电钻吗？假如我把电钻租给邻居们又将怎样呢？"托马斯·弗里德曼说。

碎片般的需求与碎片般的剩余得以自由地对接，网络平台可以让所有的需求者足不出户，打量他人的库房。

英国牛津大学互联网研究所教授卢恰诺·弗洛里迪认为："千年以来，我们发展出了所有权，或者说财产观的态度。我拥有我的汽车，我拥有我的衣服，我买东西，因为它们会成为'我的'。互联网时代实际上引入了一种使用的态度，而这种态度正在变为主导。我使用一个东西，却不必占有它。这提供了一种对产权的不同解释，这些解释决定了是采用'所有权'还是采用'使用文化'。在一个使用文化里，这些所有权就不是非常重要了。"

"我们被迫分享空间，我们被迫分享所呼吸的空气，我们被迫分享水资源，我们被迫分享基础设施。而这种局面造成了各种各样的压抑与紧张。互联网的力量，潜在地允许我们以更高效的方式分享这些资源，让人类社会的紧张局面最小化。这对于人类有着重大的意义。"巴斯卡尔·恰克亚维奇说。

新时代的新财产观会因此产生吗？

四

"这是最好的时代，这是最坏的时代。"

在以蒸汽为动力的铁甲舰开始征服大洋的时候，狄更斯在他的《双城记》中发出的感叹，已经变成人类认识大时代的刻骨名言。

走进网络时代的我们，也不可能轻松快乐地品尝划时代的效率。经济在增长，效率在提升，同时，过去的技能面临报废，曾经的岗位日渐消失。这是互联网重组人类整个经济生活之后，创造的另一番难知善恶的成果。

"哥白尼把我们从世界的中心位置上废黜下来。"卢恰诺·弗洛里迪说，"而第二场观念革命是由达尔文带来的。我们以为在这颗渺小的星球上，我们起码是动物王国里最重要的动物。当然，这也已经不再是事实了，我们只是很多物种中的一种。阿兰·图灵是伟大的英国计算机科学家，他则隐隐意识到，我们也不是世界上唯一有智慧的主体。不幸的是，即便在我们和世界互动时，我们创造的技术也经常比我们聪明。"

2011年7月，复苏中的美国经济创造了11.27万个就业岗位。不过这个数字，还没有当月在美国产房里出生的婴儿多，等待工作的美国成人还有1200万。

2013年，法国的失业率向11%的峰值继续挺进。希腊的失业率为27%，其中60%是不满25岁的青年人。

美国麻省理工学院数字化商业中心主任、《与机器赛跑》作者埃里克·布林约尔松研究发现："以美国的中值劳动者为例，也就是收入处在50%点的人，在经济增长中一点儿也没有获益，差不多20年来一直是这样的。因此，尽管美国经济的规模变大了很多，生产效率不断提高，美国的生产力已经达到空前的纪录。但是起码有50%的人口没有参与这样的增长。"

在同次经济危机当中据认为表现最好的中国，年新增就业岗位有800万，但是仅大学应届毕业生就有699万。

或许机器依然是那台机器，生产线依然是那条生产线，但全球信息重组之后的"化学反应"，却让它们的效能完全不同。

埃里克·布林约尔松说："这并非历史上技术首次让工作变得自动化。200年前的蒸汽机时代发生过，100年前的电力与内燃机问世时，都曾有过这样的现象。但是这次也有所不同，一方面的不同是，它远比之前发生得快。摩尔定律之下的发展速度，远比蒸汽机和电力快。其次，它影响了更大的经济范围。有近2/3的美国人的工作，是跟信息处理有关的，所以这些工作都要受到影响了。因此，几乎每个行业，几乎所有工作岗位，这次都不能置身事外了。"

高学历，高收益，高雅的工作环境，高贵的人生气度，这个人群构成了整个工业时代社会制度的基石，他们被称为"白领"。

在过去的周期性经济颠簸中，首先落水的是那些被称为蓝领的低收入人群，白领队伍的成员总能安坐船头。互联网时代的就业震荡却不同了，它几乎首先选择与自己功能相似的职业作为完胜的对手。

2013年，仅全球最大的29家银行，就裁员16万人。

英国伦敦政治经济学院教授理查德·桑内特预言："有大约28%的工作岗位存在消失的危险，在金融服务业、房地产业和保险业等，这些岗位将在5年之内被计算机取代。"

罗伯特·希勒则认为："你可以在一个岗位上工作30年，直到你50岁的时候，忽然间你被一台计算机给取代了。就是这样一回事。你甚至会在30岁就被计算机取代了。"

这是个绝对丰裕和绝对剩余的时代，最终被剩余的会是人吗？新技术、新时代一定同时在提供着新岗位、新职业，但最终是消失的岗位更多？还是新生的岗位更多？我们还要期待与新时代相匹配的社会调整能力。

克里斯·安德森说："如果第一场技术革命花了300年，第二场技术革命花了大概100年，第三场技术革命或许要花50年。这是思考这个问题的正确方法。这不是技术革新的速度，而是社会适应的速度。社会变革要比技术变革缓慢得多，有时要甚至一两代人的时间，才能真正弄清技术革命带来了什么。"

在过去的百年岁月中，人类在一个国家内的阶层冲突与全球的意识形态对立中，全面创生了现代社会福利制度。但本质上，这个制度是为工业时代周期性的就业颠簸而准备的。

在互联网时代的大面积剩余面前，这个世界还缺乏准备。

"我相信只需要一代人的时间，许多，如果不是所有的汽车，都将不再需要司机了。这样对生活便利和经济效率有好处，这是一场巨大的变革。但是在美国，我们还有350万人靠驾驶维持生计，比如卡车司机等，他们怎么办？"美国电子前沿基金会联合创始人米切尔·卡普尔忧心忡忡地说。

新时代不仅提供新能量、新可能，同时也提出新课题，这是不断前进的人类永远的处境。

链接

波音787，轻公司

波音，这个在全世界闻名遐迩的庞大"空中帝国"，今天，它为全球145个国家的客户提供产品和服务，在全球70个国家里共有雇员近16万人。几乎所有的国家，都曾飞在波音的翅膀上。

波音也曾试图拥有无限的资源。从1912年到2000年，波音自一家水上飞机工厂扩张成为涵盖航空、通信、导弹、卫星和金融各个领域的超级巨头。他们习惯于购买企业以获得自身所需的资源，并使那些企业的创新内部化。

但是，现在波音公司的战略与以往正好相反，它放弃非核心资产，通过松散的价值创造网络进行全球性的协作。

波音公司负责国际关系的高级副总裁托马斯·皮克林说："实现全球化的一大好处在于，企业可以更好地利用其在世界各地的生产能力和资源。好的建议不是某个国家或某个人的专利。我们要想做到最好，就必须从全世界网罗精英人才、收集好建议和采用先进技术，将之应用到我们的经营、产品和服务之中。"

波音787是高端制造业在人类进入互联网时代的集大成者。约有400位中国工程师在沈阳参与波音787的生产工作，并与美国的设计小组通过电子方式进行联络，一起建立起有效的工作循环。

当需要开会商议和解决问题的时候，常常是一场全球尺度的会议。沈飞集团的宋航这样描述会议："由于飞机设计过程的复杂性，设计的供应商众多，那么这种会议往往可能是七国八方的会议，有7个国家8个单位同时参与，一起来讨论这个设计方案是否可行。当大家达成一致的时候，我们把这个方案固化下来，放在工程信息交换平台。"

沈飞集团的王克飞对此深有感触："我们白天上班的时间里就会对这个数据进行分析和设计更改，我们做完工作之后，到了下班的时候，会把数据返回到电子仓库。通过电子仓库，蒙特利尔团队上班之后也会读到沈阳更新之后的数据，这样我们双方虽然在不同的地域，有12小时的时差，但是我们使用的是同一组数据，而且是最新的数据。"

不仅在沈飞，还有来自6个不同国家的100多家供应商参与了波音787的研发和制造。网络的蔓延使得地理上分离的公司可以近在咫尺，这让波音的人才资源成倍增长，甚至潜在的乘客也加入了全球性的设计队伍——航空爱好者在波音为他们提供的一个网站上描述自己所希望看到的787的样子。在这个过程中，与其说波音公司是一个制造商，不如说是个集成者——这不再是外包，而是一种真正的网络化合作，或者你可以将之称为"云制造"。

为了适应这种局面，波音开始在每一个合作者的国家设立副总裁，这样一来，如同一个国家般的波音就在某种意义上成为了航空业中的"轻公司"。

在制造波音777客机的时候，波音一共聚集了1万个零部件，堆在华盛顿州工厂里组装。工人们爬上爬下，用铆钉和焊接完成工作，完全像盖房子一样。而在"梦想客机"波音787的制造过程中，波音员工是像搭积木一样组装大的零件和局部装配线，模块化的方式将波音的最后组装过程从17天减少到3天。

波音787已经越来越不需要工厂了，百万产业大军为它的诞生准备好了一切。波音本身负责的生产只剩下最后的10%。

据波音高管介绍："我们现在的生产速度是一个月差不多生产10架飞机，这是我们之前的项目从来没有实现过的。部分原因就是我们生产整合中心的技术可以帮助我们管理整个生产体系。如果没有生产整合中心，我们没有办法实现如此高的生产率。"

现在，没人在乎你来自哪个国家、何种文化，工作可能来自你从未涉足的地方，合作可能来自你从未谋面的人。企业，不再统御特定的人，只汇聚特定的智慧、理念和主张。

宝洁的众包模式

宝洁遭遇的问题从千禧年开始。几乎一夜之间，宝洁这个对全人类体感和味蕾挑逗不休了163年的老家伙就步履蹒跚了。成本升高、业绩下滑、成长停滞、市场份额被疯狂蚕食。公司股价在6个月内下跌了一半，公司净值缩水近500亿美元，一派大厦将倾、危在旦夕的凄楚景象。

宝洁认为问题出现在"创意"上。没有创意，就没有源源不断的新产品奉献给口味越来越挑剔的顾客。宝洁公司在世界各地兴建了28个技术中心，雇用了9000多名科研人员，持有超过29000项专利。可是，一个丰裕时代里的改良空间早就被整个行业开发殆尽了，创新成为一件越来越困难的事情。

宝洁公司的高管史蒂芬·巴戈特深有体会地说："宝洁内部有许多科学家、工程师、营销人员和研究人员，即使他们聪明又敬业，我们也不可能解决所有问题，我们不可能无所不知。"

然而就在2004年的一天，创意在人们不经意的时刻悄无声息地发生了。

宝洁公司的几个年轻人提议在品客薯片上印制图案来增加卖点。这个点子得到一致认可。但怎么保证把图形印到薯片上仍然无损薯片的品质呢？这再一次难倒了9000人的研发队伍，也急坏了众多猎头。

一个偶然的机会，宝洁找到了一家名叫"创新中心"的网站，并把对技术的需求放到了网上。说来也巧，来自意大利博洛尼亚的一位大学教授刚好发明了一种墨汁，能够在蛋糕上打出可食用的花色图案，这正是宝洁所需要的。于是，印制着风趣图形的品客薯片一经推出便风靡全球，那位意大利教授则收到了一笔不菲的技术转让费。这是宝洁公司第一次尝到开放式创新的甜头。

从此，宝洁开始引入众包模式，将提供新技术、新产品、新包装和新工艺的机会通过网络开放给社会。

几乎在一瞬间，宝洁便得到了150万外围研发人员的援手。研究中心内的"有限智慧"变成了网络上的"无限智慧"。

2006年，宝洁上市了200多种新产品，研发能力提高了60%，创新成功率提高了两倍多，创新成本却下降了20%。而宝洁并没有为此签订一份劳动合同。

微博众筹

马琳是西安一家名为"我们的咖啡馆"的年轻女老板，与众不同的是，她的咖啡馆是靠在微博众筹集资开张的。最开始微博征集合伙人时，她预设每人投资4000元至2万元，后来就把合伙标准提高到每人1万至3万元，最终有63个人拿出78万元支持开店。这63人有多一半是完全陌生的，都是通过微博联系的。

共享经济

所有人类的消费财富都是由个人拥有的，因此绝大多数财富都不可能物尽其用，比如一辆车、一座房。

想象一下，一座城市里闲置的房间不再是无法套现的不动产，而是上万家可供随时入住的快捷酒店。

Airbnb创始人说："今天我们在192个国家、42000个不同的城市拥有大概50万套的房产……我们在40个国家有600座城堡的房源信息。我们有树屋、冰屋、船、车、巴士、火车方面的信息，所有你可以带着过夜的东西。这其中的好多东西我之前都不知道它们的存在。"

费雷德里克·拉尔森是一位63岁的摄影师，2009年被《旧金山纪事报》裁员。现在每个月里有12天时间，拉尔森在房屋租赁网站Airbnb上将其位于马林县的住所以每晚100美元的价格出租，其中97美元归他所有。每周有4个晚上，他会通过汽车共享服务网络Lyft将他那辆普锐斯出租，每晚收入100美元。

由隔离导致的闲置，成为新资源，焕发出生机。一切曾经当然地被分配在个人名下的资源，可能变成瞬间的商品，而成为共享，这就是著名的"共享经济"。Airbnb是共享经济的典型范例，而在过去4年里，至少有100家这样的公司涌现。

2013年，Airbnb已经有30万个房源，Airbnb所经手出租房的过夜天数累计达到1亿天，可能产生超过10亿美元的收入。同样，为全球70多座城市的出行者提供方便用车的Uber，手中不需要一辆车。万辆私家车可能的闲置时间却被它汇聚起来，2012年一年便促成了一百万单生意，而2013年的年收入超过10亿美元。这些碎片化的需求，在传统工业时代里是根本无法捕捉的，现在却可以很轻松地实现全球对接，这是一种使用文化对现有产权文化的挑战。

个性化定制的耐克

耐克是世界上生产鞋子种类最多的公司。法国青年好标榜，耐克就在鞋上贴上价格标签，以满足他们的表现欲。荷兰25岁以上的人喜欢穿白色的运动鞋，25岁以下的人则喜欢色彩鲜艳的运动鞋，耐克就区分对待。耐克还推出迎合亚洲市场的羽毛球鞋，和销往北欧的手球用鞋。在拉美，许多人是在沙滩上或者岩石路上而非在草地球场上享受足球的，于是耐克就为他们专门设计了更加耐磨的产品。

只有耐克的实验室知道，篮球明星乔丹与巴克利弹跳及落地方式的差异。耐克对市场多样性需求的把握，可谓是登峰造极。

但是，耐克也只不过是掌握了一定的概率而已。在生产线上，人脚是无法被标准化的。错误带来的往往是市场代价，耐克公司的副总裁汉娜·琼斯说："我们的实验室里满是未经生产的产品，我们的专利库都要落满灰尘了。"

这是所有产业标准化生产所遇到的巨大困境，各显神通的企业纵然消耗了大量人力物力推动市场调查，尽可能精细地给人们贴上分门别类的标签，仍然是挂一漏万。每一个人的口味，都会或多或少地偏离主流。大众化的口味实际上是不对称的供需关系的产物，是市场对产品细分能力不足的回应。

如今，除了提供大量生产的运动鞋外，耐克还提供定制化运动鞋的服务。这些鞋子将依赖顾客的需求进行产品黏合、组装，然后送至技术中心完成最后的缝制。

电脑合作设计系统就是充分运用电脑科技与互联网的特性，进行以网络为基础的协同式设计，通过电脑与互联网来传达视觉、听觉甚至触觉的感受。顾客在网络上自行设计、挑选喜爱的款式。

消费者在耐克的网上商城可以随心所欲地进行DIY，融入自己的情感因素，比如个性签名、照片等，两分钟就可以设计出一双世界独一无二的产品。接着顾客在三周内便可收到定制化运动鞋。

未来，不是耐克给予你的耐克，而是每个人都有自己的耐克。

创客时代

一位52岁的美国人，辞掉了自己在《连线》做了11年的主编职位，去了一家名叫3D Robotics的公司做CEO，他就是以《长尾理论》和《免费》扬名天下的克里斯·安德森。从3D Robotics这个名字大概就能猜出这家由克里斯创立的公司主营业务，就是利用3D打印技术制造有趣的硬件产品，现在主推DIY遥控飞行器。

互联网研究专家克莱·舍基评价说："'创客运动'与博客有点类似的就是，它将早期的步骤大众化，即制作物件的能力现在掌握在很多的个体手里。但当产品从计算机辅助设计工具等DIY过程转向生产时，3D打印技术就派上用场了。"

克里斯·安德森把自己这类人称为"创客"。"创客"翻译自英文里的"maker"，是指不以赢利为目标，努力把各种创意转变为现实的人。

克里斯·安德森妙趣横生地解释了工作流程，他说："越来越多的实物都在用数字化格式进行描述，这就是CAD文件。我们利用计算机设计了这些文件。因为这是数字化文件，你可以像传输其他数字化文件一样传播这个文件。我甚至可以和我不认识的人一起在网络上合作。我们有工具进行编辑，然后将文件发给工厂，一件实物产品就以数字化信息的形式出现了。"

个性制造业整体发展的趋势正趋向于"设计即制造"，全球的设计资源和制造资源因为互联网将比现在结合得更加紧密。创客便是推动这股趋势的思想者与实践者，这必将改写未来的制造业。

声 音

过去你是一个消费机器，人们谈论他们的消费者和他们的用户。英语中用户和消费者描述的是一个非常被动的人。

——尼古拉斯·尼葛洛庞蒂

（美国麻省理工学院媒体实验室创办人、《数字化生存》作者）

在网上，几乎任何产品，不管看起来需求有多低，只要有人卖，就会有人买。这些需求和销量不高的产品所占据的共同市场份额，可以和主流产品的市场份额相比，甚至更大。这在表格上显示出一条长长的尾巴。以前货架上有5000张CD可供选择，如今网上有1500万张可供选择，空间无限大。人们从这种选择入手，去探索缝隙市场，把握这些机会，去发现更多的客户。开始的时候，人们从热销品入手，接着从个人化的内容传播。接着，我们走向了下一个阶段，即人们可以创造自己内容的阶段。

——克里斯·安德森

（美国《连线》杂志高级制作人、《长尾理论》作者）

我认为当今一个组织的成功，取决于能否帮助其节点自我组织，并愿意为网络的发展贡献力量，这是真正的内生性驱动力。试图从网络之外施加这样的驱动力无疑是徒劳的，因为成功网络的节点数量庞大，而从外界施加影响力的成本与节点数量成正比。这也正是自组织型网络的成功之道，即这种网络的发展是出于众多个体及节点的贡献。

——艾伯特-拉斯洛·巴拉巴西

（美国东北大学复杂网络研究中心主任、《爆发》作者）

举一个例子，银行业。历史上，平常人是没有足够的钱来管理我们的投资，因为你需要雇用职业经理人。但是，网络银行业让平常人可以管理自己的投资，很多不那么富有的人也可以参与到游戏之中。这带来了真正的增长。

——克莱顿·克里斯坦森

（美国哈佛大学商学院教授、《创新者的窘境》作者）

从根本上来说，互联网将改变所有行业的市场结构，因为每个行业的市场结构都取决于你获取信息的能力。这些信息很可能由其他市场参与者掌握，（因此）还取决于你和其他市场参与者谈判的能力。这一点适用于行业中的所有人。

——巴斯卡尔·恰克亚维奇

（美国塔夫茨大学弗莱切学院高级副院长）

对于技术不断扩张的未来，我是有一点害怕的，我怕它会加剧不平等，同时新技术会造成普通工人的收入低，也会带来一些风险。所以我对于互联网时代是有一些害怕的。当然互联网带来好多好多创意，很多新的舆论、体验等等，但我觉得它也会带来一些危险。

——罗伯特·希勒

（2013年诺贝尔经济学奖获得者、美国耶鲁大学讲座教授）

第四集／再构

引子

这些因为虚幻而矗立起来的实在（指金字塔），已经矗立了4500年。当古希腊理性的眼光发现了人类最古老的人工遗迹，它为什么存在？它怎样如此厚重地矗立起来？就成了人类2000年来的历史谜题。

在人背肩扛的遥远年代，它能以数十万块以"吨"为重量单位的巨石，直接触摸148米的蓝天，那如同纽约帝国大厦的高度。它在接近赤道的位置披风沥雨4500年之久，依然不肯萎缩自己巍峨的身影，就在于它选择了最稳定的支撑，它为自己的宏阔与壮观，提供了最合适的结构。

它在人类生活中无孔不入地矗立，不是在尼罗河畔，而是在我们所有的社会生活结构的领域中。

一

北京首都国际机场，在世界最繁忙的机场中排名第二，每天起降航班超过1400次。2012年7月21日，它遭遇了一场60年不遇的大暴雨。

路面淹没，轻轨瘫痪，车辆熄火。全天取消航班571架次，延误航班701架次，近8万人滞留机场。

29岁的外企员工王璐，家住离机场十几公里的望京。大雨当天他早早回家，在微博上目睹了首都机场的窘境。

22点32分，他向自己所在的城市，发出了一条不到100字的试探性号召：望京有没有愿意义务去机场接被困兄弟姐妹的？一个小时内，这条微博被转发10950次。

王璐发出的试探性号召

两小时后，20多辆车组成的车队到达机场时，已经壮大成100辆车的队伍。在天亮以前的6个小时，在暴雨如注的北京，300余辆打着双闪的越野车带着500多名从未谋面的陌生人，坐上了从机场到亦庄，到王府井，到公主坟，到回龙观，到北京二环、三环、四环的方舟。

人类社会从来不缺少善良的愿望，只不过在过去漫长的岁月，难以因为具体的动机而汇聚。

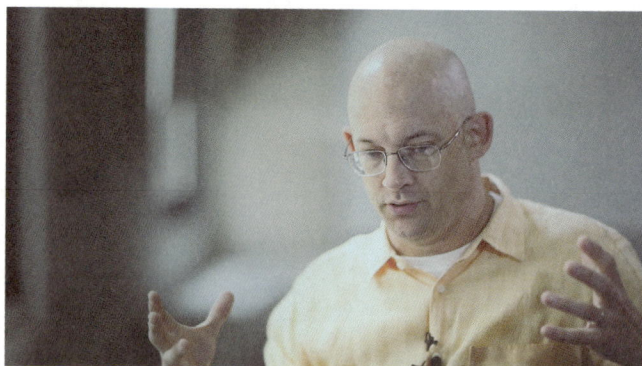

美国纽约大学客座讲师、《人人时代》作者 克莱·舍基

美国纽约大学客座讲师、《人人时代》作者克莱·舍基认为："这种行为不是由互联网启发的，而是因为我们就是那种社交性人群，我们关心他人，互联网确实为我们提供了一种手段，能直接地理解同情他人并感

同身受。"

北京大学新闻传播学院特聘导师段永朝说："当信息突破了时间和空间的阻隔……它所携带的信息的能量就能够具有这样一种非常神奇的力量，可以凝聚共识，可以焕发情感，能够形成一种强大的社会动员力量。"

互联网，让这些已经存在着的、碎片般散落的点滴美好，瞬间汇聚出灼热的社会能量。

2012年7月21日的双闪车队，那迷蒙的灯光许久都没有消失。它丰富了现代人类的都市夜空，丰满了一个城市的精神积淀。雨过天晴，太阳升起，但深夜闪烁的车灯依旧持久照耀着这座城市，从盛夏一直到深秋，都没有消散它的温度，也没有褪去它那抚慰人心的力量。

"这些组织可以是临时组建的、低成本的，你不需要为了完成新任务去提前组建一个群体。当你看到人们聚集起来共同做事的时候，在没有正式上司的情况下，很容易想象：所有的旧规则就会崩溃，新的规则将代替它们。"克莱·舍基说。

那个叫作"菲特"的台风，卷起相当于68个西湖的雨水，在两天内倾倒在同一个国家南部方圆只有1500平方公里的余姚。尽管它与首都机场那场暴雨造成的灾难的强度和后果有所不同，但因为相似的时代条件，它也获得了相应的新时代能够给它的一呼百应。幅员千里的八方与它结下"患难之交"。

几个临时凑在一起的志愿者，通过微信接收到一条信息：有两个家庭急需食品、水和奶粉。两个多小时涉水行进，使两个家庭获得了三天的给养。

一线的志愿者，

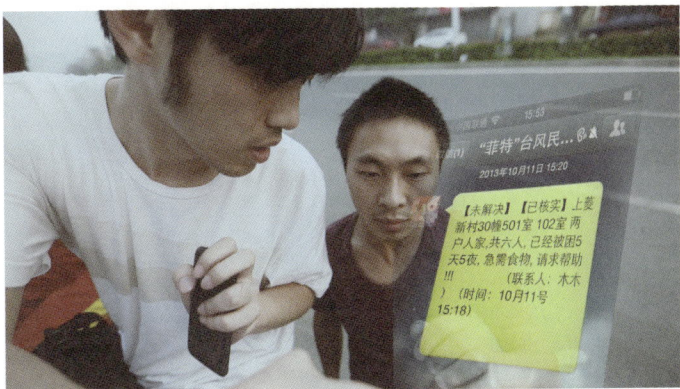

志愿者收到的救援信息

不断接收到一个名叫"卓明救援平台"提供的信息，平台的负责人在千里之外的北京。

在北京大学医院的牙科医生郝南业余时间创建的救援信息平台上，有遍布全国各地的2000多名志愿者网友。"菲特台风民间救援"群，为余姚每一份关切之间，画上距离最短的直线。

江苏无锡的女孩儿安棋，通过网络会议了解到，前方志愿者心理上有安全保障的需求。在与一家保险公司负责人联系后，这家保险公司同意义务为前方1000多名救援志愿者提供人身意外伤害保险。

在上海工作的余姚人沈吉利，激活了自己所有的社交圈——余姚中学校友群和单身群。来自上海、杭州、宁波还有余姚的500名志愿者，仅用两天时间，就在上海和余姚之间搭建起了一条从筹集、运送，到接收、发放的完整通道。

当关注的眼睛还在北京、昆明、西安、沈阳，关注的念头就已经传送成等待阅读的微信的红点，变成未读邮件的黑色提醒线，变成微博里的转发评论，变成手机里收取新信息的嘀嘀声。

美国南加州大学传播学院教授曼纽尔·卡斯特尔说："网络技术导致沟通出现彻底的转变，组织结构出现改变，每个人可以与谁沟通也有所变化。因此，沟通的转变和对网络的需求共同创造了一种新的社会结构。"

周丽红疼得已经实在受不了了，杜冷丁一天要打好几针。

美国南加州大学传播学院教授 曼纽尔·卡斯特尔

这位身患癌症的单身母亲，在弥留之际，留下了一个遗愿，希望她在淘宝上赖以为生的网店"魔豆宝宝小屋"，能够不要因为她的去世而关掉。那是她留给女儿的礼物，一个母亲留给6岁的女儿未来生存的保障。

2006年4月18日，在目送女儿前往幼儿园后，年轻的妈妈离开了这个世界。于是，新时代创造的童话开始了。

杭州、成都、西安，来自全国各地的魔豆妈妈开始续写魔

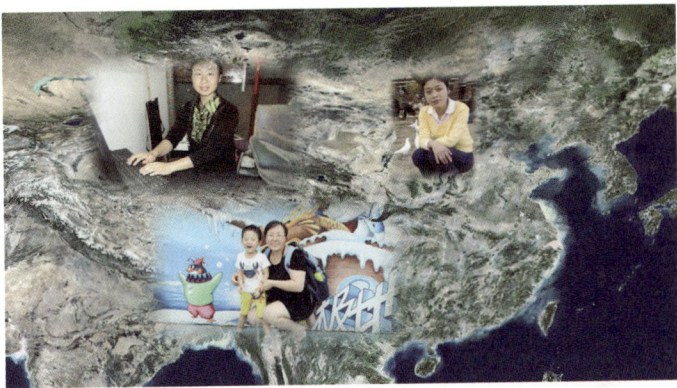

来自全国各地的魔豆妈妈

豆传奇。到今天，这个由陌生人打点的网上店铺已经存在了整整8年，从未打烊。

在这8年里，那些通过网络聚合、交替值班、义务经营的母亲们，有的正在加入，有的因为种种原因而离开了，但它的队伍从来没有缩小。

这是没有特别组织者的8年，这是没有特定主人的8年，这是义务的8年，这是连绵的8年，这是还可以期待无数个8年的8年。8年的岁月过去，荧屏、键盘和光缆，在一个幅员辽阔的国家的版图上，完成了这连绵不绝的接力。

互联网产生了互相感召的力量，将无数同样拥有关怀之情的人，结成了强大的自组织力量，这是一种充分可持续的力量。人类以一种全新的组织、连接方式，化合出无数钻石般的群体行动。

美国耶鲁大学教授、《大连接》作者尼古拉斯·克里斯塔基斯说："群体具备个人所不具备的性质。而究其原因，则在于我们组织个体的方式使得群体优于个体。想一想碳元素，把碳原子以某种方式连接，你将得到铅笔中软而黑的石墨；而如果以另一种方式连接碳原子，则将得到坚硬而清澈的钻石。"

这种汇聚的善的能量，是新时代赋予整个人类的一份财富。所有的信息都能以我们看不见的面貌，以我们经验不能体验的速度，创造出前所未有的时代动力。

1998年，14岁的休·埃文斯，在从澳大利亚前往菲律宾的一次旅行中，寄宿在马尼拉贫民区家庭，从此认识到人类"出生决定命运"带来的不公正。当这个

男孩长大成人后，他开始创立基金、制订国际扶贫计划，目标是让全球公民在2030年前结束极端贫困。

休·埃文斯说："目前全世界仍然有多达5700万儿童不能获得基础教育，在这个丰裕的时代这是不可接受的。还有，每3.9秒就有一名儿童死亡，而通过简单的免疫就可以防止这样的悲剧发生。在这个繁华盛世，这种情况是不合理的。"

埃文斯萌生这个看似遥不可及的梦想，不是因为他的出身、教育、钱财、智商，而是因为他生在互联网时代。

设在澳大利亚的慈善网络平台，改变了以往的慈善模式，以积分的形式动员全世界不同肤色不同语言有着相同梦想的人们。3年时间，遍布澳大利亚、新西兰、英国、美国、加拿大、哥伦比亚、南非、巴基斯坦、印度等世界各地的275000名成员参与到世界扶贫计划，为全球超过4万名极端贫困的青少年提供了教育机会。澳大利亚政府因此决定，3年后，将全球贫困人口援助金额从64.5亿美元提高到107.5亿美元。

休·埃文斯说："我们将强调某些政策和目标，并通过公众运动的力量，去

参与休·埃文斯世界扶贫计划项目的年轻人

影响商业界与政府采取合理的行动。我们的志愿者现在遍布全球，因为人们都想通过其自身组织努力参与各种活动。这确实很令人激动，因为我们相信这是全球性的运动，全球公民是无疆界的。"

在过去的历史上，人类以金字塔的形式，把所有人的善意汇聚起来，形成特定的组织，实施救助。互联网时代，人们可以以地球为平台，以人类为范围，每一个人都有可能获得与过去世界级慈善组织相媲美的道德力量。

只要有共同意愿，无限的碎片就能在瞬间产生效能，产生让整个人类自我敬仰的力量。人类互相鼓舞创造美好人生的念头，在互联网时代，变得像投下一枚硬币那么简单。

硬币，是网络上一次快闪活动的暗号。在西班牙一个只有十几万人口的小城，当一个小女孩向街头艺人礼帽中投下一枚硬币后，奇迹发生了。100位手持各种乐器的居民，从不同方向瞬间围拢过来，创造了一次庄严的精神聚会。

一个小女孩向街头艺人的礼帽中投下一枚硬币

在过去的时代，人类一直向往也创造着激动人心的盛大节日，但那是千年的传统才能汇聚出的每年一度的狂欢节，那是举世界之力才能呈现的4年一度的奥运会，那是倾国家之力才能组织的5年、10年一次的阅兵式。之所以举世瞩目，是因为需要耗费巨大的组织资源。

在这个小镇上投下的一枚硬币，映射着一个新的时代。这100人的交响，是地球村的缩影。这是人类未来精神生活组织的常态形式吗？

二

在工业时代，无论是何种政治制度，每个国家都面临着政府机构人员膨胀、行政层级自我繁育的难题。即便被誉为现代政治发端之地的英伦三岛，也曾产生过极其讽刺的一幕。

在英国电视剧《是，大臣》中有这样一场有趣的对白：

我们部门有多少人？

我们部门？……我们部门很小的。

很小？有多小？

不知道……

2000？3000？

……我想大概23000人吧！

23000人？在行政部？这23000人都在管理其他行政人员？我们得研究一下体制和工作方法，看看能去掉谁？

去年我们研究过，大臣。

怎么样？

统计下来我们还需要增加500人。

人类社会的公共组织在它自身运行过程中，有自身繁育的充沛动力，各个层级不光会追逐层级的独特利益，而且还会膨胀层级本身。英国学者帕金森充分地观察了这一现象，他的表述被学术界命名为"帕金森定律"。

美国联邦政府成立最初只有3个部，每个部当时只有几名雇员。而如今美国联邦政府有15个行政部以及几十个直属机构，约有270万名雇员。美国总统在21世纪的国会演讲中，依然在表达着莫名其妙和无可奈何。

奥巴马说："这是我最喜欢的一个例子，现在淡水中的三文鱼是由内务部负责管理的，但是如果鱼游进了海水中就要归商务部管，要是这些鱼被熏制好了，事情恐怕就更复杂了。"

《连线》杂志创始主编、《失控》作者凯文·凯利说："我们在过去采用的全部都是自上而下的管理，但是在那个时代是很有必要的，因为如果信息不流通，自上而下进行沟通是最好的方法。"

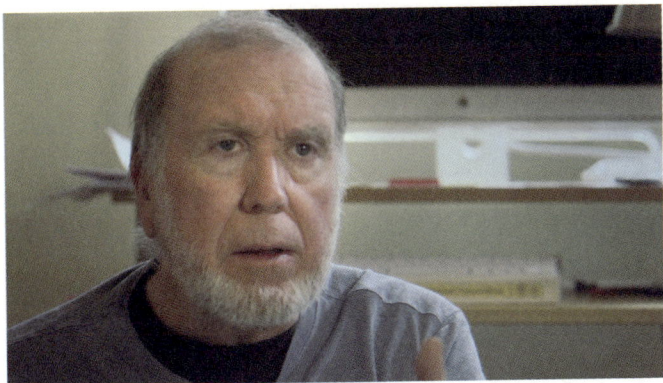

《连线》杂志创始主编、《失控》作者 凯文·凯利

在曾经的漫长岁月，人类社会层层叠叠的社会结构中，大量的信息既在损耗也被扭曲。互联网穿透了社会坚厚的岩层，使所有相邻或相距遥远的层级彼此面对。身份、财富、地域都不再是传播的权力或枷锁，每个人的传播能量已经穿破层级壁垒，开始顶层和底层的直接交流。

奥巴马2006年年底宣布参加总统竞选时，直接面对无数的底层民众。竞选团队利用互联网所有的社交工具，在这个网民占人口比例最高的国家展开宣传攻势，社交媒体上的主页、视频网站中的视频、电子邮件的发送、竞选网站的回复，时时扩散着这位竞选人的声音和动态，那些曾经难以捕捉的赞成、反对、犹豫，更成为团队调整策略清晰的依据。

互联网调动起的底层民众的热情和意愿，化为创纪录的捐款数字和志愿者规模。网友用千万人的照片组成的奥巴马头像，大行其道；女网友制作的"我暗恋上了奥巴马"视频，大领风骚；众人用竞选标志设计的百款图案，风靡网络。来自网络的创造者们推拥着美国第一位非洲裔总统候选人，顺利入主白宫。

前美国白宫数字新媒体事务总监梅肯·菲利普斯说："这位总统深知技术的力量，人们必须联合行动。令人感到激动的是，在过去的5到7年，多亏了这些技术工具，我们见证了这种合作的爆炸式增长。"

宣称"让互联网穿透白宫和民众之间的高墙"的奥巴马，组建了向总统直接负责的白宫数字战略办公室，任命首席网络官。白宫网站专栏区汇聚的民众询问交由专员答复，网络调查总结出的共同问题向议员们展示，政策实施之前分析民众关心的重点。

"知道有人可能不认同你是有好处的，知道这些不认同来自哪里也很好。我们应该如何成为这些对话中的一部分，而不是仅仅将内容发布到网站上，而是与人们建立联系，不管他们在哪儿。"梅肯·菲利普斯说。

实际上，所有的重要国家，在每日涌动着新能量的新时代面前，都在被迫或者自愿地采取着新行为。

中国有超过5万个"gov.cn"各级政府网站，各级部门微博拥有亿万粉丝。

英国政府明确规定各政府部门都应当在主要社交网站上拥有帐号，每天发布2至10条信息。

韩国政府将自己的政务网站命名为"电子政府"，访问者可以通过订阅E-mail，以电子方式获取政府发布的各类文件。

曼纽尔·卡斯特尔认为："如今所有庞大和等级明确的体系都在衰退，相反，在水平网络中，人们可以相连、分离、相聚、分散。整个社会和政治组织的形式都在变化。我们曾经谈论过后工业化社会，'后'意味着我们并不明白。"

人类社会一经诞生，就有金字塔一般由层级堆累起来的醒目中心。在互联网时代，金字塔塔顶上的那块石头，已经可以轻松地触摸它基座最深处的那一块岩石。不论在哪一个位置上的哪一块石头，都拥有了新时代的上帝之手。

三

微信，5亿；新浪微博，5亿；QQ，8亿；Facebook，12亿……这些惊人的不断成长的数字田野里，瞬间崛起的不是数字，而是数字背后的声音和人。

2013年1月1日，公安部颁布《新规》：闯黄灯要被扣6分。这是超过一亿私车拥有量，超过两亿机动车驾驶人的国度的黄灯。

　　《新规》实施的早高峰刚过，网络上就开始浪潮般涌出关于黄灯的悲喜剧。那天，带有"黄灯"标签的微博始终排在热门搜索首位。新浪微博仅1月1日一天，有关黄灯的微博就多达近10万条。网友在微博上传的因黄灯急停发生追尾事故有100多起。网络产生的力量让这一天有关黄灯的故事，成为全中国人的共同话题。

　　"因为在互联网出现之前，没有任何媒介能够让任何人在比自己能够聚集的人群更大的范围内发表自己的看法。而现在突然之间，在博客、维基、微博或者其他任何服务上，你都可以发表自己的看法，数百人、数千人甚至数百万人都能看到。这带来的效果就是破坏传统媒体成为唯一一个公开表达观点的媒介。"克莱·舍基说。

　　马路上司机们的亲身体验和感知，在微博上发散着，在论坛里碰撞着，在微信中流淌着。互联网汇聚的声音，瞬间吸引了举国上下的注意力，也迅速从街头路口汇聚到国家决策层。1月6日，新通知下发，对目前违反黄灯信号的，以教育警示为主，暂不予以处罚。

　　从《新规》实施到下发通知修订，仅仅相隔5天。

　　"互联网实际上是把人与人联结在一起了。"新浪董事长兼首席执行官曹国伟说，"另外是把人与信息联结在一起了。因为这两个联结的话，实际上大大提升了我们讲的那个信息产生的效率，创造的效率。"

　　工业时代通过组织的方式和公约的形式形成公共意志。公约形式就意味着，注定有一小部分社会成员被公共意志忽略，但他们捍卫被忽略的权利的组织意愿，始终存在着。

　　19世纪末，工人们采用原始的抗议手段和组织方式，与强大的资本对抗。随着运动的深入，工人领袖们意识到联合行动的意义，于是工会组织成立。到20世纪20年代，美国工会会员总数达到500万人。经过近半个世纪的抗争，直到1935年，美国《国家劳工关系法》出台，工会得到了法律认可，劳工才获得了与资方平等对话的权利。

　　不断被忽略的力量组织起来，构成了今天的公共组织形态和社会自组织形态的有机体。人们就生活在这样一个组织常态中。互联网时代，传统常态的经验和结构已不能容纳互联网组织起来的社会能量。信息传播技术创造了绝对的少数也不能被忽略的可能。每一个声音都面对着世界，每一滴水珠都等同于大海。

美国加州大学洛杉矶分校特聘教授、互联网之父伦纳德·克兰罗克说："人人都有自己的声音。即使你是矮穷矬，委身于地下室，香蕉皮等垃圾盖满地板，你却和那些坐在游泳池里的高富帅有着同样的声音。只要你能上得了网。"

"你可以说它（互联网）赋予了个人更多的权利，它给了人们一个发声的机会。许多人，妇女、儿童、老人，之前是没有自己的声音的，现在这么多人能够发出自己的声音了。你可以看到越来越多的权力分散的状况。群体智慧，或者推特，或者资讯，各种形式和种类。所以很多人现在参与到了决策之中。"英国剑桥大学国王学院名誉教授艾伦·麦克法兰说。

2008年4月18日，韩国总统李明博签署《恢复进口美国牛肉协议》。出乎整个韩国政界的预料，在年进口额超过4000亿美元的韩国，这笔涉及金额不足10亿美元的贸易决策，却掀起了韩国政治史上最为迅猛和剧烈的抗议潮。两个月的时间里，先后有近百万民众抗议游行，迫使内阁集体递交辞呈，总统公开向民众道歉。

朴志源
韩国抗议进口美国牛肉事件 亲历者

大学二年级女生朴志源，意外成了这场席卷韩国风潮中的明星。因为正是她首先发出的帖子，将千家万户拥有同样想法的人们召唤了出来。

朴志源大声疾呼："如果真是那么担心的话，不如走出去，把关于这些事情的消息，以印刷品的形式告诉大家。从这点考虑，我的亲身感受是，和我一样的人，偶然之下聚集在一起，是一瞬间发生的事情，不是我计划好的。"

韩国民众抗议政府进口美国牛肉

在此之前，美国牛肉可能携带疯牛病毒的传言已经在网络上流行，在一些追星网站的论坛上，并不具备选举权和被选举权的一群中学生，才是这个事件发酵和酝酿中的主力，由他们而起在网络上汇聚的反对者签名高达130万人。梦想成为电影导演的朴志源，不过是在这堆柴薪前划了一根火柴。

互联网不论身份，不看年龄，甚至法律权利也不再是政治生活的边界。这个从中学生的意愿发端的事件，在两个月的时间，汇聚了整个国家的注意力，裹挟了整个社会，甚至全世界新闻都围绕着它沸腾。

韩国首尔大学社会发展和政策研究中心主任张德镇说："随着互联网的出现，人们开始重新连接，在宽阔的世界里，与更多各种各样的人们相连，受影响就会改变想法，想法改变就会改变行为。"

"普通人成为互联网的渠道，成为自我和重要的历史行动者。"美国《时代》周刊首席编辑利物·格罗斯曼说。

既有的社会建构，包括国家、政府，倾听互联网时代新事物的声音，已经为时不短。没有哪一个国家和政府，能够绝对地置身事外。了解、容纳、运用、融入……那些相距遥远的每一个你、我、他与组织核心的关系和距离，已经不再像过去那样遥远。那些面貌不曾改变的殿堂、楼阁，或多或少它的内涵都因此不同。

不过，新时代介入社会组织的能量过于强大，所有的适应都依然在不适应的过程中。

2011年7月，"占领华尔街"和平示威，迅速在全球金融中心华尔街卷起，如海啸般刮过美国120个城市和世界4块大陆。

蝴蝶翅膀的震动和一场风暴的关系，变得越来越不可预测，也不可思议。

《六度分隔》作者邓肯·沃茨说："什么事情都没发生。什么事情都没发生。什么事情都没发生。然后突然一下，就出现了抗议和暴力活动。这些都是不可预知的。"

"互联网让那些以前没有发言权的人发声。但是你怎么知道这些声音是仇恨的声音，还是协助团结的声音，是敌对的声音还是进步的声音。所以不能简单地由科技联想到价值，这两者之间没有因果关系。"美国哈佛大学讲座教授霍米·K.巴巴说。

凯文·凯利断言："我并不认为互联网是什么万灵药或乌托邦，我认为互联网会导致更多前所未有的问题，下个世纪，互联网还会导致更多问题。"

今天，与突发事件相关的信息传播规则，以统计学的方式阐释出来。一般突发事件发生后，2个小时内网上就会出现文字或视频；6小时左右就可能被多家网站转载；24小时左右网上跟帖就会达到高潮。但是人类社会中，无论怎样的社会制度，从来没有为24小时建立起国家民情应急机制。创造一个匹配新时代的组织能量和平衡协调的反应能力，成为重大命题。

四

整个人类因为文明的差异，在基本政治制度的选择上并没有达成共识，但是不论怎样的文化传承，不同民族、不同国家，在同一个事物、同一个组织机构面前，找到了共同的语言，那就是工业时代催生的现代教育制度。

直到17、18世纪的德国，才开始萌发了与工业化组织形式相适应的教育制度。300多个封建邦国各据一方的德国，为了强化统治和军事实力，试图通过教育造就忠诚的臣民和得心应手的士兵，他们把学校管理权由教会转到国家手中。

1810年洪堡大学正式开办并得到国王的支持，这是第一所具有现代意义的大学。1837年，福禄培尔在德国勃兰登堡招收了一批儿童，成立了世界上第一个学龄前儿童教育组织，并命名为"幼儿园"。1871年后，德国的学校教育逐步系统化和国家化，颁布强制教育法令，将6至14岁8年初等教育定为强迫义务教育阶段。

散乱无章的几百个诸侯国的德意志，在短时间内聚合成一个巨大的工业化机器，直至扫荡西欧。普法大战结束后，德国元帅毛奇将军说："德国的胜利，早就在小学教师的讲台上奠定了。"

历经300多年推行完善，学校教育已经成为人类史上规模最大的有目的、有计划、有组织的活动，全球有1/6约10亿人口每天被框定在学校组织中。整个人类几乎建立了同一个教育体系，不仅仅是知识传承的流程，那是规定了几乎每一个人生命节奏的人生流程。教育是人类组织化过程当中最具有自我成就感的一部分。它是人类在精神和物质的双重世界的重要安慰。

这个堪称圣洁的金字塔，已经开始面对新时代、新能量、新模式的冲击。

在故乡孟加拉国还有上代远亲的美国公民萨尔曼·可汗，拥有美国麻省理工和哈佛两所大学的硕士学位。2004年为了给表弟、表妹辅导数学，他将自己制作的一个教学视频放在了YouTube网站上，没想到一下子竟然拥有了数十万观众。2009年秋天，可汗做了一个决定，把视频教育

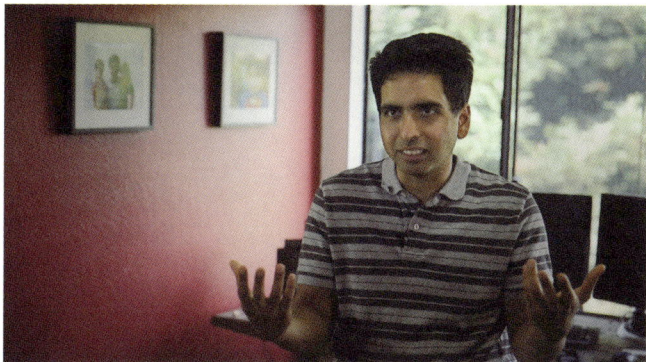

可汗学院创始人　萨尔曼·可汗

当成自己的未来事业，辞职成立可汗学院。

萨尔曼·可汗的判断是："世界上最有钱的人的孩子在使用它，蒙古国的孤女也在使用它，他们用的是同一种资源。结果是我们在3年里拥有了1亿用户。这成为了一件很大的事情。当我在杂志里读到这些的时候，我想着，天啊，这会发生的，对吧？然后它就发生了。"

可汗并没有拥有大笔的遗产和资金，也没拥有斯坦福大学的土地，但他拥有一个了不起的手段，就是互联网，因此他创造了人类过去教育史上不可想象的一个传奇。

可汗学院教学视频已翻译成了西班牙语、法语、俄语、汉语等10余种语言

如今，可汗学院教学视频已经有5000多个，翻译成了西班牙语、法语、俄语、汉语等10余种语言，涵盖了从幼儿到高中的所有教学科目。

曾同在斯坦福大学任职的教授吴恩达和达芙妮·科勒，创建的名为Coursera的在线教育平台，目前已经拥有770万遍布世界各地的注册用户。包括麻省理工学院、哈佛大学和中国清华大学在内的全世界100多家知名高校，在这个平台上开设了优质的视频课堂。他们的共同愿景是"让任何人，在任何地点，在任何时间，都能得到世界一流的教育"。

吴恩达说："这些技术的到来为全世界所有人提供了一种接受良好教育的机会。"

"MOOC（大型开放式网络课程）让我们可以通过在线交流，在一堂课中与2万甚至5万人交流。"曼纽尔·卡斯特尔说，"有人说这是大学的终结；不，这是大学的扩张。所有人都觉得大学就是指哈佛或伯克利这样的地方；不，大学在不

包括麻省理工学院、哈佛大学和中国清华大学在内的全世界100多家知名高校，在Coursera上开设了优质的视频课堂

同水平上存在。"

TCP/IP协议联合发明人、互联网之父罗伯特·卡恩的观点是："未来大学需要有固定的地点吗？看看如今的图书馆——数字图书馆，我们不需要把数字图书馆搬进各种各样的建筑物中，只要有网络就会有图书馆，不论在什么地方。"

曾经孕育了互联网的教育制度，受到网络本身组织能量的冲击。整个世界，会变成一个没有边界的学校吗？理论上，一门课程将来在世界上只需要一个老师。一等于无限。地球上的每个人，都享有平等的受教育的权利。那将是矗立了4500年的金字塔，能够目睹的这个星球上最动人的一幕。每一个人，都可以站在大地上，分享这个世界，并触摸天空。

当人类的精神成长过程被重组，与奇观相伴而来的，是所有拥有母校的人们，是否都可能产生让我们精神紧张的感念。那个因为远离世俗功利，因此总是储存着我们美好回忆的地方；那个因为身在成长中的朦胧，因此，似乎总是柔情似水，又不由分说地规定了我们生命的节律的地方；那些曾经属于每个人的幼儿园里的青梅竹马，属于每个人小学、中学里的两小无猜，属于每个人大学校园里林荫树下的恋情，又将会在哪里？

链接

伊战中的萨拉姆博客

2003年年初，伊拉克战争迫在眉睫，居住在巴格达市郊的29岁的萨拉姆，将伊拉克普通民众的生活和感受，从西红柿价格到对战争的看法，一一记录在自己的博客中，书写着巴格达平民对这场即将到来的战争的深深恐惧和焦虑，传递着自己平安的消息。

这引起了全世界亿万网民的关注。

伊战期间，布什政府将500多名记者编入美国军队中实施"嵌入式采访"，他们与美军同吃同住，恨不得把每一发炮弹的发射和落地都报道清楚。

与美国媒体的情绪高涨相比，萨拉姆则显得低沉。"当从电视新闻上看到B-52轰炸机离开机场的时候，我们开始倒计时，我们知道6小时之后它们将抵达巴格达。""很长时间没有人注意到伊拉克的不民主，现在怎么就决定要把我们轰炸得民主起来？""这里的民众既没有欢迎美国人的到来，也没有数以千计的投降者。人们所能做的都一样，只是坐在他们的家中，紧闭门窗，希望（炸弹）千万不要落到自己头上。"日记中萨拉姆朴实、真诚的表达，让身处战争对立方的美国民众看到了战争的另一面。更多美国民众开始中立地看待这场战争，布什政府的形象遭到了公众的强烈质疑，美国社会反战情绪越发高涨。

随着战争形势的不断升级，与日俱增的访问量，让萨拉姆日志的服务器不堪重负，几次陷入瘫痪。为了让更多的人即时了解萨拉姆的情况，谷歌义务将萨拉姆的日志同步到自己的服务器上，以满足网民们的需求。当美英联军对巴格达的轰炸开始之后，他的博客突然随着爆炸声一起消失了。直到6个星期后，战事稍稍平稳，萨拉姆的博客又开始更新了，结束了世界各地网民的担忧和牵挂。原来，美军控制巴格达时，萨拉姆考虑到自己的人身安全，暂时停止了博客写作。

身处美伊战争中的萨拉姆，一个普普通通的伊拉克人，利用一条网线和一台电脑，让美国媒体记者军团，在互联网面前几乎遭遇美国新闻史的"滑铁卢"。互联网的出现，让每一个人拥有了一个可以创造和表达、受众规模庞大的平台。这些信息可以发送给个人，可以发送给群体，并且能够被复制和无穷无尽地传递下去。

奥巴马的网络助选

奥巴马回忆1995年第一次参加联邦议员竞选时曾说过："还记得当时我挨家挨户敲门，在杂货店前与人们握手，自己到打印小店里打印传单。"但11年后，2006年年底，当奥巴马决定参加2008年美国总统竞选时，他心里清楚，这次自己用不着再去挨家挨户敲门了。因为他已经在一个深夜里，秘密敲开了Facebook联合创始人克里斯的家门，克里斯答应加入奥巴马竞选团队，借助年轻人聚集的社交网络为奥巴马助选。

回顾历届美国总统选举，每一次都是候选人与民众之间进行的一场规模盛大的社交活动。在不同的时代中，报纸、广播和电视媒体，都曾是参选者最有力的宣传工具。如今不同的是，奥巴马身处社交网络兴起的互联网时代，使他彻底改变了美国政治家动员组织选民的方式。

相比竞争对手，奥巴马算是个地地道道的年轻草根，政治经验和背景都要逊色很多。无论是共和党的麦凯恩，还是同在民主党的希拉里，用竞选团队经理奥普洛夫的话来说，他们的政治经验"简直是高山仰止"，"必须扩大选民人数才有机会赢"。正如自己的出身一样，奥巴马竞选是自下而上，通过互联网社区争取草根开始的。

约翰·霍普金斯大学天才青少年研究中心的专家帕特里夏·华莱士说："他们运用了预测分析手段，使用了很多新软件工具来定位他们寻找的选民。他们不需要担心那些肯定会把票投给民主党候选人的选民，只需要关注那些可能被说服的选民。"

奥巴马以这样的形象首度亮相公众面前：他一只拿着冰激凌，另一只手正在擦拭餐桌；竞选徽标也设计成了与历届候选人完全不同的、可供网友改造的圆形简单图案。竞选团队利用互联网几乎所有的社交工具，向草根选民展开了宣传攻势，奥巴马正面、积极、开放、不攻击竞争对手的形象，迅速受到了网民的认可，光YouTube上的视频就超过1200万次点播。

在鼓励动员选民参与投票上，奥巴马竞选团队采用了互联网上盛行的"病毒式"营销方式，他们在竞选网站上添加了特殊的功能。如果网友有兴趣充当志愿者，登录网站点击相应链接，就会显示网友所处位置周边需要争取的其他选民电话，网友可以根据网站提供的电话开展说服工作。

对此，英国剑桥大学伊曼纽尔学院荣誉教授彼特·柏克深有感触地说："奥巴马会编写信息，发送给所有宣称倾向民主党的人，即使他们不是选民，甚至都不是美国人。我的妻子像其他几百万人一样，经常收到奥巴马的短信，只是因为她在网上说过自己对民主党感兴趣。所以我觉得这是一种新的政治现象。"

在选举进行到中后期，为奥巴马选举出力、自发组织起来的志愿者数量达到了惊人的20000多人，网民的自发参与已经让选举竞选团队感觉到一种失控的状态。网民制作的由千万人照片组成的奥巴马头像，在网站流传着；竞选徽标被网友改造成救生圈、红绿灯、超人标志，在网上传播着；女网友制作的"我暗恋上了奥巴马"视频，虽然粗糙，但仍然成为网站热门的视频。

美国联邦法律严格禁止和限制公司及财团的政治现金，但奥巴马在放弃了联邦公共竞选经费的情况下，却获得有史以来最大额度的6.39亿美元竞选募款。这笔巨额资金来源于300万个捐款人，88%通过电子支付网上捐款，50%小于200美元，甚至有10美元、5美元。

全新的奥巴马，不再是从前报纸、广播、电视中的宣讲政治纲领的总统候选人，借助互联网他真切地与以前不被关注到的底层、甚至是边缘选民产生了共振。2008年与2004年大选相比，仅在增加的500万选民中，就有3/4将选票投给了奥巴马。在互联网的助力下，这位47岁的黑人后裔顺利入主白宫，成为美国第一位黑人总统。

网络问政

28岁的潘琦是青岛土生土长的80后。和其他青岛人一样，潘琦对汇泉广场有着美好的记忆。小时候她跟着姥爷去那儿放风筝，长大了陪着哥哥嫂子去拍婚纱照。打潘琦记事起，大草坪就"一直在那里"。但2012年春天，网络上一组关于汇泉广场草坪被掀的照片触动了潘琦。青岛政府启动了40亿元的"增绿行动"，要将这海滨城市打造成森林城市，第一个月便种下了180万棵树，有市民担忧这是劳民伤财的面子工程。那天，潘琦刷微博刷到了凌晨2点，"当时就是觉得40个亿不是一个小数目，那就去看一下这40亿都花到哪儿了。"

网络传言究竟是否真实，政府主管部门应该给出答案。第二天，潘琦便到汇泉广场搞起了个人调研。从市政府市民热线到建委到园林局再到建设处，潘琦不停拨打电话，但得到的却是"不好说"、"不能乱说"、"不方便回答"。

潘琦将一次次的经历原原本本地记录下来，发表在网络上，让更多青岛市民加入到网络讨论，被网友转发了2800次。此后，更多的网友开始参与讨论。

2012年4月，潘琦的一篇质询市政府"斥资40亿元种树行为"的博文，彻底改变了青岛"种树风波"的风向。这条微博转发量迅速上升，发生在一个城市的事件突然之间受到了全国网友的关注。

当地政府意识到，虽然之前通过媒体进行过澄清，但"网络上互动不够"。在公开发布《答复》后，2012年4月9日，主管副市长借助"在线问政"平台与网民直接对话，向网友澄清：计划投资并非网传的40亿元，而是市级预算资金5亿元，七区共计划投资11亿元。另外，副市长承认网友反映的一些不合理规划问题"确实在一定程度上存在"，表示立即"巡查整改"。在这次对话过程中，在线网民数量一度高达近25万人，导致网络瘫痪。

韩国"进口牛肉风波"

2008年6月7日晚，15万韩国民众走上街头，抗议示威拒绝美国牛肉。3天后全体内阁成员递交辞呈，曾高票当选的总统李明博失去民心。在此前4个月的时间里，"韩国牛肉风波"汇聚了整个国家的注意力，甚至全世界新闻都围绕着它沸腾。但这个在韩国历史上近乎破天荒的事件，它的最初发端却是一群韩国女中学生。

2008年4月，在韩国"DAUM"门户网站的"Agora"论坛上，一群平时聚集起来追星一族的少女们，忽然议论起一个异常严肃的话题："我是一个17岁的高中学生。如果你是明智的立法者希望听到我们的声音。"

当时，李明博以及内阁就任刚刚两个月，宣布无条件解除美国牛肉进口禁令，韩国民众对李明博政府讨好美国的做法很不满意。民间开始流传美国牛肉可能携带疯牛病毒的说法，很快牛肉问题也成为少女们网上热议的话题。仅一周时间，网上的呼吁竟然收到了130万个签名。

首尔居民利用电脑和移动电话上网的质量、速度和范围的平均水平，要好于伦敦、巴黎和纽约居民。成百上千的韩国年轻人聚集在网络平台上，原本发生在校园或咖啡店里的稍纵即逝的对话，却让整个韩国都能够持久地听到她们的呼声。

少女们的讨论，也影响到了一个梦想成为电影导演的大学二年级女生朴志源。

朴志源在网上提议：结束空谈，上街抗议。这一次，移动互联网亲手将信息传播工具交到了年轻人的手里。5月2日，通过网络组织起来的数千名青少年涌入首尔，他们通过手机短信协调行动，手持蜡烛，高呼"不要疯牛"的口号。

先是一群十七八岁的年轻女孩儿们走上街头，而后引发的抗议次数越来越多，规模越来越大，不同年龄层次的民众都参与进来。

抗议遭遇了李明博政府的镇压行动。但抗议现场，有160多名网民拍摄上传了警察用水炮和警棍袭击抗议人群的景象，成千上万的观众在线观看警察踢打十几岁小姑娘的视频。一时间，公众的情绪被网上的这些视频瞬间引爆了，人们对韩国警察的谴责之声四起，抗议得到了更多民众的关注和加入。规模最大的一次示威，示威人群曾达到过10万多人。

这场始发于女中学生的"牛肉风波"，给韩国带来为期4个月的政治与社会动荡。最终，针对疯牛病的示威活动，呈现出全面的反政府抗议趋势，李明博总统在电视上向全体国民道歉，并迫使所有内阁成员辞职。

"米勒娃项目"

近百年里，哈佛大学高傲地雄踞于当今世界大学之巅。然而，在美国一个名叫"米勒娃项目"的网站，正着手实施一项计划，计划的目标是重新构建一个在线的哈佛大学。和传统的大学教育一样，"米勒娃项目"仍然会采用4年学制，只不过这4年的教育全部在互联网上完成。每一年将分2个学期，4个班，每个班10到25人。"米勒娃项目"采用实时网上教学系统来完成学生们的核心课程教育。同时其还将和许多在线教育培训机构进行合作，使用这些教育机构的教学内容作为延展学习的资源。这个项目已经请到了前美国财政部长和哈佛大学校长拉里萨默斯担任顾问委员会主席，于2014年开始接受第一批学生申请。

网易公开课

2010年11月1日，中国门户网站网易在中国内地也推出"全球名校视频公开课项目"，公开课视频来自于哈佛大学、牛津大学、耶鲁大学等世界知名学府，内容涵盖人文、社会、艺术、金融等领域，首批上线课程达1200集，其中有200多集配有中文字幕。一年以后，网易又正式推出中国大学视频公开课，首批上线了20门国内大学课程，覆盖信息技术、文化、建筑、心理、文学和历史等不同学科，这些课程分别来自北京大学、清华大学等10余所国内著名的高等院校。

2012年，网易又加入OCWC国际开放课件联盟，并共享其在全球200多所名校的所有高清课程资源。网易公开课还推出了针对大一新生的精品课程，包括专业课、公共课、兴趣课。他们打出的口号略显通俗但却令人振奋："贫二代也有春天。"

声音

　　我们形成了网络，我们互相连接，是因为我们能从中获益，且这种收益超出花费。最重要的获益在于我们能有机会进行社会化学习，人类已经进化至彼此互相模仿以及互相学习。因此，你的心情会影响我的心情，你的行为会影响我的行为，你的信息可能成为我的信息。所有这些现象都在社交网络中存在。

——尼古拉斯·克里斯塔基斯

（美国耶鲁大学教授、《大连接》作者）

　　英国和美国虽然都倡导民主，但是政府也有专门的项目对网络进行监控，我认为找到一个平衡点是十分重要的。政府应该有足够的权力，但是不能超过一定的范围，因为政府必须给予人民一定的权力来讨论政治，甚至对政府提出批评。

——蒂姆·伯纳斯-李

（万维网发明人，互联网之父）

　　在过去的十年，名人、CEO、体育明星、政治家的权力逐渐地缩小，我们更加关注所谓的普通人的经历和声音。越来越明显的是，普通人成为互联网的渠道，成为自我和重要的历史行动者。

——利物·格罗斯曼

（美国《时代》周刊首席编辑）

智能手机、高质量照相机可以拍摄照片和视频，这使普通民众都可以提交新闻作品，比如一架飞机坠毁或者一些灾难发生的时候，人们能够拍摄照片、视频，于是他们就成为讲述事件过程的一部分。

——西格·吉斯勒

（哥伦比亚大学新闻学院客座教授）

我们不再只是媒体的消费者，我们以另一种方式使用媒体。我们能从其他来源创造自己的报道。我们不需要和别人待在一起，我们能和创造媒体的人对话，这类媒体远超过我们自己创造的数量，我们创造自己的媒体。即便是相对开放的政府，比如美国政府也对真正开放的信息感到担忧。这是一个很大的转变。当人们互相告知自己知道的事，并互相帮助进行合作的时候，社会就改变了。

——丹·吉尔默

（美国亚利桑那州立大学教授）

不管组织方式如何，不管是英国广播公司还是美国广播公司，它们都不太擅长让人们交流，这是技术原因，而互联网擅长此道。有人说这样太过了，说话太自由。我并不同意这点，我认为让人们交流是件好事，互联网带给民主辩论最根本的改变在于，它实现了参与性民主，而不再是代表性民主。

——科林·斯巴克斯

（香港浸会大学教授）

我不认为因特网与生俱来就具有推动开放和民主的能力。但是我也不是说因特网是中立的。人们发明任何科技，科技就内含政治。

——伊桑·祖克曼

（麻省理工学院公民媒体研究中心主任）

第3集／崛起

引子

创办于1923年、被视为印刷时代王者的《时代》周刊，座落在纽约曼哈顿的公园大道。因为对全球新闻的关注，它曾经被称为"世界之眼"。始于1927年的《时代》周刊年度风云人物评选更成为全球的重要新闻事件，那些在年终封面上登堂入室的光辉灿烂的英雄或铁血腥风的枭雄，让人们触摸到岁月的颠簸、社会的进程以及人类的命运。

2006年的评选，依然体现着这一新闻盛事的气概。但是当编委会成员、各版面编辑以及来自社会各界的专家3000人为此汇聚时，他们却史无前例地困惑了：面对伊朗总统内贾德、委内瑞拉总统查韦斯，还有一位似有还无的人物……大会难以达成一致，连开数次的编委会也未能做出最后的决定。

12月13日，如期出版的《时代》周刊来到世人面前，在连续79年的时代风云人物长廊上，人们看到了划时代的个例。

在一个白色键盘和一台由反光纸构成的新时代的显示屏下，隐藏着一个容易被忽略又不能被忽略的英文单词——YOU。

是的，就是"你"，每一个互联网中的普通人。

欢迎来到"你"的时代。

一

夏威夷，世界上距离大陆最远的岛屿，几个世纪以来因为远离发达的陆地文明，一直保持着淳朴天然的风情。20世纪的一天，这个度假胜地却与3700公里之外美洲大陆上的信息技术联系在一起。1995年，海风轻拂的檀香山国际机场上，计算机软件工程师沃德·坎宁安被来回穿梭的摆渡车——"wiki wiki"所吸引，这个夏威夷土语名字的意思是"快点、快点"，以催促繁忙机场上的游客快速上车。

当坎宁安重新坐回到普渡大学计算机研究中心的时候，他用那个难以忘怀的名字"wiki"命名了自己刚刚完成的一个软件作品。这是一款提供给本校波兰特知识库应用的软件，它容许和接纳任何人自由地共同参与文本的编辑与书写。坎宁安用维基催迫的，是天下所有的人。

这一旨在让所有网民拥有平等、自由参与权的"维基"软件应用，最初却鲜为人知。但它开启的互联网所特有的"人人参与，共同协作"的"维基"模式，使无数传统时代矗立百年的权威大厦开始颤抖。

美国中部的芝加哥，在这个诞生了美国第一座高楼而被称为"现代摩天大楼故乡"的地方，矗立着一座令全人类仰望的智慧领域的摩天大厦。

《大不列颠百科全书》高级副总裁戴尔·霍伊博格自豪地说："一套百科全书，特别是一套大英百科全书，始终都是最大的一套，可能也是最贵的一套。它不仅成为知识和教育的某种象征，也是努力进步的象征。"

18世纪的英国，随着各个学派新观点的爆发，需要一本将各领域的知识和各学派观点集中起来的书籍。

1768年，英国爱丁堡书商科林·麦克法卡尔编辑并出版一套综合性知识的工具书，刚刚问世的《大不列颠百科全书》一共3册，囊括了各领域的科学发明、新成果、新观点，12英镑的售价，在当时可以买下一座岛屿的1/10，拥有它成了身份地位的象征。到19世纪，新版《大不列颠百科全书》以奉献给在位的英国国王为一次次再版的标记，当时在几乎统治全球的英伦岛上，普遍认为该书的权威性"仅次于上帝"。

就如同世界的领导性地位从英伦岛向美国转移一样，1905年，《大不列颠百科全书》被美国出版商购买。在北美土地上落地生根的百年时间里，《大不列颠百科全书》以充裕的资金，在全球范围内聘请各个领域内的知识精英撰写和修改词条。那些人类知识史上光辉灿烂的名字，铺垫了它超越摩天大楼的高度。

每一次新版，需要历经10年规划，印刷过程需要花费250吨金属制成百科全书所使用的硬活字，10万套新百科全书的纸页连起来的长度相当于地球到月球距离的1.5倍。这个庞大的数字，显示着《大不列颠百科全书》独一无二的浩大规模，这是人类有史以来持续时间最长的文化工程，是少有的全球公认的权威读物。

当历史进入20世纪80年代，互联网把知识的获取从书架拉到了鼠标上，《大不列颠百科全书》遭遇了245年来最大的挑战。

距离芝加哥约3500公里之外的旧金山有座不起眼的三层小楼，这个敞开式的办公室管理着一个网站，它叫"维基百科"，是以"维基"命名并以"维基"模式运行的当今全球规模最大、最流行的网络工具书，被视为《大不列颠百科全书》强有力的对手。

目前，整个网站共有287个语言版本，全世界总共有近10亿民众使用它。而这一切的根源是因为它拥有全球最庞大的编纂队伍——来自全世界的1600万志愿者。

维基百科的出现并非偶然。1999年10月27日有关《大不列颠百科全书》的一则新闻，吸引了一个在网络世界里探寻机会的中年人，他叫吉米·威尔士。这则新闻让他获知，《大不列颠百科全书》上线一周，因为难以承受每天涌来的1500万读者，不得不放弃免费承诺，宣布向用户收取69.95美元的年费。刚刚走上数字化道路的《大不列颠百科全书》的这一举动，让威尔士看到了自己全新事业的可能性。不久后，一个"开放、免费"的网络百科全书Nupedia上线了，创办者就是吉米·威尔士。

不过，迎接威尔士的并不是他期待的成功，百科全书虽然挂在线上，运用的却是和《大不列颠百科全书》一样的方法。

作为维基百科创始人，吉米·威尔士最初只是以一种非常传统的方式开始。他说："我雇用了哲学领域的人来管理它，他组织了一个每个条目由7个阶段组成的过程。"

在传统精英知识汇聚的路线上，似乎没有人能比《大不列颠百科全书》做得更好。威尔士18个月的努力和25万美元的投资只换来12个词条。

两手空空的失败者，在对朋友倾诉烦恼时，偶然得知了一种成本很低却可以汇聚广泛智慧的编辑软件，"维基"就这样与他不期而遇。

维基百科联合创始人　吉米·威尔士

于是，一个以"维基百科"命名的网络百科全书——Wikipedia，2001年1月15日正式上线。

抱着期待和不安的心理，威尔士输入了第一个词条："世界，你好！"

这声问候迎来千万个回应。世界真的来了！

1个月，1000条；8个月，1万条！在威尔士开设维基平台的第一年，普通人创建编撰了超过2万条条目，平均每月1500条。

在成立13年后的今天，维基百科已经成为全球第五大网站，拥有词条总数3124万条，是《大不列颠百科全书》的260倍，总编辑次数超过7.18亿次！

"在我脑海里描述这种现象的词组就是'认知盈余'，'认知盈余'包括两个方面。"美国纽约大学客座讲师、《认知盈余》作者克莱·舍基说，"一个是在互联世界中的自由时间和智慧，第二部分就是拥有一个非常大的网络，使得联系变得非常容易，形成团队也非常容易……当你获得这种规模很大的合作环境，这就是认知盈余。"

公元前387年，雅典城建立起人类第一所公共学校；时至今日，美国拥有3000所大学，25岁以上的年轻人中一半接受过高等教育；中国每年走出高校的毕业生接近千万人；而全世界高等学校仅在校生在2025年将达到1个亿。

知识越来越多，能力越来越强，空余时间越来越富足。18世纪末的欧洲工厂里，工人们每天需要工作16个小时。今天，在全球工作时间最短的荷兰，每年可供公民自由支配的时间长达7247小时，占到全年的82.73%。

人类盈余的时间和智慧，在互联网时代汇聚，转化为巨大的能量。

30岁的贾斯汀·纳普是土生土长的美国印第安纳州人，他从未离开过家乡。但是这个普通的比萨店店员在2013年4月突然成为世界知名人士。这位因为要查询国旗知识而登录维基百科的年轻人，在2003年开始成为一名编辑词条的志愿者，10年时间，他为维基百科编辑了100万个词条。

"编辑维基百科确实已经成为了我生活的一部分，"贾斯汀·纳普说，"我一直在维基百科上工作，利用所有可能的空余时间和空间来编辑维基百科。有时会是几分钟，有时会是一整天。"

曾在印第安纳州立大学学习政治和哲学专业的贾斯汀，为维持生计变换过不少工作，但为维基百科编辑词条的爱好一直没有改变，尽管这个爱好从未给他带来一分钱。

"很多人在得知我并不是为了钱才这样选择时感到有些困惑。但是每个人都有度过空闲时间的方法，而我就喜欢这种方式，我很享受。"贾斯汀·纳普说，"很多事情和一个人的价值观有关，因为每个人都必须选择如何度过生命，如何发掘自己。"

维基百科汇聚起来的1600万人，仍然是这个剩余世界的冰山一角。

2013年，全世界的网民达到30亿人，这远不是世界上任何一个国家可以比拟的，"约等于无限小，被无限多地汇聚在一起，意味着任何可能。"—— 这是互联网时代的资源公式。

维基的外延不断扩展。汇聚智慧、汇聚技术、汇聚资金的维基、众包、众筹等新的协作法则，不断汇聚出微小个体创造的奇迹。

1999年，加拿大多伦多黄金公司资源枯竭，面临倒闭，在求助矿产专家仍然无望后，公司将矿区信息公布到网上，50多个国家1400位爱好者在两周内标出了110个金矿目标。黄金公司起死回生，资产从1亿上升到90亿美元！

如何准确预测太阳耀斑，让航天飞机避开太阳系的不良天气，困扰了美国国家航天局的科学家30年。2010年，这项难题在一个叫创新中心的网站上发布，120天后，一名退休无线电工程师提供了解决方案。

目前，这个网站已经汇聚了30万人，他们遍及全球，为世界五百强企业解决了1700个顶尖级技术难题。

在人类文明发展史上，每一项重大发明都供奉着一个或几个伟大的名字，于是，世界的历史会被认为是伟人的自传。波澜壮阔的岁月里，整体上泯灭了一代又一代的普通人。新时代来了，在维基的时代里，几乎所有伟大创举的背后，很难再找到曾经那样的巨人。

"每一个人都知道爱因斯坦，但是世界上大概有50个'爱因斯坦'活着却默默地离开人世。因为我们的世界没能认出这些天才。"可汗学院创始人萨尔曼·可汗说，"我想，未来的世界……每一个人都会发掘自己的潜能，我们可能在各个领域找到其他50个'爱因斯坦'。"

2013年8月，繁华的香港依旧保持着东方之珠的魅力，在这个一向以开放名扬世界的自由贸易城市，全球200多个国家的3000多位有着不同职业背景但却有着相同爱好的维基百科志愿者，将举办一个盛大的聚会，平时他们的相聚只能在互联网上。

历史上，所有位于知识巅峰的经典著作几乎都联系着处于巅峰的人物，而这些共同完成了当今世界上最大的知识典籍的作者，却是一群再平凡不过的人。

一位参与其中的志愿者说出了自己的工作感受："你有一个想法，我也有一

2013年维基媒体国际大会现场，到场的3000多名维基百科志愿者代表着维基百科遍布全球的1600万志愿者——这是全球最庞大的编纂队伍

个想法，我把我的想法给你，你把你的想法给我，我们现在有多少想法？两种，这就是维基百科。想象一下，两个人，成千上万的人，很多很多的人分享这一想法，这就是免费开放的知识。"

"来到这里的成千上万的人很多都像我一样是一个无名小卒，但是能在全球变化中为这样一个大项目做出自己小的贡献，我还是感到非常棒。"这位志愿者兴奋地说。

曾经的庄严、神圣和高贵，离普通人有多么遥远，普通人参与和追逐它们的热情就有多么执着和强盛。这些曾经的仰望者，不仅仅贡献了他们的热情和能量，也体验着知识大师们难以体验的普通人参与创造的人生快乐。

2013年3月13日清晨，大不列颠百科全书公司宣布，历经了245年漫长岁月的《大不列颠百科全书》不再发行纸质版，仅提供数字化服务。

二

马特·德拉吉，曾一度占据美国主要新闻刊物的版面。

位于华盛顿郊区的马里兰州塔科马帕克市小镇，20世纪70年代为各家分送《华盛顿星报》的报童马特·德拉吉，在一般人眼里是个怪异的孩子。在学校里，他沉默寡言甚至有些自卑。当伙伴们迷恋摇滚明星时，他却对《纽约时报》的专

德拉吉报道创始人　马特·德拉吉

栏作家感兴趣。学校生涯结束时，只有高中学历的他看不到成为新闻记者的任何可能。

1989年，带着这个不灭的兴趣，他从华盛顿来到让很多人追逐梦想的好莱

坞，继续寻找他的新闻出路。德拉吉终于可以近距离地接触过去他所仰望的新闻明星，他在CBS礼品间负责叠T恤、收拾《60分钟》节目里的杯子，因为在行政套房曾为CBS的总裁递过运动衫而兴奋不已。即便如此，他离新闻记者的梦想依然遥远。

不久之后，命运却奇迹般走上另外的轨道。

1994年，德拉吉28岁生日时，收到了父亲送给他的生日礼物——一台欧洲生产的帕卡德·贝尔牌电脑。在现实中屡屡碰壁的德拉吉在互联网的信息海洋中终于找到了如鱼得水的感觉。他在电脑上注册了社会上刚刚出现的个人博客主页，并骄傲地以自己的名字将此命名为"德拉吉报道"。从此便乐此不疲地将他在好莱坞录影棚里听到的各种小道消息，在复印室的垃圾桶里捡到的电视剧的尼尔森收视率统计，以及各种政客丑闻、突发事件等发布在网上，几乎一日不曾中断地更新着他的网页内容。

德拉吉的读者增加得如此之快：1000人、5000人、10万人！3年后，网站每天的访问量比《时代》周刊每周在报刊亭的销售量还要大。事业和名声来得如此之快确实让德拉吉感到意外，然而，更高的巅峰仍在后面等待着他。

帮助德拉吉铺好通往巅峰阶梯的是美国《新闻周刊》。

对此，前美国《新闻周刊》调查记者迈克尔·艾西科夫回忆说："因为它涉及指控美国总统与一个年轻妇女的非法关系……但杂志高层，也就是杂志的主编们认为还需要加工，于是'砍掉'了这则报道。一旦阻拦了一则新闻，那么其他人就可能得到消息，然后抢先行动。"

果然，这个消息被嗅觉灵敏的德拉吉捕获，他毫不犹疑地标上"世界独家新闻"的醒目标题，然后摁键发布出去。

这就是后来导致斯塔尔报告出炉、总统弹劾案发生以及美国政坛动荡的总统克林顿与白宫实习生莱温斯基的性丑闻事件。

"当那个周六的晚上'德拉吉报道'上发布这条新闻的时候，我非常失望，因为这是我花了好多个月采写的一篇非常敏感的新闻。显然这则消息也具有爆炸性。"迈克尔·艾西科夫痛惜地说。

几乎同时，这条消息被疯狂点击，随即传遍了全世界，全球新闻界的权威人士都被德拉吉带入这场喧闹的旋涡之中。一夜之间，"德拉吉报道"成为全球最有名的新闻媒体，德拉吉也成为饱受争议而绝对耀眼的明星。

1998年，这个从未接受过专业正规培训的焦点人物迈进美国新闻界的最高门槛，站上国家新闻俱乐部的讲台。

他向现场的来宾声情并茂地说："网络能够让像我一样的13岁电脑怪才说出自己的观点，也能够让企业总裁或者白宫发言者发表意见。我们都变得平等了。"

克莱·舍基说："我们有印刷机，但你没有；我们有电视塔，但你没有。因为现在每个人都有'印刷机'和'电视塔'。"

不管传统新闻界对这个以小道消息和丑闻起家的人有何争议，德拉吉第一次向世界展示了一个事实，即便他与拉链门的相遇是一个偶然，传播主体的公众化却已成为必然。

德拉吉说："现在只需要有一个调制解调器，每一个人都能够跟踪世界新闻并且向全世界报道新闻，这不存在中间商，没有大独裁者。我觉得这改变了一切。我昨晚走在华盛顿的大街小巷里，我从小在这儿长大。在《华盛顿邮报》大楼前面，我再次找到了自我。我抬起头，这一次再也不是恋恋不舍。"

阿尔菲·丹恩是伦敦一个喜爱网络技术的艺术家，2003年他创办了一个用手机拍照并发送到互联网上的移动博客Moblog。丹恩说："它其实就是第一个互联网移动博客，内容是来自手机的图片……两年后，'7·7'事件发生了。"

手机博客网站Moblog联合创始人　阿尔菲·丹恩

2005年7月6日，伦敦被成功申办2012年奥运会的狂欢所淹没。

第二天清晨，昨夜香槟的芬芳仍在城市上空飘荡，600多公里外的苏格兰北部爱丁堡，八国首脑峰会如期进行。世界上最古老、最完善的伦敦地铁网正处在早高峰的运行时间，广播电台继续连篇累牍地报道着奥运会的内容："早上好，今天是7月7日，星期四，我是马丁·本尼斯特。今天我们要讨论的话题是怎样才能把2012年伦敦奥运会办得最成功呢。"刚说到这里，他获得了伦敦地铁刚刚发生爆炸的紧急新闻，马丁·本尼斯特立刻中断了正常的新闻报道，他急切地说，"对不起，我必须打断一下，有一条突发消息必须告诉大家……这是一起重大事故，十分重大的事故！"而当时的伦敦已经陷入一片混乱……

"2005年7月7日，我在家正在Moblog上工作，当时特别恐慌，想的是'有没有人我认识'，就给人们打电话，给姐妹打，给妈妈打，给认识的人打。"阿尔菲·丹恩回忆说。

人们急切地想知道亲人朋友的下落，焦急地追寻事件的真相，而以最快速度赶到事故现场的记者，却被拦在警戒线之外……

此时，一张现场的图片早已出现在阿尔菲·丹恩两年前创办的手机博客网站Moblog上，它距离刚刚发生的爆炸不过3分钟！

阿尔菲·丹恩说："亚当·斯泰西上传了自己的照片。我算是认识他的，因为他是我女友的朋友，他是在国王十字街火车站的一节车厢里，受到了炸弹的袭击。他爬上月台，进行疏散，照了一张照片。他脸上盖着东西，说给困住了。这是事故现场传出的第一张照片，是第一张人人都能看到的照片。"

这张照片第一时间被BBC网站转发，成为第一张来自现场的图片，随即它又登上世界各大新闻网站的头条！这个由业余人士用个人手机拍摄的图片创造了这场事件中被媒体转载的最高纪录。

当灾难现场清理完毕，警察松开警戒线，记者才得以进入爆炸现场报道。而此时，爆炸已过去两个多小时！

7月7日，是人类灾难史的一个节点，却是新闻史的一个转折点，每一个可能是你可能是我的消息需求者，势不可当地成为消息提供者，将不可遏制地走上时代的前台。

新闻业不得不遗憾地正视，自互联网诞生以来，这张覆盖全球的网络，逐渐成为地球上任何一个人的信息平台，平台之上普遍崛起和无尽涌动的大众群体，使突发性新闻与有准备的专业世界，渐行渐远。

麻省理工学院公民媒体研究中心主任伊桑·祖克曼说："当发生了恐怖袭击、自然灾害时，我们没有办法做到现场就有记者。但是一定会有公民，他们会报道现场的情况，即使只是告知自己的亲人和朋友。所以我们必须去适应这个观点，公民会共同来报道，他们要分享自己的观点。"

"业余新闻和专业新闻之间的界限——我也不知道现在还有没有这个界限了——它可能已经完全模糊或者消失。"美国《时代》周刊首席编辑利物·格罗斯曼说，"这确实给那些自称是专业新闻工作者的人带来压力。"

专业训练，职业身份，不再是资格和权力；身在现场，便拥有了资格和权力。不会有人比他们更快，因为没有人比他们离得更近。

2004年，印尼海啸，现场目击者传送图片；

2006年，泰国政变，现场经历者传送图片；

2010年，日本大地震，受灾民众发送现场图片；

2013年，俄罗斯陨石坠落，市民拍摄到坠落瞬间；

2013年，波士顿爆炸案，现场民众拍摄的图片协助警方调查。

传统新闻业，形成于近500年前。在德国美因茨印刷博物馆，保存着人类的第一张印刷报纸。1605年，德国人约翰·卡洛斯用诞生于故乡斯特拉斯堡小镇的古登堡印刷机，印制了世界上第一份印刷报纸《通告报》，以传递公共信息为目的的新闻业便在以后500多年的时间内迅速发展。2012年全世界有报纸14853种，每天有5.19亿份报纸送到人们手里。人类进入丰裕时代后，信息是可以等同于食物甚至紧迫于食物的需求，不断增长着的需求构筑了需求者们仰望的大厦。

香港浸会大学教授科林·斯巴克斯感叹道："传统媒体主要是一小撮人对很多

2006年 泰国政变 现场经历者传送图片

人讲话的工具。对英国广播公司及美国广播公司来说，都是如此，都是独白，一人说给多人听。互联网将完全不同的东西引入通讯。"

美国福特汉姆大学教授、《新新媒介》作者保罗·莱文森认为这是人类历史上的一个重要的时刻，"因为我们人类的存在不仅在听和看，同时也在于通过写和说来让世界理解我们的想法，而这正是社会化媒体所做的事。新新媒体的'新'就在于社会化媒体不仅仅提供了这种互动性，不仅仅是两个人之间的谈话，而是在全球范围内的互动。"

一次次突发事件的浪潮快速暴发而后很快平息，但是传统传媒产业江河日下的命运已不可逆转。

在诞生了世界第一张印刷报纸的德国，三家知名报刊宣布倒闭停刊。报纸在与人类伴随409年后，开始悄然走出社会信息流动的中心地带。旧建构的崩解一旦开始，碎裂声就难以停息。

《基督教科学箴言报》1908年创办，2009年3月27日停印纸质版；

《安阿伯新闻报》1835年创办，2009年7月23日停印纸质版；

《塔克森市民报》1870年创办，2009年5月16日停印纸质版；

《西雅图邮报》1863年创办，2009年3月17日停印纸质版；

《芝加哥太阳报》1948年创办，2013年5月30日裁掉整个摄影部；

2012年12月31日，《新闻周刊》出版了最后一期纸质版，80年历史、全球23个办事处、12名记者在采访中殉职，这是美国《新闻周刊》在新闻史上谱写的数字。它以一张位于美国纽约办公大楼的黑白照片作为封面，以缅怀一个时代的结束。

互联网并不创造绝对的死亡，也为变革者的新生，提供了天地。

2006年落成的BBC新大楼里有400多张办

《芝加哥太阳报》

《新闻周刊》最后一版封面

公桌，这个欧洲最大的编辑部融合了BBC电视、广播以及网站的所有编辑人员。在2005年伦敦地铁爆炸案的刺激下，BBC实行了历史上不曾有过的大幅度改革。他们将过去传统报道中形成的组织机构重新整合，特别增加了UGC社交网络媒体部，专门负责24小时收集来自全球的公民记者发布的信息。如今，BBC每天发布的新闻中，来自公众发布的信息已经占据40%的比例。

BBC全球新闻总裁彼得·霍罗克斯说："我们意识到我们需要改变我们自身的结构，来回应观众提供的信息和内容。"

哥伦比亚大学新闻学院客座教授西格·吉斯勒则说："今天的（新闻）工具比以往任何时候都多，每一个新闻组织都在努力发展受众参与。机遇就是，有更多的工具，更多讲述事件的工具，更多接触受众的工具，数百万眼球，数百万思维都参与其中。"

三

所有人的命运都不同了，所有普通与不凡之间的环节都简化了，所有向往与实现之间的可能性都扩张了。

加拿大著名歌手　贾斯汀·比伯

贾斯汀·比伯，20岁，加拿大著名歌手，13岁时因为在YouTube上传了歌曲被发掘而走红。

宋浩俊，韩国媒介艺术家，依靠互联网和社交平台，自己制造出迷你卫星。

路易莎·魏斯，34岁，德国编辑，创建美食博客"星期三大厨"，成为全球点击率最高的网上美食家。

杨艾菁，21岁，中国贵州民族大学学生，通过新浪微博，用200元戒指交换的梦想小学开学两年。

杰克·托马斯·安佐卡，17岁，美国少年科学家，借助互联网发明检测胰腺癌的新方法，获得戈登·摩尔奖。

夏威夷岛的小男孩安杰洛与3400公里之外的大陆不再遥远，YouTube视频平台让他的舞姿旋转在千人眼前。

大学二年级的女孩王卯卯，因为曾经痴迷于涂鸦与网络游戏，让她因此随手勾勒的兔斯基成为亿万人表达智能时代情感的语言符号。

"网络是一个特别神奇的平台，当你拥有了很多的准备，或者说我已经努力了很久，这个时候划亮一根火柴，你会觉得一切都是万事俱备的。"王卯卯说。

知名网络作家唐家三少的经历是："其实我最初写的时候就是兴趣爱好，也没想过要怎么样，只是一个乐趣。写了11部书，几百倍的阅读者的增幅。"

北京城里的唐家三少，越过了编辑、出版、发行的所有环节，一步迈到了喜欢他的读者面前。他虽就读法律专业却喜欢网络写作，如今，在网络上拥有上千万稳定的读者，收益高达三千多万，在中国作家中名列前茅。

"互联网让创新更容易"，美国麻省理工学院教授派蒂·梅斯说，"让任何地方任何人变得更具有创造力，为诸如开发新工具、思考未来等方面做出贡献。"

美国奥莱利传媒首席执行官蒂姆·奥莱利说："我们在建造一台非凡的引擎，它将助推我们利用大众信息并将之化为人类新生的能力。"

舞台，不再是时代广场，不再是悉尼歌剧院，不再只属于攀爬过重重阶梯艰难站立其中的少数人。每一份才华，每一点智慧，每一个心愿，在世界面前自由地绽放。每一个人手掌上运行的无限的网络空间，比过去任何辉煌的舞台宽阔千百倍。

艾瑞克，生长在内华达一个农业小镇的音乐学院学生，他描绘不得志的年轻岁月是没有色彩的，直到18岁那年他参加了一次合唱。

他说："他们打开了乐谱，指挥举起了指挥棒，轰隆一声，在此之前我的世界是黑白的，突然所有的事物有了颜色。这是我人生中，改变我最大的一次经历。"

2000年，艾瑞克收到了一位来自犹他州的女孩儿录制的视频，内心的梦想涌动起来。

艾瑞克说："这一切是从一个女孩发来她演唱我的一段合唱曲视频开始的。我想如果有一百个人，像这样同时演唱该有多棒，做成一个虚拟大合唱。"

艾瑞克将自己作曲的曲目录制成视频放到互联网上，希望世界各地的人来参加这个大合唱。很快，这条视频每小时的点击量达到2万次，艾瑞克收到了12个国家的185位演唱者的回应。

这些人中大多从未有过歌唱的经历，他们的舞台是在自己的家里、浴室、卫生

互联网大合唱

间、书房甚至走廊，但音乐和歌唱的梦想始终存在于他们的心中。

2010年， 12个国家185名歌手第一次虚拟大合唱；

2011年， 58个国家2051名歌手第二次虚拟大合唱；

2012年， 73个国家3746名歌手第三次虚拟大合唱；

2013年， 101个国家6990名歌手第四次虚拟大合唱。

原本稀薄的得以聚合，曾经蜷曲的得以伸展；容易被忽略的得以显现，可能被排斥的获得接纳；孤独的不再孤独，卑微的不再卑微。

每一个人生命绽放的声音，从来没有今天这般韵味深长。

链接

群体智慧与众包

NASA的难题

给100万个星系的100万张照片归类，过去要花掉一个每天工作8小时的科学家至少86年的时间。2000年，美国航天局的科学家利用网络邀请世界各地的业余天文爱好者参与此项工作，很快全世界有23万人注册，目前由这帮爱好者发现的太阳系外的行星已经达到500多个。

黄金公司的起死回生

位于加拿大多伦多的黄金公司（Gold corp Inc.），在1999年遇到了它90年历史上最大的挑战——即将枯竭的矿产资源将把公司推上绝境。公司的CEO罗伯·麦克·欧文在拿出一张1000万美元的支票求助于资深地质学家仍然无望后，心情沮丧地来到波士顿。麻省理工学院演讲大厅中青年总裁研讨会上关于Linux的非凡故事让这名热爱冒险的共同基金的年轻经理，忽然看到了拯救公司的希望。

不久，一个名为黄金公司挑战赛的网页出现在网上。麦克·欧文采取了一项令同事们看来近乎疯狂的举动——将过去被视为商业机密的55000英亩矿区的所有信息公布在网上，并在互联网上求助探矿高手。仅仅几个星期，网站被点击475000次，相当于专家费用1/20的奖金吸引了全世界上千名虚拟勘探者，来自50多个国家的1400多个从事数学、军事、咨询顾问的普通人，还有众多大学生忙碌起来，几个星期内方案雪片般飞来，110个金矿目标被圈出，公司由此起死回生。现在这个公司资产已经从1亿美元上升到90亿美元。

开源的Linux操作系统

1991年，林纳斯·托瓦兹（Linus Torvalds）还是一名爱好编写程序的大学生。那一年，微软公司的服务器已经成为世界计算机行业的主要运行模式，当21岁的托瓦兹在大学宿舍中将一个尝试开发的简单操作系统放到互联网上时，绝不会想到它日后会威胁到微软公司服务器的生存。

这个以他的名字命名的Linux操作系统，就是现在著名的安卓系统赖以运行的内核，如今它是微软最大的对手。

每每想起当时的情况，林纳斯·托瓦兹回忆说："当代码信息在网上发布并表示欢迎任何人进行补充、修改后，即刻就收到了来自奥地利、冰岛、美国、芬兰和英国等爱好者的回复，关于Linux的交流在网上迅速扩散。巴西、加拿大、澳大利亚、德国和荷兰的爱好者参与进来，24小时之内全球范围内的志愿者聚集在一起，随后又有成千上万的程序员为之增补、修改和传播。"

目前，任何人仍然可以免费地使用、修改、补充Linux系统内的软件，据估计这个在全世界大约40%的服务器上运行的系统现在只有2%的代码来自原创者，而98%的内容则来自全球各个角落的人们。他们，使Linux从一个爱好者项目转变为数字化基础设施的关键部件。

创新中心的"解决者"

创新中心公司是马萨诸塞州郊外的一家"小公司"，公司只有十五六名员工，但却是一个致力于解决世界尖端难题的权威机构，例如美国国家航空航天局、波音、杜邦、宝洁等世界著名跨国公司的许多技术难题都在这里得到解决。它超凡的解决能力来自近200个国家近30万的会员，他们共同的名字是"解决者"（Solver）。与此对应的是有问题需要解决的世界著名跨国公司"寻求者"（Seeker），他们把各自最头疼的研发难题抛到"创新中心"上，等待隐藏在网络背后的解决者来破译。正是分布全球不知其名的普通人，使全世界1700多个国际性挑战项目得到解决。

阿尔菲厄斯·宾厄姆是创新中心的联合创始人，他认为，创新中心取得成功的其中一个秘诀是影响力，"我们利用了互联网的影响力，我们有能力接触到世界各地的人才。30万只是一个固定的数字，是我们注册社区的成员，但是如果考虑我们的覆盖面，几乎可以接触到1200万人才。让创新中心取得这样成就的正是这1200万人才。"

2013年11月7日，创新中心发布了当天的第200个挑战项目。"我们总共已经发布了1700到1800个挑战项目，每两天至少发布一次。这些问题的解决方案价值数百万、数亿美元，甚至于我们都没法计算了。问题解决后，这个循环并没有结束。效益就是我们展示了自己解决问题的能力。"

媒体变革

在互联网诞生近50年后，有近500年历史的传媒业已经普遍开始了互联网时代的数字化之路。

在美国，1987年美国硅谷的《圣何塞水星报》（*the San Jose Mercury News*），首次将该报的内容送入初创阶段的因特网，由此成为世界上第一家基于Internet的电子报纸，开启了网络媒体的新纪元。目前美国60%的期刊推出在线期刊，并逐步把重点由纸面转向网页。而在1995年CNN的带动下，各大广播公司电视台也开始了网络化之路，联合国世界知识产权组织总干事弗朗西斯·加利认为："纸质报纸可能在30年内消失。这是一场革命，它无关对或者错。多个研究结果显示，它们（纸质报纸）将于2040年消失。在美国，它们将于2017年消失。"同时，公民记者的报道将成为信息的主要来源。

2008年，《纽约客》上刊登了一篇题目叫《绝版：美国报纸的生与死》的封面文章，让传统媒体对前途更加心灰意冷。漫画上这个置报纸于绝境的女士是网络报纸《赫芬顿邮报》的创始人阿丽安娜·赫芬顿。

但赫芬顿不认为自己是置报纸于绝境的人，她说传统报纸的方式需要变革。要唤起普通民众对公共事务的兴趣，并从中发掘出内容鲜活、能产生重大影响的新闻。

2005年问世的《赫芬顿邮报》是美国最大的网络报纸，在互联网上成长起来的众多报纸中一路所向披靡。仅仅3年时间，便以925万的访问量，远远超过《华盛顿邮报》网站；2011年6月，《赫芬顿邮报》又以3500万的访问量超过了有150年历史、拥有1100名记者队伍的权威报纸《纽约时报》的网站；它的下一个目标，是要达到8000万的访问量，超越CNN。

这份在网络上流行的报纸，拥有186名正式雇员、3000名免费博主、12000名公民记者、每个月200万条投稿量。这些数字显示着，传统媒体的对手，不是《赫芬顿邮报》，而是千万名公民记者。

在谈到重新认识媒介的价值时，克莱·舍基说："在互联网社会，媒体已成为社会的连接组织。媒体就是你如何知道朋友的生日聚会在何时何地举行；媒体就是你如何了解纽约在发生什么，基地组织的领导者是谁，中国的茶叶价格是多少；媒体就是你如何知道同事给孩子起了什么名字；媒体就是你如何知道你下个会议在哪里开；媒体就是你如何知道10米之外发生了什么事情。过去，媒体往往是由专业人士创造，供业余人士消费的东西；互联网时代，任何人都是媒体，任何人都可以随时发表言论。"

2013年5月15日，普利策新闻奖庄严的颁奖式依旧在哥伦比亚大学纪念堂举行。获奖的名单中，美国国内新闻报道奖的获奖者 InsideClimate News 为网络媒体。从2010年开始，网络媒体的身影开始连续出现在新闻专业的最高殿堂，普利策奖走进了网络时代新的历史。

《大不列颠百科全书》数字化之路

《大不列颠百科全书》是一部历经245年的巨著，一共32卷，包含逾98000个词条，65000多篇文章，约4000万字，涵盖50万个主题，32640页，重58.5公斤，是人类有史以来持续时间最长、精英高端智慧最集中的全球性权威读物。

《大不列颠百科全书》在美洲土地上落地生根的百年时间里，先后应邀参与这项人类知识工程的作者，几乎就是一个全人类智慧精英的岁月编年史，这里的名字永远是耀眼的：汤玛斯·亨利·赫胥黎、阿尔弗雷德·诺思·怀特黑德、阿尔加侬·查尔斯·斯温伯恩、彼得·克鲁泡特金、阿尔伯特·爱因斯坦、西格蒙德·弗洛伊德、玛利亚·居里、列昂·托洛茨基、哈利·胡迪尼、乔治·萧伯纳、贝特朗·罗素，等等。在1901~1982的诺贝尔奖得主中，有1/4的人成为这套丛书的撰稿人。

进入20世纪80年代后，互联网把知识的获取从书架拉到了鼠标上。为此，这部百年知识宝典也不得不开始数字化之路。1999年10月20日，《大不列颠百科全书》全部数字化上网，供人们免费查询、下载。

2013年3月13日清晨，大不列颠百科全书公司宣布，历经了245年漫长岁月的《大不列颠百科全书》纸质版不再继续发行。为纪念印刷版本的"光荣退役"，《大不列颠百科全书》网站自2012年3月13日起提供免费浏览一周。

2013年10月，《大不列颠百科全书》网站宣布，向普通读者征求词条的编辑意见。

《大不列颠百科全书》总裁乔治·考茨说："现在我们有自己的网页，在网页上，你可以做任何你想做的事，你可以删除，探讨，然后提交。同时，编辑们能看到读者提交的意见，经过专家审核，就可以修订。现在我们和读者的合作采取了负责任的编辑，所以这不仅仅是维基，这是相互之间负责任的合作。我认为大不列颠百科的创办者看到这个现象也会很兴奋，因为我们的使命就是传播知识，从来没有像现在这样有如此多的人看到我们传播的知识。如果这样的话，我想他们会说，所有的设备允许上百万的使用者能够进入到我们的网站获取知识，这是非常令人激动的，这些技术非常令人吃惊。我们的使命在245年前就已经开始，在接下来的245年里，我们仍要继续。"

维基百科

《大不列颠百科全书》的网站收费，让一个青年人看到了自己职业生涯的新曙光，这个青年人叫吉米·威尔士。少年时就爱读百科全书的吉米，决定建立一个真正"开放、免费"的网络百科全书。于是最早的网络百科全书Nupedia上线。他决定用网络汇聚知识精英，建立一个"开放、免费"的网络百科全书。

威尔士对自己的评价是"一个善于失败的人"。那这一次他会成功吗？"因为不知道如何在网络上管理一个巨大的社区，因此我们只是以一种非常传统的方式开始的。我雇用了哲学领域的人来管理它，他组织了一个每个条目由7个阶段组成的过程。参与这个过程很难，也让人们感到很吃惊，太复杂了。因此，它以失败告终……"18个月的努力和25万美元的投资只换来12个词条。

但这并没有泯灭威尔士的意志，"当时真的没什么选择。我们工作了很长时间，但成就却很少，我必须离开工作几周时间，因为那个时候我女儿出世了，而且她出世的时候病得很厉害。当我回到工作岗位的时候，决定再次尝试让其运作起来，我确实尝试了一些极端的东西。我发现维基编辑软件非常有趣，于是我决定尝试。"

维基软件终于被吉米·威尔士重新发掘出来，一个以"维基百科"（Wikipedia）命名的新网络百科全书—— wikipedia.com——2001年1月15日正式上线。

维基百科不仅仅汇聚了超越任何组织提供的可能提供的智慧和热情，而且，在一定存在的错误、缺陷甚至恶作剧面前，它具有自我修正的顽强能力。2010年对非权威性的作者和任意编辑的程序抱有怀疑的《自然》杂志，专门就维基百科和《大不列颠百科全书》的正确性进行了一项调查，然而结果显示二者的错误率几乎相差无几。

"这是一个真正的人们相互认识并且很在乎各自名誉的社区。网站上除了'民主'之外，在出现故意歪曲事实甚至捏造的内容后很多志愿者会迅速进行干预。维基百科的编纂过程中体现了潜藏在人类整体时代格局中的公共品质，对于普遍知识的向善之心。"威尔士对此充满自信。

在维基百科的网页上，每个词条的编辑都留有记录，这些编辑全部都是志愿者，来自全球各地，不同年龄、不同种族、不同信仰，但在维基百科巨大知识库里有一个共同的名字叫作"维基百科人"，简称"维客（Wikipedians）"。

现任果壳网负责技术平台的搭建和维护主管的苑明理，每天要乘坐一小时的早班高峰的地铁去公司上班。少言寡语低调的他在拥挤的上班族人群中很容易被忽略，然而他是第一个将维基百科介绍到中国大陆的人，也是中文维基百科在中国大陆78名管理员中的一名。

2005年，苑明理还是一位北大数学系研二的学生，在查询资料时与维基百科不期而遇。"查询的链接总是将我带到一个看上去很朴实的网站，我发现它叫Wikipedia，我很兴奋地把这个发现告诉我的舍友，但没有引起他们多大兴趣。后来我就致力于把它翻译成中文，当时有一段时间我非常痴迷于这件事。"

在网上没有哪个人是孤独的，志趣相投的人必定会相遇和聚合。苑明理认识了很多与他有着同样兴趣的人，大家相互交流纷纷贡献自己的微薄之力，使中文维基有了最初的页面，并通过投票采用了苑明理为Wikipedia的中文译名，这就是我们今天所称呼的"维基"。

到2009年，中文维基百科有84名志愿者，他们之中，28名来自中国大陆地区、20名来自台湾地区、18名来自香港地区、4名来自澳门地区，还有9名来自美国、5名来自加拿大。

"编辑工作的时候能体现自己的价值，非常有成就感。"这是苑明理乐意当维客的原因。

"维基"这个以立体拼图组成的球体是维基百科的标志，是由15种不同语言中最接近"维基"第一个字母"w"的字符组成的。截至2012年12月，维基百科总共有285种各自独立运作的语言版本，是目前世界上规模最大且最为流行的网络工具书。仅仅英文维基百科就有4601974个条目，近乎《大不列颠百科全书》的5倍。

相片涂鸦者

10年前，法国街头艺术家JR还是个拿着喷漆罐到处涂鸦的文艺小青年，当他在巴黎地铁站里捡到一个相机后，他开始迷上摄影并称自己为一个"相片涂鸦者"（photograffeur）。那时互联网才刚兴起，他正好赶上了这个时代——出现了全新的交换信息的方式，每个人都能独立地表达自己。

在过去5年里，JR的作品遍布世界各地，包括巴西、肯尼亚、柬埔寨、塞拉利昂，甚至以色列和巴勒斯坦，在这些城市贫民窟的最显著位置粘贴巨幅黑白照片。很快，他的作品在互联网上广为传播，世界闻名。

现在，在布鲁克林2.5万平方英尺的工作室里，JR正忙于他3年前在互联网启动的一个向全世界征集照片的项目，召集全球15万名摄影师共同参与，在世界被人忽视的角落——或许是曼哈顿的办公室窗户，或许是爱尔兰某个社区，或许是上海即将拆迁的棚户区，或许是巴勒斯坦的贫民窟，或许是伯利恒的犹太人定居地点，张贴摄影者的照片。

JR说："我只是出于自己的爱好，希望把艺术带到那些看似不太可能的地方，我喜欢这样的时刻。我选择了街道，它随时随地都提供着我表现自我的场所。所以，还有什么必要在画廊里办展览呢？"

这个项目，将会让"把城市空间当画布，让街道成为天然画廊"的"艺术"走进人们的视线，这将是全球众多的摄影者共同完成的世界上最大的艺术画廊。

对此，厦门大学中文系的教授黄鸣奋评价说："传统的艺术受到封闭型艺术观念的制约，在某些情况下甚至是不可逾越的界限，对它们进行再加工受到道德乃至于法律的种种限制。互联网通过网络工具艺术化与艺术功能网络化的双向运动，将艺术产业的立足点由封闭型产品转移到开放型产品。"

200元戒指换小学

2012年2月1日，21岁的贵州民族学院大三学生杨艾菁，在自己的微博上说出了一个美好的愿望，想用一对价值200元的戒指，为贵州山区的孩子换一栋教学楼。"希望朋友们能帮忙宣传和参与交换，把它变成我们大家共同的梦想，并一起实现它！"这个童话般的愿望真的能实现吗？

微博发出短短几个小时，就被网友转发了上千次。2月5日，第一次交换，乌鲁木齐网友"刘堂堂"拿一块价值3000元的和田玉换走了戒指。2月中旬，上海网友赵艺宁用一枚价值万余元的钻戒，换走和田玉。同时，一位影视演员发信愿意捐赠一枚钻戒。2月23日，上海一位网友"私信"杨艾菁，愿出资30万元帮建一栋教学楼。但同时，要求杨艾菁"回答"几个问题：当地政府会不会支持？学校教师能否获得配备？施工过程中如何监督？爱心款项如何支付和管理？

　　一切是那么自然顺畅，一切却又是那么措手不及。这时，网友贵州省纳雍县昆寨乡党委书记通过微博联系到杨艾菁，邀请她到昆寨考察。在昆寨的3天，让从没离开过城市的杨艾菁印象深刻。"有一个叫小敏的女孩，我到她家去，她把所有的凳子都搬出来让我挑着坐。"杨艾菁说，"孩子的眼睛是那么清澈。"在所有问题得到当地教育部门承诺之后，校址定在了昆寨乡一类贫困村夹岩村。

　　2月29日，上海神秘网友汇来第一笔10万元建校款，此时距杨艾菁发出第一篇微博仅过去29天。现在，这所名为"梦想小学"的教学楼，已经开学两年。

声音

　　我认为，互联网确实让任何地方、任何人变得具有创造力，为诸如开发新的工具、思考未来做出贡献等方面更容易，因此，我希望中国网友也能够受到鼓舞来利用这样的机会，现在人们很容易地，不管他们住在哪儿，城市也好、乡村也好，他们都能提出更好的想法，积累受众、积累支持，让其他人参与进来，让他们意识到这些观点。我认为，这是以前历史上从来没有过的绝好机会。

——派蒂·梅斯

（美国麻省理工学院教授）

　　过去的半个世纪，一个较大的转变就是，一小部分智慧英雄，不管是研究DNA的富兰克林（注：指发现DNA双螺旋结构的罗莎琳·爱尔西·富兰克林）还是爱因斯坦、牛顿，这些人掌握一个"难题"的关键部分，在一个小团队里工作。过去我们认为必须由一个或者少数几个人来解决的很多问题实际上可以广泛发散。根据"长尾效应"，一个人贡献一两个事物，可以是成千上万的人，甚至是数百万人的贡献。

——克莱·舍基

（美国纽约大学客座讲师、《人人时代》作者）

在历史中权利始终依赖于对信息和沟通的控制，但在互联网时代，在移动平台时代，在这个全球有69亿人使用手机的时代，对信息和沟通进行控制真的是不可能的。

——曼纽尔·卡斯特尔

（美国南加州大学传播学院教授）

互联网和技术意味着更多的信息有更多的源头，这就意味着更加的民主，以及信息需求对人们更加的重要。BBC是以观众为中心的公众机构，我们必须回应这些需求。这就是互联网给我们带来的压力，它将权利交到了人们的手中，将权利赋予设备、智能手机。这意味着政府、媒体组织、技术公司必须回应信息的需求，媒体组织必须做出改变。

——彼得·霍罗克斯

（BBC全球新闻总裁）

人们相信群体的力量，相信集体行动的力量，包括成百上千、成千上万、甚至是数百万人的群体。这就是推动历史的力量，而不是任何个体的观念。

我们都知道，民主的意义就是展现很多人的意志，收集他们的意愿并表达出来，事实证明互联网在这方面做得很好。

——利物·格罗斯曼

（美国《时代》周刊首席编辑）

我们已经可以看到，全世界都将能够运用互联网，世界将会数字化。这将是一个令人惊奇的世界。届时任何人在任何地方都能与任何其他人交流，并且与任何地方的人合作。想象一下，那个时候我们能够利用所有人的智慧，将能够解决世界上多少问题。每个人都有比他人擅长的地方。这就是互联网的方向。

——托马斯·弗里德曼

（《纽约时报》专栏作家、《世界是平的》作者）

如果我只把创新中心算作是一群全职员工的组合，这样规模的公司是不可能处理1700个复杂的问题，并解决几百个、几千个难易复杂不同的问题。但是我们利用互联网的影响力，有能力接触到世界各地的人才。30万只是一个固定的数字，是我们注册社区的成员，但是如果考虑我们的覆盖面，几乎可以接触到1200万人才，正是这1200万人才，才让创新中心取得这样的成就。互联网使每个人都有能力以更加强有力的方式参与到世界性的事务中。

——阿尔菲厄斯·宾厄姆

（创新中心联合创始人）

知识的历史中始终存在金字塔，也许在文字发明之前就有了。尤其是在猎人和采集者社会，当时的社会可能处于完全平等状态，因为猎人和采集者运用完全不同的知识。但当文字出现，随之产生了等级。那些几百年来居于知识等级顶层的权威，在互联网时代，也不得不俯身向大众平民需求知识的共享。

——彼特·柏克

（英国剑桥大学伊曼纽尔学院荣誉教授）

第6集／迁徙

引子

在人类学史上，一个主流的声音认为，整个地球的人类是从非洲出发征服地球的。对于那条漫长的征途，研究者绘出了这样的岁月和地理上的路径：大约十万年前到达了亚洲，又经过了六万年时间，遍布于欧洲各地。

被整个今天人类和文明深刻记忆的是，哥伦布那场著名的远航开启的欧洲向美洲的迁徙，这是奠定人类全球生存格局的最重要的一次迁徙。

不论是主动还是被动，移动和迁徙从来都是整个人类文明在地球开发中的永恒动力。以至于当互联网时代迎面而来的时候，学者们将"从现实世界向虚拟世界的移民"与500多年前航海家哥伦布的那次远航相提并论，而两者都有一个共同的目的：为了新的生活。

是的，一场超越过去人类经验的大迁徙开始了。

一

早在20多年前，美国IBM公司便开始了一次全新的探索，它成为最早倡导"在家办公计划"的全球性公司之一。这样的探索是对工业时代人类普遍处境的一次突围。

庞大的工业组织规定了人类的生活和生命节奏，在确定的工作日，无论你居住远近，都要在确定的场所去度过确定的工作时间，这成为所有现代城市人和物质运动的铁律，这种力量在人类所有的大都市里都创造了一个词汇，叫"高峰"。

当然，它也造就着工业时代的城市疾病，创造了伦敦曾经的别称"雾都"、北京今天令人伤感的新风景——雾霾。

今天，IBM共达128000名员工开始回家上班，这是它员工总数的1/3。2011年，仅在美国，IBM的"在家办公计划"就节省了大约2400多万升的燃料，二氧化碳排放量减少了5万多吨。美国电话电报公司、惠普，甚至联邦政府都在探索弹性工作制的实施。在美国，不再拥挤在交通高峰而回到家里工作的人群已超过1300万，比1999年增长了44%。

集中工作的场景

IBM智慧城市项目主管迈克尔·迪克森说："今天，人们希望改变自己的工作方式，女性则希望工作中有更多的灵活性。"

互联网提供的自由空间，比IBM的世界要广阔得多，让人们不仅摆脱空间和时间的限制，让人们与组织之间的关系，也发生了革命性的变化。今天的美国，有1600万人成为更彻底的自由工作者，他们不再和某一个组织保持归属性的关系。他们为互联网带来的所有机会而工作，新工作就在案头的电脑上、就在掌中的手机里，就在行走的街头，就在被称为碎片化的所有缝隙中运行。

《自由工作者的国度》作者 丹尼尔·平克

《自由工作者的国度》作者丹尼尔·平克认为："互联网时代发生的一件很有意思的事情是，人的寿命越来越长，而同时，组织机构的寿命却越来越短。我们大部分人都会比我们工作的组织存活的时间长。以前那种一辈子一份工作的情况越来越罕见了。"

丹尼尔·平克为自己工作已经17年了，他在其畅销书《自由工作者的国度》里如此描绘：为自己工作的时代已经到来。

丹尼尔·平克说："现在的趋势是，组织更加需要有才华的人，而有才华的人没那么需要组织了。这是互联网时代的高效生活。组织需要人才，而人才不再那么依赖于组织。"

51岁的"酒窝妈咪"又一次前往摄影棚。她是一位即将退休的医院护士，因为朋友推荐，她来到了淘宝模特的聚光灯下。

在淘宝网上展示万千商品的模特们，已经创造了一个职业新名词：淘女郎。在注册人数达37000多名的淘女郎队伍中，接近九成是兼职者，既来自全国各地，又来自千行百业。这些既不需要明确的上班时间，也不需要固定的工作单位的平凡女性们，2012年上半年就创造了超过11亿元的总收益。

淘宝网兼职模特邹银妹坦言："一般我现在都是按件算，30块钱一件，多的时候一天拍100多件也有，那有的时候小单子嘛，四五十件。一个月的收入七八千，将近1万吧。"

淘女郎

人气高涨的淘女郎月入万元司空见惯，也让"酒窝妈咪"这样的中老年人有了改变生活的机会。

"工业时代的生产资料，以及创造财富的工具非常之大，所以你就需要一个大型组织来筹集资金，寻找场地，协调大家的工作，由此来创造财富。"丹尼尔·平克说，"今天的生产资料就是一台手提电脑，就是一部平板电脑。"

几乎所有的人直接或间接都会经历人生的重大事件——找到终身依赖的确定

招聘会现场

单位。

在拥有13.5亿人口的中国，寻找理想的工作甚至获得工作机会，是无数家庭的一项工程。新时代伸出了奇妙之手，打开另一条通途，开拓出人们命运的另一片疆场。

Elance网站坐落在美国加利福尼亚州山景城，10年中，它已为全球150个国家的400万在线工作者提交了工作申请，绵绵不绝的工作机会和全球有相应能力的人，在这里最大限度地实现了自由对接。这里每年产生的120万个工作职位，相当于2013年上海市新增就业岗位的两倍。

美国Elance网站首席执行官法比奥·罗萨蒂的观点是："世界上大约有2.3亿知识工作者。试想一下，如果你能把2.3亿工作者联络起来，那会发生什么事情呢？如果你在中国，你仍然可以为旧金山的公司工作。如果你的企业在旧金山，你仍然可以雇用澳大利亚的员工。"

Elance提供的数以百万计的工作岗位中，还包含着一份属于全人类的新品质。过去的社会分配往往是以国家为收益水平边界的。而全球人才与资源流动的过程，是一个不平衡的逆向流动，是优质人才向人才密集之地的流动。

地球并不是平的，研究南北、东西差异的学者们提供的数字会描绘出一个山峰高耸、沟壑深陷的贫富差异图。这个疆界与制度，尤其与国家的边界休戚相关。

当人类交流的格局改变之后，所有财富等级的沟壑出现了填平它们的新的希望。

"当你变得十分优秀，并由于出色的工作，而树立起良好的名声。我们最终就会看到，世界各地的工资都统一了。美国最棒的安卓开发员，或许会和印度最好的安卓开发员挣同样数额的钱。"法比奥·罗萨蒂说。

于是，那些出行者可能不再需要出行了，他完全可以说着自己的乡音，守着自己的亲人，享受与他的能力相应的世界性分配。那些昔日渺小的个人，今天可以坐在家里的电脑前，和全世界的人实现着协作和合力，参与全球范围内的创新和竞争。

智慧稀缺地带的智慧将不再飘散，财富稀薄地带的财富将减少流失。网络可能给强者对弱者隐晦的掠夺套上人类温情的缰绳。

二

"2011 年4月，北京地铁10号线，往劲松方向，你在读Ayn Rand's "The Fountainhead"，我在读Tony Blair的自传。我们聊了几句，你在金台夕照站下车，没有留下联系方式，我想认识你。"

这是2011年4月的一个深夜，一个名为"10号线金台夕照"的博主发出的一条信息。在人类前辈的生命旅途中，有多少不可挽留的回眸一望泯灭在岁月的长河中，但这个手持智能

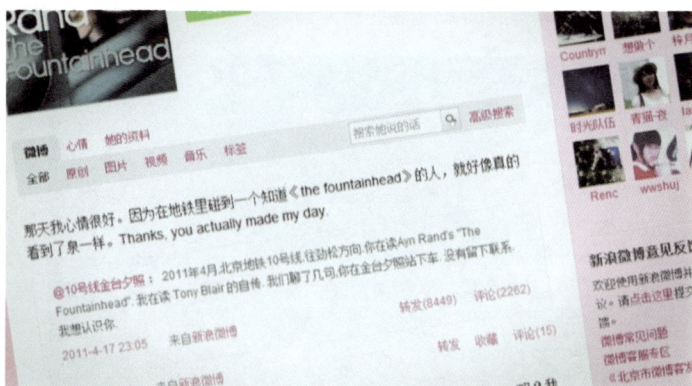

"10号线金台夕照"的"寻人"微博

手机的年轻人，在留恋的惆怅中便获得了与偶遇邂逅的可能。他发向网络之海的询问迅速被网友转发达8400多条。99个小时之后，那本该在时光中远去的女孩含蓄地回应了。

今天，你与70亿同类中的任意一个他（她）距离究竟有多远？一个名为"六度空间"的理论给了我们超乎经验的答案。

《六度分隔》作者　邓肯·沃茨

《六度分隔》作者邓肯·沃茨对"六度空间"的诠释是："地球上每一个人都能够通过很少的中间人与其他任何一个人联系起来。所以我认识一个人，你认识另外一个人，那个人又认识一个人。而且这样的联系链条只有像6个人这样少的中间环节。我们把它们叫作"小世界网络"，这种网络的特点就是人与人之间的距离非常近。"

第一个人类的社交网站，因此被命名为"六度空间"，曾经的百转千回，曾经的距离和场所消失了，轻轻一击，包括时间金钱在内的所有交往成本全都变得忽略不计了。

"六度空间"示意图

今天，全球社交网络用户总数已超过16亿，1/4的人类奔忙在社交网站上，占有人们上网时间最多的社交网络，正跨越国界，跨越种族，让人们拥有了同一个地球社交圈。

"如果你问现在的人们,什么东西对他们而言最重要。你会发现并非食物,而是沟通,因为沟通是个人生活、商业、教育、娱乐和一切的基础。沟通是人类生活的核心。"美国南加州大学传播学院教授曼纽尔·卡斯特尔说。

来自全球860个城市的7900万居民在豆瓣网上组成的兴趣小组达39万个,几乎人们生活的各个方面,都会有兴趣相投的人在各自的小组中结交朋友。从"手工达人"到"密集物体恐惧症",各种各样共同趣味的人聚集成或常态或奇特的种类繁多的"趣缘群落"。

英国牛津大学教授、"150定律"提出者罗宾·邓巴认为:"这是一个'物以类聚'的模式。英语中我们说,同样羽毛的鸟汇聚在一起,这意味着,如果你观察一个鸟群,它们都是同一种鸟。天鹅、鸭子都是如此。"

英国牛津大学教授、"150定律"提出者 罗宾·邓巴

美国斯坦福大学社会学院教授、"弱连接"理论提出者马克·格兰诺维特说:"这些泛泛之交就是'弱连接'。他们往往是你认识世界的窗口。'强连接'对于你获得精神支持很有用,但是'强连接'没有办法给你带来新

美国斯坦福大学社会学院教授、"弱连接"理论提出者
马克·格兰诺维特

的观念、新的信息,这是'弱连接'的功能。"

每一个在过往岁月具有社会经验的成人,在他曾经依存的村庄、都市寻找到与自己特别兴趣一致的伙伴,那将是怎样一件艰难而让人兴奋的事情。满足人们特定兴趣的资源,在过去漫长的岁月里,一直是稀缺资源。今天不同了,院墙街道、山川大海甚至国界洲际都不再是我们的束缚。

在地球半径上充分联结的人们,不仅享受着兴趣伙伴的富足,还有人们构建终身的爱恋。

在全国人口不到6300万的英国,有超过900万人使用网络交友平台寻找爱情。

美国Match婚恋网站副总裁史蒂夫·卡特说:"在2003年,网络见面的比重约为6%,而1995年,比重只是零。2005年这个比重已经上升到了15%。"

在东方中国,婚姻和家庭是所有价值最重要的基石,是中华民族所有家庭和亲近人群的公共工程。

熟人社会中,每个求偶者的半径和途径都是局促和有限的,寻找情感和生活的伴侣,成为单身人群、他们的家人和亲友,乃至整个社会急切而困扰的持久课题。

今天,注册会员数量达到7500万的百合网,在2013年婚恋调查报告中已经显示,中国单身人士择偶的途径通过婚恋网站交友的比例已经达到了71.2%。

"婚恋是人们生活当中非常重要的一个部分,很自然也会受到互联网的改变和影响。特别是对于新一代的年轻人来说,他们非常小的时候就开始使用互联网,可以说他们对于互联网的熟悉和依赖是与生俱来的。因此,当他们长大之后,很自然也会利用互联网来寻找自己的伴侣。"百合网首席执行官田范江说。

千百年来需要经过漫长而谨慎的交往,并由家人亲友一起审视参与才能确定的婚恋模式,正在被互联网带来的最广阔的资源、最便捷的方式和最低的成本迅速解构和颠覆。

沟通与分享也正以另一种隐秘化的方式在延伸。一款以明信片的形式袒露隐秘心事的应用软件"whisper"(耳语),短短几年内,就在美国学生中拥有几百万用户,每月浏览量超过了25亿。无数的私密心迹在这个平台上悄悄而又汹涌地升腾着。

该网站首席执行官麦克尔·海沃德坦言："人们总是倾向于向别人展示自己的生活是十分积极向上的。而有些事情是他们不会愿意与人分享的。那些关于不安全感，关于寻求建议、感情问题，以及人类其他的感情，很少会在其他社交网站上表达。我喜欢的耳语是一位女士说，我在我的婚礼上与两个人跳了舞，一个是我嫁的人，另外一个是我希望嫁的人。"

互联网创造了可以交往、倾诉而没有危害的庞大人群，压抑了千百年的无限秘密，便找到了安全的倾诉对象，而不再畏惧秘密泄露在熟悉人的环境中。

美国麻省理工学院教授、《群体性孤独》作者雪莉·特克尔认为："这让你有自由的感觉。我认为匿名的感觉，以及你想成为一个

美国麻省理工学院教授、《群体性孤独》作者
雪莉·特克尔

人，但（现实中）却不能。每个人内心深处都有另一个自我。"

"你可能是在驱逐物质世界中的自己，我们在研究中发现，如果你在网上塑造了一个理想的自我，你渴望成为这样的人，但那个人又是遥不可及的，那么这个人就会有心理问题。"英国莱斯特大学教授莫妮卡·惠蒂如是说。

人类在分享与互动中重塑自我、重获认同，而被重塑的，还有新一代人的内心情感和精神世界。

三

"世界上最遥远的距离，莫过于我们坐在一起，你却在玩手机。"这是盛传于网络时代的朴素哀叹。

在对血缘家庭有特殊依赖性的中国，发生在青岛城的一个故事，在此后的数年里，它包含的社会思绪都没有消散：庄重而来的白发长者在主座就位，却吃惊地发现他的血亲后辈们人手一部现代的终端，他们的注意力与试图和他们寒暄的老人相隔如此遥远。颇受冷落的老人震怒，他起身掀翻了期盼已久、百味俱陈的家宴，扔下目瞪口呆的儿孙们，拂袖而去。

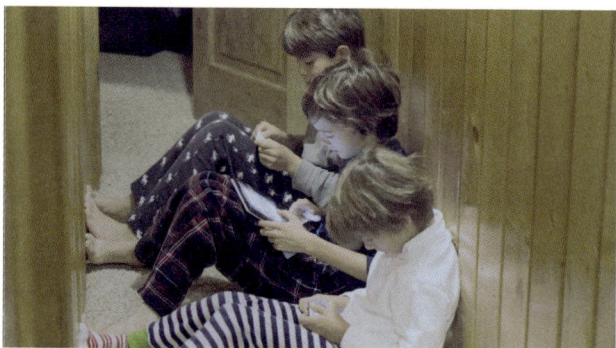

摆弄着智能终端的孩子们

任何过于容易的获得都注定是烦恼的渊薮。广阔的陌生人世界和远处的吸引力是如此强大，让人们不由自主淡漠了对身边人的关注和交流。

你需要多少朋友？这正是罗宾·邓巴的著作提出的互联网时代的人类诘问。罗宾·邓巴的研究成果被称为"150定律"，即著名的"邓巴数字"，指在任何时候，人们最多能与大约150人维持稳定的社交关系。

"有两个重要因素决定了你在现实生活中有多少朋友。一个是时间，为了友谊，您必须要在朋友身上投入时间。如果你不投入时间，你们的友谊可能会在6个月内迅速减退。另一个约束因素是大脑认知。他们已经采集了人们的Facebook页面，同时测量了其大脑大小。他们发现这些人大脑关键部分的大小和Facebook网站朋友数有明确的关系。"罗宾·邓巴分析说。

尽管如此，人们仍然不停地在添加社交网页上的朋友链接，心理学家称之为"友瘾"，或者干脆直接命名为"网络社交成瘾症"。

"当然有人喜欢加好友，他们在Facebook上会有上千所谓的好友。这些关系连'弱连接'都不是。"马克·格兰诺维特说，"它们完全就是没有意义的，完全都不是连接。所以我想有些人就是在乎'好友'的数量，这对他们来说是一种奖励。"

在雪莉·特克尔看来，虚拟社交正让我们前所未有地忽略直接的对话，时时在线让人们深陷无法切断的外部联络而难以自拔，她在新书《群体性孤独》中叩问，为什么我们更依赖科技而不是彼此？

"友瘾"示意图

雪莉·特克尔研究发现："就在几年前的美国，在遇到紧急情况的时候，人们一般都可以打电话给5到7个人，5年前从7个人下降到5个人，4年前是3个人，现在则只有伴侣了。如果你运气足够好，有伴侣的话，或者是父母。如果不是这样的话，有的人甚至连一个这样的朋友都没有。因此这是一种深度的隔离状态，即使是对于一个有500个Facebook朋友的人也是如此。因此，我认为我们是'群体性孤独'。"

"我们只是向一群没有面孔的观众发布我们的信息，希望有人回应。这样做不针对任何特定的人，也是没有指向的。这是社交媒体让友谊变得肤浅的另一个方式。"美国耶鲁大学副教授威廉·德莱塞维茨说。

"我采访了一些人，"雪莉·特克尔教授感慨地说，"他们说：'哦天哪，今天是我生日，非常棒，Facebook上有500个好友给我发生日快乐的消息。'500个Facebook好友，我不由肃然起敬，这让他感觉非常棒。然后我问：'你在生日这天做了什么？'他说：'我一个人在家吃比萨。'"

2013年9月23号，在美国旧金山，20岁的大学生贾斯汀·瓦德兹在走出地铁后，毫无征兆地被人从身后用手枪击中头部身亡。

此前车厢里的凶手几次掏出手枪漫无目的地瞄准人群，但遗憾的是乘客们几乎人人都在低头玩着手里的智能终端，他们没有意识到身边的危险和即将发生的悲剧，完全沉浸在那个网络链接的遥远的世界之中。

这正是互联网带给人类难以逆转的深沉困境。在我们的过去，人以自己的生存范围为半径，建构了紧密关系和情感依赖群体，它成为我们的责任感、爱和恨、亲与近的来源。

互联网，正在重新界定我们千百年来的情感与距离之间的关系。今天，手机所连接的外部世界，比周围更强大更具吸引力。让每个手握工具的人，此时此刻都成为他的囚徒。旧金山的枪案现场中，如果有你有我，我们敢确定自己的注意力会在身边、会在那个凶犯握枪的手上吗？

四

在人类新时代迁徙的旅程中，网络游戏是另一个从来不曾想象的宏大疆场。

2013年中国网络游戏用户总数达到4.11亿人，2013年中国游戏行业总收入达1230亿元，而全球每周花在游戏上的时间则已经超过了30亿小时，相当于全球每个人半小时。

在史无前例的快乐奔腾中，一款名为《英雄联盟》的竞技对战游戏，曾经创造了这样的纪录：同时在线的战队大军达到750万，而它全球总注册用户数更已超过7000万，要知道德国人口总数还不到8100万。

美国洛杉矶 英雄联盟S3总决赛

而暴雪公司的《魔兽世界》则意味着这样的数据：人们花在上面的时间加起来已经超过了500亿小时，约等于593万年。593万年前，我们最早的人类祖先刚刚站起身来。

暴雪娱乐首席执行官麦克·莫汉自信地说："在暴雪，我们确实有一个使命，就是致力于创造史上最宏大的史诗般的娱乐体验。我认为娱乐最强大的一个好处是可以创造出一种彼此共享的方式，这也就是为什么在线游戏如此吸引我们的原因。"

暴雪娱乐首席执行官 麦克·莫汉

在游戏的世界里，不仅充斥着竞争和胜负，这个世界甚至宣称：来吧，我给你如你所愿的再一次人生。

于是，数千万的第二人生快乐地开始了。

网易公司创始人丁磊认为："在这个虚拟的空间里，人与人之间的沟通变得更加直接，也更加多元化一些。实际上很多人沉迷在这个（虚拟）空间里，是因为他在现实中肯定有些得不到的东西，需要在这个空间里面去得到补充和满足。"

美国印第安纳大学教授、《向虚拟世界移民》作者爱德华·卡斯特纳瓦的观点是："如果真实世界提供的社会

美国印第安纳大学教授、《向虚拟世界移民》作者爱德华·卡斯特纳瓦

生活非常不堪，我认为我们不能指责那些在虚拟世界寻求安慰的人。如果社会生活很棒，人们就不应该在虚拟环境中花费太多时间。对一些人来说，这是非常重要的寻求安慰的途径，因此我认为虚拟环境并不是逃避，而是避难所，是一个宁静、舒适和成长的地方。"

游戏，是每个人破碎现实的补丁。在新生与故去的万年舞台上，满足于自己现实人生的人究竟会占多大比例呢？

在梦想的推动和市场的滋润下，人类的优势资源迅速向游戏领域汇聚，创造出让人惊叹的能量和难以抵御的诱惑力。

"制作游戏需要有创造力，也需要磨炼和坚持。我们寻找的是有天赋、有智慧的人，在我们需要的某个特定学科具有经验的人。"麦克·莫汉说。

一款风行天下的游戏作品，是汇聚整个人类知识精英的才智武装起来的。精美的场景、情感的牵连、竞技的刺激，包裹着与生命本能直接呼应的诱惑。在这个强大的入侵者面前，几乎所有的家庭和父母都成了弱者。年少者如何在责任人生中成长，成年者怎样在责任生活中承担？魔兽们来到了哪里，那里的人们就陷入时代性的困境。

新游戏上市后狂欢的网民

美国威斯康星州的莉兹·伍利又一次前往让她牵挂的伤心之地，在她的记忆里，她的儿子肖恩从小就是一个风趣而富有创造力的男孩，希望自己能成为喜剧演员。而一款名为《无尽的任务》的游戏改变了25岁的他和这个家庭的命运。

莉兹·伍利是游戏玩家肖恩的母亲。说起那段往事，她不堪回首："他玩了3个月游戏后，开始将我们、将他的家人拒之门外，也不再参加家庭活动和节日聚会。他陷入抑郁。11月的时候我去找他，我们要去我姐姐家庆祝感恩节。他没有来开门。我打开门，看到他坐在椅子上，面前的电脑上显示着那个游戏。我看到枪，一把来复枪。他坐在电脑前杀死了自己，而电脑里还运行着那个游戏。"

这是最亲近和最信赖的人之间发生的伤害和战争，也是全世界的悲剧和伤痛。当形式不同的类似悲剧成为全社会注目的事件，整个世界都在呼唤声中开始采取行动。

美国圣波拿文都大学战略领导力项目负责人金伯利·S. 扬告诫说："从游戏的成瘾性来看，真正应该考虑的因素，我认为是逃避。如果一个人每

肖恩

天喝酒，每天吸食可卡因，人们会觉得这有问题。但因为互联网是社会都普遍接受的技术，当它成为一种瘾的时候，我们会忽略它的影响。"

今天，肖恩的妈妈莉兹·伍利创建的非营利性游戏沉迷康复网站"在线玩家匿名协会"，平均每天的独立用户访问量超过4000，正成为游戏玩家们的心理康复之地。

"它成为了我人生中真正的使命。我其他工作只是用来支付开支，使得这个组织能够运作。我会继续这份工作，因为它让我感觉与儿子依然相连。"肖恩的母亲欣慰地说。

从儿子离去的那一刻起，莉兹·伍利的人生便开始和游戏难以分离。而儿子的那声枪响，如同一声悲鸣，如此凄厉不绝地响彻在她整个生命之中。

在东方社会，几千年来，"玩"一直是被视为不具正当性和合理性的生活态度，中国的成语"玩物丧志"在西方各种语言中都有着类似的格言。但实际上，游戏是人的天性，也是人性最根本的需求之一，游戏的历史几乎和人类的历史一

样漫长。

当然，新时代的游戏并没有停留在玩的苑地里。

华盛顿大学一个与人类艾滋病毒相关的课题遇到了困难，一种特定的酶在病毒的增殖中有着重要的作用，而要重建这种酶的三维模型，以便支持相关药物的开发，实验室里的进展极其艰难。2008年暑假来临前，课题组的师生们以游戏的心态设计了一款"折叠它"的游戏，邀请网上爱好者前来攻关。出乎意料，来自世界各地数以千计的网友参与进来，他们被划分为互相竞争的小组运行着这个游戏。

美国华盛顿大学游戏中心创意总监塞恩·酷博意外地发现："当我们放完假回来的时候，我们看了一下那段时间分数最高的玩家发现的结构。令人惊讶的是，玩家提出的解决方案确实解决了蛋白质的结构问题。我们也非常兴奋，玩家竟然能够想到。"

一个困扰了科学家近十年的难题，就这样被网络玩家们在3周的游戏中就解决了。

游戏不仅在参与科学演进，也在改变人类的教学。爱德华·卡斯特纳瓦本人就是一位资深玩家，他对自己的课程进行了史无前例的改革，比如课堂陈述被称为"游戏任务"、考试被称为"打怪"、家庭作业变成了"锻造"，而学生们被分成不同的合作小组，简称"游戏公会"。

他的理念是："学生能在其他地方找到信息，他们不需要从教授那儿得到知识。现在教授的角色就是让学生为学习而兴奋，告诉他们该去往何方，教授应该成为顾问和指导，而非老板。如果你不杀死怪兽，你自己就会'挂'了。因此我建立课程，让学生成为英雄。他们有英雄的自由，但也有英雄的责任。"

学者们已经在推想，未来，学校里的课业也许就是一款游戏，甚至整个受教育的过程都可以在游戏的路途中完成；未来，许多工作岗位甚至职业也许都会是某种游戏任务；人类许多艰难的职责都可以在游戏中承担。已经有学者在充满信心地描绘游戏在人类生活中立体化的可能。

一切皆可游戏，一切都在游戏之中，这在人性深处得到呼应的新时代的兴奋，注定会提出与它正面的企图相反的疑问——拥有了有始无终的快乐，无穷无尽的快乐，涵盖一切时间和空间的快乐，人和人的生活将会是怎样的呢？

在今天，人类似乎被分成了3类人群：伴随网络成长的"数字原住民"，网络生活已是他生命本能的一部分。那些在技术爆炸之前的传统社会中成长起来的"数字移民"，正在艰难的学习中向网络新大陆迁徙。而"数字难民"，则远离着数字文化，生活在过往经验塑造的旧大陆之中。对于"数字移民"和"数字难民"，迁徙，将是伴随他们一生的命题。

人类生活向数字化时代、向互联网全面的迁徙，是一个时代性的人类课题，和不可阻止的人类命运。不论你是不是网民，无论你远离互联网还是沉浸其中，你的身影都在这场伟大的迁徙洪流中。

超越人类经验的大迁徙，温暖而无情地开始了。

链接

日本"在家上班族"

为弥补劳动力，特别是技术人员越来越短缺的问题，日本政府2006年就提出了"在家上班人口倍增"设想，并采取了诸如保险覆盖等配套措施。松下公司从2008年春天也开始推行在家出勤制度，公司一半员工，即大约3万人可以获得在家出勤的机会。

由于下一代网络技术NGN使安全及保密性得到可靠保证，东日本公司自2009年起开始面向约5万名全体员工推出"在家上班"工作制。无论是营销人员还是系统、设备维护保养人员，所有工种工作均可在家完成。为了保证公司的信息不流失，公司向希望在家上班的员工提供专门的"单线"电脑，并可根据每位员工工作内容的不同进行相应配置。

野濑洋子是日本最大的电信公司NTT的一名职员,她负责网络照相机方面的工作。从3年前开始,她开始按照公司制度,每周申请两次在家上班,通过互联网和公司之间保持工作交流,这给她带来了新的工作效率和生活状态。

"为什么这么做呢?"野濑洋子解释道,"我有3个孩子,我需要参加孩子学校的活动、托儿所的活动,有时还要带孩子去看病看牙医什么的。家里的事情相当多。当时,我一般需要花2个小时以上的时间去上班,现在则可以将这段时间用在孩子的身上,这是非常有益的。与不能在家办公的时候相比,现在更能保持家庭与事业的平衡。"

这远不只是洋子一个人的事,而是日本社会全体男人和女人的一个重要变化。一种顽强的文化传统在工业时代造就了日本社会男女公共社会地位的差异,太太在家、男人养家成为日本社会普遍的价值观。有调查显示,70%的日本妇女在生完第一个孩子后就离开工作岗位,具有大学文化的妇女只有65%参加了工作。网络提供的在家工作的方式,正给这种传统带来革命性变化。

自由职业者联盟Elance

Elance网站位于美国加利福尼亚州山景城,是一个面向自由职业者和客户的网络雇用平台,也是全球最早、规模最大的在线外包服务网站。外包项目类型以软件和网站为主,包括平面和动画设计、网站设计、软件编码设计等各类需求。客户可以在该平台上发布外包需求,描述工作内容和报酬数目;而自由职业者则可以通过提交申请接下自己专业领域的工作,通过竞标,完成指定工作并最终得到相应报酬。

Elance帮助企业在线雇用和管理专业人才,也为个人和团队提供了一个没有时间地点限制的找项目平台,双方可直接了解数以千计的工作机会和需要工作的人才资料,从而进行匹配。Elance服务遍布北美、欧洲和亚洲各地,在50多个国家和地区设立了分支机构,使用当地语言开设网站,具有国际先进的网络产品服务理念和巨大的个人简历数据库。据官网介绍，这个平台的注册用户超过了180万，交易金额达到6.23亿美元。

迄今有80万家企业在Elance上创建并发布工作信息，来自全球150个国家的300万在线工作者提交工作申请，通过Elance平台系统实现着对接和雇用关系，每年产生着120万个工作职位，并以每年50%的速度增长。

Elance网站CEO法比奥·罗萨蒂说："创办Elance的灵感，是我相信有一天互联网不仅会从根本上改变商业模式，还会从根本上改变工作模式。在Elance网站上，我们通过工作与世界联系，能够将数百万的工作者和数百万的企业联络起来，并且所有的一切都在网上完成。"

"我们开发了一个衡量我们平台上每个工作者工作表现的系统。所以现在Elance上300万人都有一个档案。他们能够学习技能并对其进行衡量。当您在我们的系统里变得非常优秀，并建立起了出色的工作名声，我们最终就会看到，世界各地的工资都统一了。美国最棒的安卓开发员或许会和印度最好的安卓开发员挣同样数额的钱。最终，成功地在我们平台上雇到员工的公司学会了如何雇到最好的人才，并且不再那么关心他们的位置。"

只有一名全职员工的广告公司

肯·兰卡斯特是美国得克萨斯州达拉斯市一家名为兰卡斯特广告营销公司的创始人和创意总监。2004年，公司拥有4000平方英尺的办公室和15名全职员工，营业额高达300万美元。如今办公室缩小到350平方英尺，而他也成了公司唯一的一名全职员工。

但如今，兰卡斯特随时都可以说自己雇用了15到30名兼职网页开发员、软件程序员、搜索引擎营销专家和平面设计师。这些人中有的在美国，更多的在亚洲、东欧和南美等国家，他从2004年开始就和其中一些人合作，通常是按项目或是小时结算薪水。

兰卡斯特进一步解释说："雇用自由职业者不但可以大幅削减成本、为客户提供物美价廉的商品，而且我无须为他们缴纳个人所得税、医保和承担更多的退休金计划，还能为客户提供高性价比的产品。"

如果需要雇用人手，他会到Elance和其他招聘网站上去研究简历，把问题通过邮件发给他们，然后通过Skype来面试候选人。过去，为了节约成本，他不得不招一些初级的、毫无经验的员工，然后花费大量的时间培训他们。如今，他可以随时从网络上找到、招聘一些资深员工，这些人无须培训就能立即上手工作。

兰卡斯特感叹说："传统意义上的全职员工与自由职业者之间的界限已经越来越模糊了。"

威客

威客的英文Witkey是由wit（智慧）、key（钥匙）两个单词组成，是指那些通过互联网把自己的智慧、知识、能力、经验转换成实际收益的人。威客网则是指为威客提供交易平台的网站。从2005年诞生至今天，全球已有1000余家威客网站，拥有的威客会员突破了1亿人，威客交易已经突破了上百亿美元。

在中国，威客注册数量已经达到惊人的5000多万人，威客网站达到400多家，威客任务类型也达到1000多种。收入高的威客能达到月收入2万元，年收入超过10万元的人以百万计，他们正在用自己的行动表明，自由工作、在家上班的时代正在来临。

26岁的湖南女孩龙起凤，给自己起了个网名叫"阿宁的宝贝"。她是暨南大学一位古典文学的在读研究生，也是一名威客。此前她已经在猪八戒威客网上中标60次，获得18000多元赏金，被部分威客尊为"龙姐"。在2010年3月河南电视台的《创意时代》节目中，她以一句11个字的雀巢咖啡广告语——"用一杯咖啡的时间来想你"，赢得猪八戒网站悬赏的10万元轿车大奖。

五花八门的自由职业者

互联网衍生了五花八门的依靠互联网而生的自由职业者，除了威客、网络翻译和淘女郎，还有试客，就是索取商家的使用赠品，试用完后，按要求写下自己试用体会作为回报的一类人；播客，就是将自己原创视频传到网上，靠点击率来赚钱的人；玉米虫，也就是人们常说的注册域名赚钱的人；网络团长，就是聚集网络消费者和资金，加大与商家谈判能力，以求得最优价格的人；以及网络包工头、网络钟点工、链接零售商、个人站长、网络代购、网络推手、网络秘书、短信写手、网络店小二、网络心理师、网络游戏代练员等等，不一而足。

漂流瓶：即时偶遇的无限可能

1493年，著名航海家哥伦布率领的船队遇到了风暴，眼看就要沉没。这时，哥伦布从航海日志上摘抄了一些重要情报，把信函装在一个瓶子里，写明投寄给西班牙国王，然后投入大海。整整300多年后，这只漂流在茫茫大海和时间之中的漂流瓶才被美国一艘纵帆船船长在大西洋捡到。

500多年后，漂流瓶以另一种形态和意义出现在现代信息社会的互联网上。漂流瓶是QQ和微信中广受欢迎的一个小应用，用户每天有多次机会从"海"中捞取载有各种信息的漂流瓶，如果愿意还可以回应对方与其互动。漂流瓶满足的是现代人对倾诉和匿名社交的需求，充满着网络陌生人之间即时偶遇的无限可能。

30%的恋情源于网恋

英国婚恋网站以每年2.11亿欧元的销售额位居欧洲之首。全世界目前共有5000家婚恋网站，其中约1500家发源于英国，英国人有30%的新恋情都从网恋开始。eHarmony现在是英国最主要的婚恋网站之一，全球230个国家的用户在此注册寻觅自己的生活伴侣，2000年至今，eHarmony网站促成了大约60万对夫妻。

根据市场调研公司YouGov的统计，在过去5年间，他们抽样了3384万人，其中有21%承认，他们是在婚恋网站上相互认识的。

兴趣图谱

几年前，本·希伯尔曼在为他的女朋友寻找订婚戒指时，发现了很多还算中意的戒指，但又需要反复比较，这一遭遇促成29岁的本于2011年和他的耶鲁大学校友共同开发了 Pinterest（品趣志）。Pinterest是全球最大的图片社交分享网站，是一家以兴趣为基础的社交网络，通过图片墙Pinboard发布图片、图片瀑布流展示图片的新社交网络，并以月增长45%的速度赶超Google+。在2011年临近圣诞节的一周内，Pinterest的访客数量增长了4000%，由27.5万增长至1100万，成为了2011年美国社交网络中的一匹黑马。

目前Pinterest每月独立访问用户数量已突破1100万，平均每位用户每月在网站上逗留98分钟，这一时长在诸多社交平台中仅次于Tumblr和Facebook。2012年3月，据Experian Hitwise报道，Pinterest已经变成美国第三个最大的社交网站之一。如果说Google+是科技男和宅男的乐土，那Pinterest就是家庭妇女和欧美主妇的天堂。

今天的中国，仅仅2012年的Pinterest模式，就显示着兴趣图谱网站在国内的风起云涌之势。继花瓣、堆糖、知美、迷尚、拼范、码图、爱采、布兜、发现啦之后，类Pinterest模式的公司已达到近30家。如今，腾讯的读图、知天下上线，而一些非完全意义上的类Pinterest则有美丽说、蘑菇街、淘宝哇哦、人人逛街和凡客达人将Pinterest与购物整合，定位于女性时尚领域。这无疑喻示着"兴趣图谱"，正成为APP社交的引爆点之一。借助手机、iPad的普遍性、随身性、及时性，使得手机等移动终端日渐成为新的社交网络的主要载体。

麦克尔·海沃德说："我认为Whisper最大的社会影响在于它给予了人们新的观点，让人们在自己生存的世界中发现新世界。这就像电影《傀儡人生》一样，你将通过别人的脑袋思考。这是非常深远的影响，因为它可以让人们更能相互理解与同情。而我认为我们的世界需要更多的同情与理解。"

手机依赖症与孤独

美国马里兰大学曾对10个国家的1000名学生做了一项名叫"无设备世界"的调查，让他们在一天之内不使用包括手机在内的任何多媒体设备。结果显示，离开了手机让他们"坐立难安"。一名参与项目的学生说："过了一阵我就开始强烈想念我的手机。平时我会把它放在口袋里，手握住它，这样就能让我感到莫大的安慰。"手机依赖症，正在信息时代的人群中广泛蔓延。聚会吃饭时各自玩手机刷微博，已成为各个城市里普遍的生活景象。广州一家名为"味道功坊"的餐厅，甚至搞了一次"吃饭不玩手机大赛"。

西班牙《国家报》曾预言，孤独将成为21世纪不断蔓延的"社会瘟疫"。英国心理健康基金会的调查结果证实了这则预言的准确性。在接受调查的2000多名英国人中，约有1/10的受访者承认自己常常感到孤独。尤其令人惊讶的是，在18岁到34岁的人群中，感到孤独的人所占比例近60%，远远超过55岁以上人群35%的比例。

根据Facebook的运营总监提供的数据，Facebook用户的主页上平均每人有130个朋友链接。由尼尔森和麦肯锡两家公司合资成立的社交调查服务NM Incite发布调查报告称，一个有120个朋友的男性用户，通常只与其中的7名好友展开互动。女性用户的社交略微广泛，经常会与10名好友展开互动。

游戏改造世界

2010年，奥巴马政府启动了一项名为"视频游戏挑战"的国家计划，旨在促进和支持学生开发原创游戏并从中学习到科学、技术、工程、数学等知识。同年，奥巴马还推出了旨在改善该国基础领域教育的"改变方程式"计划，号召全美顶尖公司的CEO和教师都积极参加该项计划，以提高相关领域的教育水平。包括暴雪、华纳有线电视、柯达、英特尔、施乐、埃克森美孚石油等各个顶尖公司CEO都成为该计划的一员。

　　会上瘾是因为我们增加好友，其他人关注我们，我们在Facebook上的评论得到别人的赞赏，这让我们有了满足感，让我们舒适，让我们认为我们获得了回应。这就是上瘾。这不是真正的与人交往的乐趣。这种满足感不断增加让我们忘记了更深层的东西。这就像垃圾食品，而不是真正让人满足的美食。

——威廉·德莱塞维茨

（美国耶鲁大学副教授）

　　游戏在引导我们忘掉现实，但现实是无法逃避的。更加明智的办法是用游戏中学到的经验改造世界，即"游戏化"。"游戏化"可以重塑人类积极的未来，让我们的世界和游戏一样引人入胜。只要把游戏想象成"快乐引擎"，你就能看到以前从未设想过的改造真实世界的潜力。这是人类在互联网时代所触及的日渐显现的未来的门槛。

——简·麦戈尼格尔

（《游戏改变世界》作者）

　　史蒂夫·乔布斯曾经说过，电脑基本就是我们脑力的放大，就连电脑这个词，都是来自拉丁文的"合力思考"，它就是一种辅助。我认为Facebook是人类社会活动能力的辅助手段。正因为有了Facebook和其他社交软件，我们才能拥有一个更紧密更庞大的圈子，世界也因之而变小了。

——马克·扎克伯格

（Facebook公司创始人）

我觉得从玩游戏中可以学到东西。其中大家提到，在《魔兽世界》中，成功的公会里有一种领导体制，因此有机会通过带领一个团队的方式来锻炼领导技巧，可以是组织公会行程，也可以是为公会设立规则等。大多数有名的公会都有自己的网站，因此有很多机会可以利用网络技术组织一个团队。至少在美国，一些大公司开始寻找并且承认在《魔兽世界》中的公会领导力可以应用到工作中，可以帮助你成为更好的领导者。

——麦克·莫汉

（暴雪娱乐首席执行官）

互联网为何能增加人们的幸福感，有两个重要因素：提高社交水平和赋予自主能力。互联网能提高社交水平，因为人们在生活中所看重的，就是得到陪伴——朋友、家人的陪伴——与他们互动，充实自我，发展自我。互联网恰恰实现了这一点。

——曼纽尔·卡斯特尔

（美国南加州大学传播学院教授）

对于女性来说，保持友谊的方式是互相交谈，这对于男性而言是一个陌生的概念。出于这个原因，一切虚拟化技术都恰恰符合女性社交的方式，这就是为什么普通Facebook用户中2/3是女性。男性只是偶尔看看，女性花了很多时间在上面，她们花很多时间打电话给对方等等。因此，这些技术——电话、Facebook等，只是恰巧专门帮助女性管理她们的社交网络。但是，在一起交谈，对男性的关系没有任何益处。男人维持关系的方式是一起做一些事——比如一起踢足球、一小群人出门活动等。因此对他们来说，虚拟世界并不是很理想。

——罗宾·邓巴

（英国牛津大学教授、"150定律"提出者）

朋友和朋友是有区别的，并且这是更重要的，随着你变老，你会意识到这些。重要的是，如果你感觉难受，或者你发生了什么情况，或者如果你的朋友出现危机了，你可以给谁打电话，然后他来到你在大学的宿舍或者是去你家，然后和你谈心，然后带你去吃饭。你在Facebook上有多少这样的朋友呢？

——雪莉·特克尔

（美国麻省理工学院教授、《群体性孤独》作者）

不管我们喜欢不喜欢，我们过度依赖我们的智能手机、数字设备，以至于没有这些设备我们都无法生活。比如说，我自己都不知道我儿子的电话号码，因为我的智能手机知道我儿子的电话号码。因此，我需要这一设备，如果没有它的话，我可能会迷失自我，甚至都不能打电话给自己的孩子。

——派蒂·梅斯

（美国麻省理工学院教授）

第 7 集／控制

引子

美国加州旧金山湾，这座不足一平方公里的小岛，在当地的地图上，名叫阿尔卡特拉斯。众多文学影视作品为它留下的名字更加闻名遐迩——恶魔岛。

它是美国西部的第一所监狱，于1861年正式投入使用，许多美国西部片的马贼、海盗原型，就曾经被囚禁在这里。

在这座因地制宜的监狱竣工的时候，横贯美国东西的太平洋大铁路，一年之后才能将计划提交美国国会；铁路大王利兰·斯坦福先生创建的距此不足50公里的斯坦福大学，还需要26年才能奠基；跨越海湾的旧金山大桥，要在76年后才能落成。

对人性恶的控制，始终是紧迫的社会工程。在恶魔岛发挥功效的时候，世界名城旧金山，还拥挤在淘金潮的窝棚中。

一

"我侵入了所有手机制造商，获取源代码。我这么做就是为了证明自己，就像赢取奖杯一样。我是一名追求激情、执着冒险、渴求知识的黑客。"这是一位黑客的自豪道白。

这位曾经轰动全球的网络黑客，在当时的报道中几乎无所不能。美国知名报刊宣称，15岁的米特尼克入侵过"北美空中防务系统"，用一根电话线，他就可能将核武器发射升空。

时过境迁，这位合法的网络安全服务商，确认他不曾做过那些匪夷所思的事情。

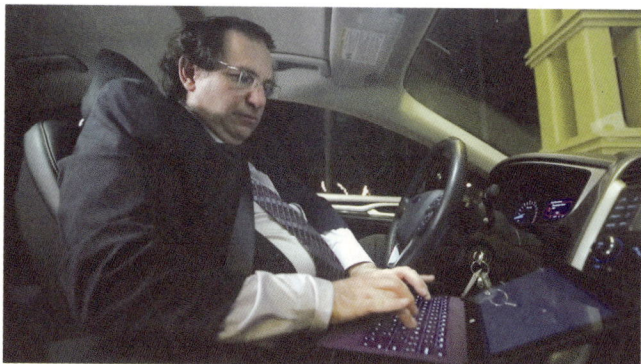

美国网络安全咨询师 凯文·米特尼克

凯文·米特尼克如今的身份却是网络安全工程师。他对当时事件的描述是："事情是这样的，联邦调查局抓到我之后，他们要泄愤，因为联邦探员表现得如此愚蠢。所以联邦检察官在法庭上说：'不仅不能批准米特尼克的假释，同时在监狱里，我们必须保证他不能使用电话，因为他可以通过付费电话，侵入北美防空联合司令部，同时吹个口哨，他就可以安装核武器。'我听完之后大笑，但是法官选择了相信，所以我在监狱的头一年是被单独拘禁的。"

但作为一名新时代的智能型罪犯，他的所作所为让世人震惊。他在美国太平洋电话公司的数据中心溜达了16年，随意摆弄那里的档案和服务程序；1992年11月，他几乎同时侵入摩托罗拉等5家大型公司的数据库，随意修改了其中许多重要的记录，受害者认为他们的损失超过3亿美元。

"我这么做的原因就是手机是电脑和电话的集合体。"凯文·米特尼克说，"我非常想知道这是怎么构造的。我想把它们破解，然后去学习这个技术。这是我的激情所在。"

成为美国十大通缉要犯之一的米特尼克，与汇聚精兵强将的美国联邦调查局周旋了2年3个月之久。在逃窜的途中，他还有心情窜入一些重要的计算机研究中心，留下他随心所欲的涂抹。最终，联邦调查局聘请当时一流的计算机专家协助，才利用网络信息陷阱找到了米特尼克的住处。

美国拉斯维加斯，这片美国西部曾经的荒漠，100年前是落魄的淘金者、跨境毒品贩子、娼妓流氓的群集之地，最终因缘际会，成为全球闻名的赌城。这个踩着法律和道德边缘成长起来的魔幻之都，当步入互联网时代的大门后，有了它新

黑客大会

的名片。

20多年来，每年8月，全世界米特尼克的同行们都会相约前来，在这里举行往往有数千人参加的黑客大会。他们中或许不会有专事犯罪的所谓黑帽黑客；他们中未必都是所谓只做好事的白帽黑客；他们中注定会有介于正义和犯罪之间的所谓灰帽黑客。忽略难以辨别的道德面貌，他们都是一群数字化时代自命不凡的互联网技术精英。他们每年一度在这里炫耀的智慧或者破坏力，都表现出非凡的魅力。

2012年的第20届黑客枭雄们聚会高潮，是被搬上表演台的一台几乎人人熟悉的银行取款机。表演者输入破解指令，取款机开始源源不断吐出钞票！这一刻，全世界正在运行着超过10亿台相似的设备。

美国自由软件基金会创始人理查德·马修·斯托曼的观点是："这是可以展示自己聪明才智的一个领域。当然，并非所有破坏安全系统的人都是黑客。这是一项技术，人们有价值观，技术能为不同的价值观服务，谁控制技术，谁就决定其价值。"

与人类过去所有的经历一样，一项新技术一旦产生，人性中的恶念往往就会表现得更加殷勤和主动。

被证实的首例计算机犯罪发生在1958年的美国。一名工程师偷偷修改了一台计算机的程序，使他的银行账户不会出现负值。这个取之不尽的小小宝藏安全地生存了8年，直到1966年才被毫无经验的世人发现。

"这样的事情一旦出现，有组织的犯罪就会接踵而至。事实上，现在互联网正在遭受一波又一波有组织的犯罪，人们以此作为赚钱的手段。"英国伦敦大学皇家霍洛威学院教授基思·马丁分析道，"所以说，从实验行为演变为你所认为的利用电子通信技术所可能实现的最严重、最坏的事情，这是不可避免的。对于这些事情的发生，我一点也不惊讶。"

"1988年，一个名叫莫里斯的人，搞出了蠕虫病毒，它席卷了数量极多的新闻组。网络当时没有防备，我们集体喊了一声'疼'。我们想，好吧，看看吧，我们犯了大错。这是互联网首次展示它的负面倾向。原来因特网上也不尽都是好事。"美国加州大学洛杉矶分校特聘教授、互联网之父伦纳德·克兰罗克说。

以绝不亚于互联网发育速度膨胀的网络犯罪，不断地生产出令公众震惊的不凡故事。

有位美丽的俄罗斯女孩叫克里斯蒂娜，年仅21岁，她纠结一群年轻的同伙，运用一款自己编写的病毒软件，从英美银行的账户中窃取1200万美元，平均每月有326万美元入账。

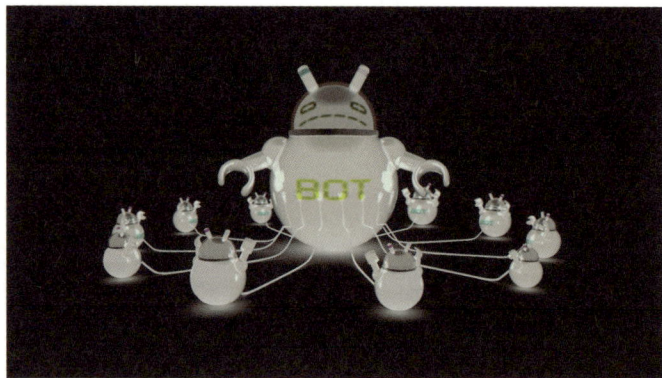
要塞病毒

一个被称为"要塞"的"僵尸网络"，在2012年1月后的一年半时间里，已盗窃了超过5亿美元。它侵犯了全球范围内500万台个人电脑，并在美国银行、汇丰银行、富国银行等数十家国际金融机构肆意出入。美国联邦调查局请求微软公司协助，并寻求了80多个国家的支持，但此案依然在艰难的侦破中。

根据权威机构的统计数据，2012年，网络犯罪让美国损失了207亿美元，710万网民成为受害者，平均每人损失290美元；2013年，中国破获网络犯罪案件17万起，直接经济损失约2300亿元，受害者接近3亿人，平均每分钟就有600余人被侵害；2013年，全球每10人中就有1人成为网络诈骗的受害者，可统计的网络犯罪，使全球个人用户蒙受直接损失达1130亿美元，每天有150万人因此被侵害。

这是人类过去的经验不能理解的现象！

FBI特聘专家、美国斯坦福安全研究所计算机专家唐·B.帕克说："因为计算机中的钱是没有任何重量可言的，并不像现实中那样，你在偷了钱之后必须靠人力将其运走……利用计算机进行金融诈骗就好比在计算机系统中改变一个数字那样简

FBI特聘专家、美国斯坦福安全研究所计算机专家
唐·B.帕克

单，你偷取100美元和100万美元根本没有任何区别。"

罪犯人数与犯罪的强度没有了必然的关系，受侵犯人口的比例史无前例地在增加，犯罪者和受害者描绘出了一个时代不容乐观的新格局。

新技术力量面前，随时遭受威胁的，不仅仅是个人，甚至会是一座城市，或者一个国家。

波罗的海国家爱沙尼亚时下的知名度，某种程度上来源于它曾经经历的一场网络时代的国家灾难。2007年4月，这个千辛万苦从苏联独立出来的国家，试图将首都中心广场上一尊苏联的"青铜战士"塑像移走时，受到了突如其来的网络攻击，全球超过100万台计算机瞬间前来登录，以所谓"拒绝式服务"的攻击模式，使这个国家的公共生活全面瘫痪。

英国伦敦政治经济学院访问学者阿莱克斯·克罗托斯基对当时的情景描述

造成爱沙尼亚网络瘫痪的年轻人

道："这对21世纪的大多数人而言都是一个灾难。网络瘫痪了，意味着政府机构、信息渠道、任何媒体信息，所有的信息都没有了。这样的事一旦发生了，意味着整个国家一下子失去所有的武装，无法沟通也无法组织信息。"

事后媒体调查得知，这次震惊世界的攻击的发起者，只是一名稚气未脱的年轻人。因为不满爱沙尼亚政府的做法，他通过远程控制，驱动百万台计算机大军，踏上了爱沙尼亚的网络领土。

伊朗则是另一个受害者。首都德黑兰以南100公里的布什尔核电站，从2007年9月奠基动工之日起，就是由国防军参与保卫的机密地带。

2010年7月的一天，核电站里正在工作的8000台离心机，突然出现大面积故障，电脑数据大面积丢失，其中的上千台被物理性损毁。

侵犯者不是能行走的特工，也不是成群结队的士兵，是后来被命名为"震

被"震网"入侵的伊朗布什尔核电站

网"的新网络病毒。

美国邮件加密软件PGP开发者菲利普·齐默尔曼的观察是："'震网'是一种复杂得令人难以置信的计算机病毒。在'震网'出现之前，恶意软件做得都很简单，一至三个人就可以完成。'震网'的开发需要一个庞大的团队，团队中的工程师具有多种不同的技能。"

时过多年，这个一定存在的破坏者是谁？它在哪里？至今无从确切知晓。人们只知道，这个瘫痪了一座核电站的数字武器，是装在一个小巧的U盘中，通过不易为人觉察的方式，溜进了核电站一名工程师的电脑中。

美国网络与信息技术研发计划负责人乔治·斯特朗的观点是："安全是一个复杂而艰难的问题，因为这是一场战争。一方是提供安全的人，一方是想破坏安全的人，我们现在是战争升级了。"

在人类历史上，任何一项新技术的出现都不曾像网络技术那样放大了人性恶的能量。几乎建构和支撑人类现代生活的所有的坚固都变得脆弱，所有的安全感都面临着新的危险。

二

千万年来，如同积累生存创造的经验一样，人类积累了丰富的保护自己财产和人身安全的经验。即便在法制化社会的今天，不论在东方还是西方，伴随着人类成长的经验，钢筋铁骨，依然一目可见。

不幸的是，曾经的手段伴随既往的经验一同消散。

北京网秦天下科技公司首席执行官林宇的判断是："互联网上犯罪确实是拥有高智商、高科技的技能，和一个不懂网络安全知识、互联网知识的这个群体的对抗，这个差距可能会更大了。"

"假想我们身处非洲，就知道狮子可能对我们构成人身威胁，也知道离开家后要锁上大门，但到了网络空间，人们就会完全失去防范意识。"基思·马丁说，"因此必须逐渐让人们意识到，网络空间同样存在像狮子一样的危险。而对于整个社会来说，需要重新理解网络空间存在的风险，思考如何应对。"

"枪械无罪，有罪的是扣动扳机的人。"这是著名的AK-47突击步枪的发明者卡拉尼什科夫，在人们热议枪支犯罪的时候为自己的创造物所做的申辩。

技术是中性的，互联网是那把无罪的"枪"。但此枪已非彼枪。AK-47并不是每个人所必需，网络和网络终端却是新时代人类的必用品；AK-47被有罪的人扣动扳机，你可以看见它的身影，听见它的声音，网络的扳机被有恶意的人扣动，不论它近在隔壁还是远在天边，全都无踪无息。

美国计算机历史博物馆馆长 约翰·郝莱

"在网络上有破坏力的人现在可以快速灵活地移动，在很多情况下，与那些防守或预防这些攻击的人相比，那些人似乎占优势。"美国计算机历史博物馆馆长约翰·郝莱忧心忡忡地说，"我想在技术发展的历史上，我们还没有经历过类似的斗争。"

奇虎360公司董事长周鸿祎说："事实上现在在网上做木马、做黑客的这些人，他也不知道用户是谁，他可能也从来没见过那些用户。所以我们感觉，他们好像比较缺乏这种真正的内疚感或者犯罪感。"

怀揣侵犯的动机，对几乎无数的人实施有害的侵犯，却不再有传统犯罪中普遍具有的犯罪感，这将是人类应对互联网犯罪的重大时代命题。

新技术不仅让传统犯罪呈现出新面貌，新技术也催生了完全超乎人类经验的新伤害。

17岁的加拿大少女帕森斯，于2012年4月悬索自尽；14岁的英国女中学生汉娜，于2013年8月以相同的方式自尽；因为电视剧《星梦奇缘》为不少中国观众熟悉的韩国女明星崔真实，于2008年10月在家中自缢身亡；18岁的中国广东陆丰少女小琪，于2013年12月跳河自杀……

这些令人惋惜的死亡，原因都是相同的：无数的人、无数的陌生人，通过网络对她们进行了无休止的羞辱！这的确是只有网络才能施加的暴力。

"当你坐在一台电脑前面的时候，你能够强烈地感觉到你和你的交流对象之间的距离，你会有一种匿名的视角，不会为自己做的事情感到不安。"美国约翰·霍普金斯大学高级研究员帕特里夏·华莱士说。

"一定有在现实生活中不会犯罪的人，却在网上犯罪了。英国社会一直在热议'网络欺凌'的问题。虽然学校操场上时常会有欺凌发生，但实际上真正走到一个人面前对其恶意相向，是需要做一定的心理建设的。"基思·马丁教授说，"如今通过社会化媒体不断发生'网络欺凌'，我相信有些欺凌者在现实生活中并不会这么做。而且很可能他们自己都没意识到这是一种欺凌行为，也不清楚会带来什么后果。"

千万年的人类生活中，在我们的村口、街头、居民区，一个人所能面对的语言凌辱，能向你施加语言暴力的人，数量是有限的，范围是相对确定的。但网络时代，每一个人都可能因为某件事甚至一句话，被千万人包围起来，面对毁灭性的力量。

"我们很多的言行都是受现实生活中法律的约束，所以在网络上我们的言行是需要底线的。这里面包括了法律法规的底线、社会制度的底线、国家利益的底线，包括公民合法权益的底线、道德的底线、社会风尚的底线，还有我们所说的事实真实性的底线。"新浪董事长兼首席执行官曹国伟说。

所有的人，处在所有年龄段的人，身居不同处境的人，都不再安全了。传统防范经验中，一个人不可能连续遭受相似侵害的概率也失效了，你的安全不再取决于你身边的环境，涌动在网络世界里万千恶的动机，有可能同时加于一身。

在中国提供用户安全服务最大的网络公司360的监控屏幕上，各种有害程序汇成的洪流从来不曾间断过。在一年时间内，这里发现了超过800万个木马后门，一天之内，监控到超过86万次的黑客入侵，高峰时刻每小时捕获的恶意软件达到

奇虎360的监控屏幕

68000个。

周鸿祎感慨地说："所以每天你会发现，有特别多的这种病毒木马的变种，这个变种已经不是以百万计，而是以千万和上亿来计。"

卡巴斯基全球产品与技术分析总监弗拉基米尔·赞波连斯基的统计结果是："1994年，我们每小时检测到一个新病毒；2006年，我们每分钟检测到一个新病毒；2011年，每秒检测到一个新病毒，现在我们每天能检测到20万个新病毒。增长速度甚是惊人。以中国来说，这里24%的U盘都被病毒感染了。"

谷歌眼镜

"将来有可能，你的手表、你的皮带、你的眼镜可能都是智能化的。你家里的汽车、冰箱、彩电都是连接网络的。"周鸿祎如此预测说，他的结论是，"这些东西如果被攻击了，那它给你带来的威胁，实际上就会涉及人身。按照这种情况发展下去，未来网络的攻击，我觉得它的影响力和后果将会比现在严重很多。"

被大洋那边爬过来的蠕虫瘫痪的电脑刚刚修复，同一片大陆上的木马又钻进了你的终端的肚皮；国界之内的盗窃者刚刚刷过你的银行卡，国界外面的强盗又让你在精心设计的诈骗中上当……在你的身边，会缺乏这样不幸的遭遇者吗？

三

如同人类过去的经验告诉我们的一样，公共社会建立起必要的防范机制，总要比犯罪的行动迟缓得多。

1996年，美国从高校和IT企业高薪聘请技术人才，成立了侦查计算机犯罪行为的行动小组，简称"C-37"。而在当年，网络犯罪在全美已经大行其道。即便如此，美国也因此成为世界上第一个建立应对互联网犯罪专门机构的国家。

1998年9月，中国国家公安部成立公共信息网络安全监察局，标志着"网络警察"这一新警种在中国诞生。

"如今，这是一种犯罪方式的巨大变化。可以说计算机犯罪或者网络犯罪已经取代了传统的犯罪，成为了如今主要的犯罪形式。"唐·B. 帕克说。

如同田野里的禾苗一样，总是受管理的人类个体，也生活在行政和司法管辖的确定地块里。但没有空间边界的互联网，让曾经的田埂不再是规范责任和安全的界线。

唐·B. 帕克说："计算机和互联网能力的不断发展为罪犯们打开了更广阔的犯罪空间，无论在哪里都一样。因此，如今的罪犯摆脱了地理位置的限制。"

司法权是既定民族国家主权的构成部分，网络上的罪孽绝不会待在特定的国家范围内。对新时代的侵害者而言，每一个界限内的空间都不够大。

2004年8月，中国司法部门破获了中国网络史上最大的色情传播案。相关案犯落网后，警方发现，色情网站的幕后操作人王勇，是一位华裔美国人，居住在纽约市法拉盛皇后区。中国警方向美方提出协助抓捕的要求，却遭到美方拒绝。

国际刑法学会副秘书长卢建平认为："目前最大的问题就是所谓双重犯罪的标准。所谓双重犯罪就是A国和B国对同一件事情，两个国家的法律都应该认为它是犯罪。如果说A国认为是犯罪，B国认为不是犯罪的话，那么这个事情就做不成了。"

此后的7年时间内，王勇一直逍遥法外，并将网站发展成全球最大的中文色情网站。直到2010年4月，中国警方获得了王勇大量传播儿童淫秽色情内容的证据，这种行为也违反了美国法律，才得到了美国警方的协助，将王勇抓获。

基思·马丁说："这异常困难，反观国际社会，何种行为才会被全世界都认定为犯罪，在全世界范围内难以达成一致。所有人都承认儿童色情是违反道德的恶行，必须要禁止，这一点上我相信所有国家都能达成一致。但是如何界定儿童呢？这就是个问题了。在一些国家儿童是指非常小的孩子，而在英国包括我所在的苏格兰地区，'儿童色情'针对的是十二至十八岁的孩子，这就是我们面临的问题。"

法律不是数学，人类不会用同一个等式。同一个行为或者合法、或者非法、或者是过错，是历史分娩出来的不同民族文化的构成部分。

在过去相对封闭的岁月里，国界既是政治边界也是经济和文化边界，偶尔发生的法律冲突并不那么显眼。但在互联网连接全球的新时代，需要进行更多法律合作的不同国家，必然遭遇法律价值判断不同的时代课题。

美国 - 墨西哥边界

四

在漫长的全球化路途上，人类在打击国际犯罪的合作中，也不是全无建树。

1923年，世界各国的138名代表，参加了在维也纳召开的世界刑事警察大会，诞生了国际刑事警察委员会。1977年，国际刑事警察委员会正式更名为国际刑事警察组织。

联合国互联网治理论坛（IGF）协调员马库斯·库莫尔认为："我们唯有通过合作才能解决这种问题，通过政府间的合作、警方的合作以及执法部门的合作来交换彼此的信息。"

2013年1月，欧盟打击网络犯罪中心在荷兰海牙成立，任务是帮助成员国追查网络犯罪，提高民众和企业防止网络犯罪的意识。

"在欧盟级别上，不会再有20种法律条文，规则在整个大陆上都只有一个，一站式的管控。这样，市场也就开放了，公司不用再逐一应对28个管控机构，28个法案，而是1个机构，一个法案，这将非常重要。"欧盟司法专员维维安·雷丁说。

互联网技术使人类全球化的进程一步跨入了历史性的新阶段。人类的交流与交往、生存与发展，再也不能拘谨在一隅之地。

承担互联网中所有网站域名的解析和管理的根服务器的体积只有两个旅行箱大小。这个网络世界的关键设备，管理者是国际互联网名称与数字地址分配机构——ICANN。多年来，围绕着根服务器的管理方式，全球大国间的争议持续至今。

联合国教科文组织总干事助理贾尼思·卡克林斯说："美国政府和ICANN还是有联系的，这是他们之间签署合同的结果。但这也是互联网发展历史的结果，是美国政府与非政府实体，即管理机构之间进行职能外包和协调的结果。"

由于互联网技术首先在美国土地上发端，根服务器便与美国有着密切的关系。目前，总计13台根服务器，一台设在日本的东京，两台设在欧洲的荷兰和瑞

十三台根服务器之一

典，包括"主根服务器"在内的其余10台，都在美国。理论上，在特殊情况下，特定的国家可能被掌控根服务器的国家删除在互联的网络世界之外。

欧盟、俄罗斯、中国等国家和国际组织，先后对美国主导根服务器管理权提出异议，希望这一局面能得到改变。多年的争执，不同立场的国家之间并未达成一致。

"我们可以将与会国家分成三个阵营。一些国家认为应该保持现有模式，一些国家倾向于政府机构管理模式，还有大多数国家尚未拿定主意。"美国战略与国际研究中心高级研究员詹姆斯·刘易斯说。

2014年3月14日，美国政府机构表示，将放弃对ICANN的管理权，把这一权力移交给"全球利益攸关体"。这里的"将"会是多久？这个"全球利益攸关体"该是怎样的机构？并没有答案。

ICANN理事会主席斯蒂芬·克罗克说："我们希望看到能够在ICANN领导力层面有更多参与，例如董事会和各类委员会等。同时我们希望有很多代表基层意见的本地参与，帮助制定政策解决问题。"

詹姆斯·刘易斯的观察是："我们现在看到的是一场大辩论，该怎样治理互联网？是由联合国机构治理好，还是由国际电信联盟治理好，我不知道结果到底会怎样。"

马库斯·库莫尔认为："我们拥有一个基于国家主权的国际合作体系，这一体系已经存在了400年左右，联合国也是在这种体系的基础之上建立起来的。现在出现在我们面前的是一项没有国界限制的技术。因此怎样在互联网治理中处理这一问题，便成为了我们所面临的一项挑战。"

关于ICANN进一步国际化的进程，关于国际互联网的治理模式，各执已见的国家依然争论不休。

2014年6月23日，ICANN第五十次大会在伦敦举行。中央网络安全和信息化领导小组办公室主任、中国国家互联网信息办公室主任鲁炜代表中国政府提出，各国应求同存异增进理解，达成7点共识：互联网应该造福全人类而不是危害；应该带来和平与安全，而不能成为一个国家攻击他国的利器；应该更多服务发展中国家的利益；应该注重保护公民合法权益；应该文明诚信；应该传递正能量；应该有助于未成年人健康成长。

鲁炜说："正如ICANN愿景所言，同一个世界，同一个网络。中国将始终坚持开放的、合作的态度，与各国携手，来推动互联网治理迈向全球共治的时代。"

7条共识得到130多个国家和地区参会的3000多名代表的强烈共鸣和广泛赞同。参会代表纷纷表示，7条共识应该成为全球共识。

人类的协商合作，还在艰难的跋涉途中，而新时代的国家安全问题，已被更为紧迫地提上日程。

爱德华·约瑟夫·斯诺登，美国"棱镜"项目揭露者。今年29岁，就职于博思艾伦咨询公司，是夏威夷的一名分析师。他说，任何一位分析师，能够在任何时间任何地点，锁定任何被选择的目标。美国国家安全局秘密

美国"棱镜"项目揭露者 爱德华·约瑟夫·斯诺登

监控用户的通话信息、即时通讯、电子邮件、聊天记录、视频文件的"棱镜"项目，让整个世界震惊！仅2013年3月，它就在全球搜集了970亿条用户数据，监控范围覆盖全球近70亿人。巴西总统迪尔玛·罗塞夫、德国总理默克尔、墨西哥总统潘尼亚尼托等35个国家的政要被监听。二十国集团首脑峰会、位于纽约的

为"棱镜"项目提供数据的中心

美国民众游行抗议"棱镜"项目

联合国总部等重要政治活动和机构，都在美国的监听监视之中。

美国政府的霸权意识在互联网时代这一没有边界的延伸，引起举世震怒和谴责。

巴西总统迪尔玛·罗塞夫愤怒地声讨说："我们面临的威胁很严峻，巴西公民权利和自由都遭到威胁，巴西公司机密被盗取，这是对我们主权的亵渎。"

英国威斯敏斯特大学教授克里斯蒂安·福克斯认为："政府机构荒唐地认为，他们可以通过监控公民，来解决世界范围内的犯罪和恐怖主义问题。实际上这已经演变成了一种国家暴力和恐怖暴力之间的恶性循环。"

美国电子前沿基金会联合创始人米切尔·卡普尔忧虑地表示："情况已经坏到政府秘密采取行动。政府确实看起来付出了持久的大范围的难以置信的努力，来让每个人的安全感和隐私荡然无存。美国政府以前有能力，现在仍有能力看到任何其想看的东西。"

庞大而无孔不入的监控，根服务器管理权的争论，映照着互联网时代一个无可争议的事实：网络安全已经成为国家安全的重要基石。

今天，已有40多个国家颁布了网络空间国家安全战略，仅美国颁布与网络安全有关的文件就达40多份。2013年，日本出台《网络安全战略》，明确提出"网络安全立国"；同一年，印度出台《国家网络安全策略》，将目标定为"安全可信的计算机环境"；2014年2月19日，德国总理默克尔与法国总统奥朗德探讨建立"欧洲独立互联网"，计划从战略层面绕开美国，强化数据安全；2014年2月27日，中国宣布中央网络安全和信息化领导小组成立，从顶层设计上宏观规划国家网络安全战略和信息化建设。

2014年7月16日，中国国家主席习近平在巴西国会发表的演讲中强调："当今世界，互联网发展对国家主权、安全、发展利益，提出了新的挑战，必须认真应对。虽然互联网具有高度全球化的特征，但每一个国家在信息领域的主权权益，都不应受到侵犯。互联网技术再发展，也不能侵犯他国的信息主权。"

习近平郑重指出："在信息领域没有双重标准，各国都有权维护自己的信息安全。不能一个国家安全而其他国家不安全，一部分国家安全而另一部分国家不安全，更不能牺牲别国安全谋求自身所谓绝对安全。国际社会要本着相互尊重和相互信任的原则，通过积极有效的国际合作，共同构建和平、安全、开放、合作的网络空间，建立多边、民主、透明的国际互联网治理体系。"

长远的结局应该是确定的。千回百绕，千辛万苦，人类总是在和平合作的路途上接近着理想的目标。

眼前的困境也是确定的。联通一切的互联网，为整个人类的全球生活方式，已经发出了立体的叩问。

链接

"世界头号黑客"米特尼克

1983年，好莱坞制作的电影《战争游戏》上映，这是世界上第一部黑客题材的电影。影片讲述了一个15岁的少年黑客，通过电话线，入侵了美国的最高军事基地"北美空中防务系统"。基地内的核弹头完全被远在天边的黑客所控制，差点引发第三次世界大战。据称电影并非完全虚构，它来源于一起真实事件。事件的主角，是年仅15岁的中学生米特尼克———一位后来名扬天下的电脑黑客。

米特尼克从小就对寻找系统的漏洞表现出极高的天赋。12岁那年，在洛杉矶乘坐巴士时他发现：坐巴士需要付费，如果要换乘还需要再出10美分。计费的方法是工作人员用一个压印器，在乘客的换乘证上盖戳。米特尼克通过和司机谈话，知道了从哪里可以买到压印器。那多余的换乘证件卡从哪里得到呢？聪明的米特尼克推断，巴士司机开了一天车一定很累，很有可能会把多余的换乘证直接扔掉。于是他来到巴士总站，找到垃圾桶，果然找到了几百个没用完的换乘证。自此，他开始免费乘坐巴士。米特尼克认为，这次入侵，应该算是他的第一次"黑客行动"。

后来，他借助网络入侵了太平洋贝尔公司，控制了洛杉矶所有的电话。他可以自己创建电话号码，改动电话号码，能够控制洛杉矶所有的电话公司。之后，他又控制了全美的电话公司。虽然年纪不大，但米特尼克在黑客界已经是声名显赫，并逐渐获得了"世界头号电脑黑客"的美誉。

1992年11月，摩托罗拉等5家大型公司相继报案：公司电脑系统被入侵，电脑中的资料被修改，由此造成的损失不下3亿美元。联邦调查局调查发现：在这起史无前例的入侵中，犯罪者本人并没有到过公司，他是通过电脑远程操控完成了作案。这种在今天看来司空见惯的方式，在当时，却让联邦探员伤透了脑筋。

"我可以在很多的操作系统上找出漏洞，我可以将它们告诉其他的公司。我可以控制全美、英国，以及加拿大的电话公司。"米特尼克说。

米特尼克的这次入侵行为更像是一次恶作剧，但联邦调查局还是把他作为世界头号黑客，列入FBI十大通缉犯之一。于是，米特尼克成为人类历史上第一位被通缉的电脑黑客。接下来戏剧性一幕出现了：警察无法找到米特尼克的踪迹，米特尼克却对警察的行踪了如指掌。

回忆起20年前那次抓捕，米特尼克说："我和FBI玩猫抓老鼠的游戏。我获取

FBI的行动的方法就是控制了线人的电话，我寻找到这位FBI探员的电话，所以每次他们联系要对我采取行动时，或是他来到洛杉矶要采取行动时，我都知道，而且知道他的具体位置。这样，每次他靠近我的时候，我马上就躲起来。我的态度就是，想抓我，要看你有没有能耐。"

1994年圣诞节，被通缉的米特尼克又向圣迭戈超级计算机中心发动了一次攻击。《纽约时报》称这一行动"将整个互联网置于一种危险的境地"。这一年，米特尼克被《时代》杂志选为封面人物，理由是他无所不能，是可以随时发动电脑战争的超人。

要想抓到这个"超人"，只能依靠顶尖的高手。联邦调查局请来了日籍计算机专家下村勉。米特尼克曾经从下村勉的电脑中盗取数据和文件，下村勉震惊之余，也想会会这位传奇人物。于是，一场奇特的较量开始了，两位电脑高手在网上隔山打牛，空手过招，通过电脑上的蛛丝马迹捕捉对方的消息。终于在1995年情人节那天，下村勉凭借一条诱惑信息，找到了米特尼克的行踪。这次追捕的经历，再次被好莱坞拍成电影——《骇客追缉令》。

被捕的那一刻，米特尼克记忆犹新："下村勉和FBI最后锁定了我的住址。他们知道我已经改变了源代码，追踪手机是不可能的，所以他们采用了我当时对付FBI探员的方法，他们追踪我的联系对象的电话。第二天早上，我觉得有些不对劲，感觉有人在监视我，因此我走到阳台，四处观望。这样，我就被发现了。"

两个月后，米特尼克受到25宗罪名指控，被判处服刑4年，不得保释。由于听说米特尼克"用一根电话线，就可能将核武器发射升空"，所以即使被关押，监狱方面也不敢掉以轻心，他们把米特尼克单独关在一间牢房内，屋里没有任何电子设备。

2000年1月，米特尼克获释。一走出监狱大门，他就召开发布会，认为《纽约时报》的报道夸大了事实，自己没有损害那些公司的意思，也没有给他们带来所谓3亿美元的损失。他仅仅是一名醉心电脑技术的黑客。

米特尼克说："我承认我的确做了黑客，但我的目的决不是诈骗，我只是为了挑战。另外我把自己的手机克隆到别的用户也不是进行免费通话，而是要给探员们抓我制造点麻烦。而他们声称我的所有非法入侵造成了3亿美元的损失，他们说我复制的那些代码价值3亿美元，就好像那些早已不再使用的代码从不会贬值一样。"

时过境迁，如今已是多本畅销书作者和合法网络安全服务商的米特尼克，在接受中央电视台《互联网时代》剧组采访时明确表示，他从未入侵过"北美空中防务系统"。这个问题没有了答案。曾经的"世界头号电脑黑客"，永远有说不完的话题和谜题。

首例计算机犯罪

世界上首例计算机犯罪发生在1958年。当时，一名工程师偷偷修改了一台计算机的程序，使自己的银行账户一直不会出现负值。在计算机尚不普及的年代，人们并不知道这种先进的设备怎样用来犯罪。这位工程师的秘密安全地存在了8年，直到1966年才被发现。巧合的是，中国的首例计算机犯罪也发生在银行系统。1986年，深圳一家银行的计算机操作员陈某，利用计算机伪造了存折和隐形印鉴，骗取客户存款。两起案件发生的时间相隔了28年。

从首例计算机犯罪被发现至今，世界范围内的互联网犯罪以惊人的几何级速度在增长。1998年，中国互联网犯罪是142起，到2000年即剧增到2700余起，2008年之后，网络犯罪数量以每年30%以上的幅度迅猛增长。2013年，公安机关共破获涉网违法犯罪案件近17万起，直接经济损失约2300亿元，近3亿人成为网络犯罪的受害者，平均每分钟就有600余人被侵害。犯罪学家分析认为，网络犯罪将长期持续发展，未来信息化社会犯罪的形式将主要是网络犯罪。

第一起网络病毒事件——"莫里斯蠕虫"

如同人类一样，计算机也会感染病毒。在门类复杂的计算机病毒中，蠕虫是一个庞大的家族。计算机在诞生之初没有病毒，最早的蠕虫是被人为制造出来的。1988年，23岁的莫里斯还是康奈尔大学的一名研究生，他想知道全世界计算机的总数和规模，于是他编写了一种后来被称为"蠕虫"的病毒传到网上。他没有料到，短短12个小时内，美国国防部8500台军用计算机感染病毒，其中6200台电脑瘫痪，不计其数的数据和资料毁于一旦，造成直接经济损失上亿美元。这是互联网史上第一次大规模感染病毒的事件，它的出现比第一例计算机犯罪只晚了30年。

"蠕虫"这个物种刚一出世，就让世界惊出一身冷汗。案件很快被侦破，但纽约州法庭却迟迟无法给莫里斯定罪，因为如何为制造电脑病毒这类行为定罪，在当时还是一道难题，直到1990年法庭才作出缓刑、罚金的处罚。今天，"蠕虫"病毒家族已经壮大到成千上万种。莫里斯先生不会想到，当年他出于好奇制造的病毒，已经在互联网世界落户生根，可以人为制造、按需复制、定向传播，是不法分子喜欢的秘密武器，是网络空间挥之不去的顽疾。

从1988年至今，病毒以惊人的速度发展。互联网改写了病毒的传统定义，它不再是天然产生的物质，而是人为编写的武器，并且，病毒的数量和复杂性都在上升。

2000年5月，一种叫"我爱你"的电脑病毒在全球各地迅速传播，4500万台电脑受到攻击，造成的经济损失达100亿美元。

唐·B. 帕克——最早研究计算机和网络犯罪的专家

任何先进技术都会被用于犯罪，互联网也不例外。美国斯坦福研究所的计算机安全专家唐·B. 帕克说，早在20世纪70年代他就意识到，一种可怕的犯罪形式即将来临。

今天，年逾八旬的唐·B. 帕克先生曾多次被美国联邦调查局邀请授课。1976年，他撰写了《计算机犯罪》一书，这是世界上第一本研究计算机犯罪的书籍。在近半个世纪的时间里，唐·B. 帕克先生研究整理了近4000个网络犯罪案例。他认为，互联网的出现导致犯罪方式发生了巨大变化。"可以说计算机犯罪或者网络犯罪已经取代了传统犯罪，成为主要的犯罪形式，今天所有的商业犯罪和其他犯罪，都可以归结为计算机犯罪。"

俄罗斯网络犯罪

破解一个Facebook或Twitter账号：130美元；破解一个G-mail账号：162美元；破解一个公司邮箱：500美元；扫描合法通行证：每个5美元；如果你想雇用一名黑客一小时，那么最低只需要2美元；你或许想要刺探以前恋人的生活，那么你只需要花费350美元，就能买到一个木马，从而看到对方收发的所有文本消息。又或者，可能你只是想要发送垃圾邮件，那么仅需支付10美元就能发送100万封垃圾邮件……

这是俄罗斯网络犯罪地下市场的一幕，安全公司Trend Micro发布的一份调查报告中，描述了这种触目惊心的情景。

著名IT安全公司卡巴斯基实验室2012年发布的一份报告显示，俄罗斯计算机用户面临的来自互联网的风险水平跃升到58.6%，连续两年成为全球互联网安全风险最高的国家。

网络世界里的"幽灵市场"

17岁的韦柏是英国的一名中学生，尽管他的功课非常糟糕，但这并不影响他成为一名计算机高手。身怀利器，又处于最容易萌动犯罪动因的年龄，走出校门的韦柏很快就滑入了网络犯罪的深渊。

起初，韦柏只是建立了一个专门为诈骗犯提供服务的社交网站，起名为Crimebook。他还建立起了一个名为"幽灵市场"的网络论坛，用于倒卖从世界各地偷来的银行账号，并向网友传授黑客知识。他给网站起的宣传标语是"盗卡专业网站"。仅仅一年半的时间，就聚集了数千名成员。

该论坛设5个不同的板块，各有专攻。一是如何入侵电脑，二是如何盗窃和处理信用卡，三是设立虚假银行，四是其他犯罪交流，比如如何制造毒品。第五个论坛是秘密交易区，供犯罪分子交换窃来的信息。

"幽灵市场"的种种行径引起了警方的注意，并于2009年11月介入调查。据警方介绍，当时该网站已经有8500多名会员，遍及全球各地，他们在网站上讨论各种网络诈骗技巧，并且买卖被盗信用卡持卡人的信息。

韦柏被捕后，警方起获了他的笔记本电脑，发现了10万多条盗窃的信用卡信息，还找到了登录"幽灵市场"网站的途径。受害人基本上都是在网上购物的人群。韦柏使用专门的软件，入侵受害人的家用电脑，复制对方的账号和密码。韦柏和他的同党共窃取了13万张信用卡账号，数额在1500万至1800万英镑之间。几位年轻暴富的小伙子开豪车、住最昂贵的酒店，出手豪阔，极尽奢靡高调。

团伙主要成员韦柏、托马斯、凯利等因为犯罪时尚未成年，被法院从轻处罚，以诈骗罪判处5年徒刑。

黑客

黑客最早源自英文"hacker"，电子计算机诞生之后不久的20世纪50年代，就出现了黑客。最初的黑客一般都是水平高超的电脑专家，他们热衷于挑战、崇尚自由并主张信息共享。苹果公司的创始人乔布斯早年就是电话黑客，Facebook公司创始人扎克伯格也做过黑客，今天Facebook公司的园区里依然建有黑客广场。因此，黑客一词在早期的美国电脑界是带有褒义的。

但今天，黑客是泛指那些专门利用电脑搞破坏或恶作剧的网络高手。随着互联网的发展，黑客演化成三种类型：钻研技术不做坏事的白帽黑客；查找漏洞专做坏事的黑帽黑客；还有介于二者之间的灰帽黑客。后两种黑客，让互联网的安全变成了一个危险的话题。

其实互联网在设计之初，设计师们并没有将安全问题考虑在内。詹姆斯·刘易斯说："在美国政府决定将互联网商业化，将其向公众开放时，没人会想到市场上竟有如此大的需求。我们当初的想法是，互联网也许就像易趣网一样仅有不到一百万用户。因此最初为互联网设定的规则全是为电子商务服务的，根本没人考虑过安全、贸易或者知识产权保护问题。因为互联网设计之初就没有考虑过安全问题。"

危及网络安全的因素十分复杂。举例来说，计算机的运行是靠人编写的代码来实现的。比如像Windowsvista，就有超过5000万行的代码。任何一个代码编写者都不可能万无一失，总会留下错误和漏洞。而这些漏洞，正是高明的黑客喜欢的窗口。

互联网时代，不仅普通公众在网络侵犯面前处于弱势地位，就连实力强大的国家也难以幸免。美国国防部五角大楼一直是黑客喜欢光顾的地方。亚历山大在上任后不久对外声称，五角大楼网络系统每小时遭到25万次外来黑客探测，一天下来就多达600万次。2011年3月，国防部五角大楼被外国黑客入侵，大约2.4万份重要文件失窃。

黑客组织"匿名者"

纯粹的技术较量，让那些技术高超的作案者如鱼得水，而守护正义的警察却常常力不从心。2012年2月，网上流传的一段将近17分钟的录音让人啼笑皆非。录音的内容是：美国联邦调查局（FBI）与英国伦敦警察厅举行一次越洋电话会，双方商讨如何相互配合，来对付著名的国际黑客组织——"匿名者"。颇具讽刺意味的是，计划还没实施，电话会的录音就被传到网上，成为世界笑谈。而制造了这一笑谈的，正是"匿名者"组织的成员。

"匿名者"还公开了FBI发给英国、法国、德国、爱尔兰、荷兰及瑞典执法部门的电子邮件，其中详细地列出了会议举办的时间，以及参与电话会议所需的相关密码。FBI和伦敦警察厅称自身电子系统未遭到入侵，分析人士认为可能是接收电子邮件的欧洲执法部门将邮件转寄到了不受保护的私人邮箱，从而被黑客窃取。

罗马尼亚的"黑客镇"

罗马尼亚的拉米库瓦尔塞是一个只有12万人口的小镇，它看上去平淡无奇，然而在业内它却有一个响亮的绰号——"黑客镇"。这里是国际有名的网络诈骗犯罪中心。从最初的虚假销售，到后来利用病毒盗取账户和密码，作案手段不断翻新。

2000年，25岁的罗马尼亚小伙哈拉普，成功入侵了美国纽约一家网络公司的电脑系统，破解并下载了公司所有客户的信用卡号码，然后以此向公司勒索5000美元。这是罗马尼亚的第一桩黑客案。在国际刑警组织的帮助下，罗马尼亚警方对哈拉普进行了追踪侦查，并在哈拉普从银行提取美国公司汇来的第一笔500美元赎金时逮捕了他。虽然诈骗的数额并不大，美国人还是领教了罗马尼亚黑客的厉害。

出人意料的是，这起案件在罗马尼亚年轻人当中起到的作用，几乎与法官们的期望完全相反。青年黑客们认为通过网络攻击美国，可以更好地向外界展示自己的实力。由此，罗马尼亚独特的网络犯罪文化开始发育，而它纵横驰骋的疆场，选在了拉米库瓦尔塞。

没人知道拉米库瓦尔塞的青年是从什么时候开始从事网上诈骗活动的，但到2002年的时候，这里的网络诈骗犯罪已经相当普遍了。网络犯罪为小镇带来了巨额财富。路面上跑着豪华轿车，街道两旁坐落着簇新的公寓楼，奢侈的夜总会、豪华的购物中心拔地而起。依靠网络诈骗一夜暴富的青年们，在享受高档消费品的同时，几乎淡忘了传统伦理中普遍具有的犯罪感。

一位罗马尼亚黑客曾经在网上公开宣称："罗马尼亚男孩都是最棒的！我们可以在任何一个国家的城市，从你们的口袋里和账户中掏钱。美国和加拿大男孩在十四五岁时都在干什么？在麦当劳吃汉堡，在互联网上看裸女，可罗马尼亚男孩早就学会如何建一个专业网站，如何采取黑客行动进入互联网服务器，以及做许多其他'更坏的事情'。"

黑客的"遥控杀人"计划

巴纳比·杰克是最近几年最杰出的黑客，2012年的黑客大会让他名扬天下。随着破解指令的输入，一台银行取款机开始源源不断吐出钞票。杰克成功破解了全世界银行ATM机的密码！之后他又把目光转向了人工心脏起搏器。他坦言："我一直在研究，所以我想看看这些设备和软件。我会尝试，会想方设法破解这些代码。每一次我发现一种新方法破解它的代码，我都会写信给这个软件说我做到了。熟练地攻破，我想我会说，所以我走同样的路线，一个正常的黑客都会采取的路线。找到这些漏洞，并利用它们。"

果然，杰克又找到了人工心脏起搏器的漏洞。利用这些漏洞，通过远程操控可以杀人于无形。

杰克计划在2013年的黑客大会上，表演"遥控杀人"的骇人绝技。但就在大会召开前的一个星期，杰克突然死在寓所，在留下了一个巨大谜团的同时，也将危险的警示留给被无限连接的现代人类。

"震网"病毒

随着互联网的发展，网络病毒已不仅仅是瘫痪电脑、窃取账号，它甚至可以变成一款武器，对大型基础设施发起攻击。世界上第一起使用武器级病毒，对一个国家的重要设施进行破坏的案例已经出现。计算机安全专家拉尔夫·兰纳解释："它的打算是要绕过数字安全系统，在那些人类操作员不能做出足够快行动的地方，例如，在发电厂，在巨大的蒸汽机转速过快时，必须在一毫秒内打开安全阀，显然，人类是无法做到的，因此，我们在这里就需要数字安全系统。而当它们受到损害的时候，真正的问题就会出现，电厂会爆炸，操作员和安全系统都不会注意到，这很可怕。"

这些武器级的病毒如"震网"、"火焰"等设计极其复杂，"病毒一旦植入后，就不断地自我复制，这个和过去所说的癌症的战略性病变很相似，但是它比这个更高级，它复制完了不告诉你，它给你显示一切在正常运转，就使网络操作员或者网管认为一切正常，它会允许你继续运行。那么越复制越多，直到完全瘫痪为止。"

而"震网"病毒本身具备的复制功能，能使任何一台电脑只要和染毒电脑相连，就会像流感一样传给其他电脑，最后造成大量网络流量的连锁效应，导致整个系统瘫痪。以研发杀毒软件著称的卡巴斯基实验室这样评价："'震网'的出现，将在世界上形成新的军备竞赛。"

"网络的核武器时代还没有到来。"中国军事评论员、《超限战》作者乔良认为："现在人类不怎么发展核武器了，为什么呢？核武器已经足以摧毁人类，你再发展就是把人类多摧毁几遍而已。网络技术现在还在进步，还在千方百计地制造蠕虫，从过去蠕虫进入到超级蠕虫，从超级蠕虫进入到更大的我们不知道是什么东西的病毒，它还没有止境。总有一天，人们会感受到超级网络武器的恐怖。"

孟买"9·11"——网络时代的恐怖袭击

2008年11月26日，刺耳的爆炸声划破城市上空。一场被称为孟买"9·11"的恐怖袭击从天而降。孟买反恐特种部队司令和10名警察，在这场袭击中刚一交手就中弹身亡，袭击造成195人死亡、300人受伤。让城市乱作一团的，仅仅有10个恐怖分子。

与以往任何袭击都不同，这次袭击恐怖分子全程利用网络。他们通过"谷歌地球"了解孟买的城市布局和道路分布，制作电子沙盘，选出最佳进攻路线和行动方案。袭击过程中，他们一手握着冲锋枪，一手拿着黑莓手机上网。印度媒体对安全部队的人数、装备做了详细报道，这些信息通过互联网传到恐怖分子的手机上，成为他们的情报来源。

借助网络通信技术，袭击者还建立了跨越巴基斯坦边境的操控中心，实时收集和处理各类信息，并下达行动指令。袭击中，恐怖分子在酒店的套房发现了一名男子，他自称是"一名教师"。恐怖分子搜出了他的身份证件，现场拍下画面，传给了设在境外的操控中心。操控中心很快在网上找到了他的资料，发现这名男子不是学校老师，而是印度财富排名第二的商人。于是，操控中心给在孟买现场的恐怖分子下了一道命令："杀了他。"

Facebook漏洞"挖掘"项目

充分发挥互联网自由、开放、共享的特点，鼓励公众参与对互联网的监督管理，也是一项创新措施。一些著名的公司把求助的对象扩充到整个网络。如Facebook于两年前启动了"Bug Bounty"找漏洞项目，邀请黑客发现Facebook自身没有发现的漏洞并给与奖励，至今已向329名信息安全研究人员发放了100万美元奖金。

各国的网络治理

美国

美国是互联网发展最早、普及率最高的国家，3亿人口中有2.11亿网民。他们首先从法律制度上予以规范。自1978年以来，美国先后通过了130项和互联网有关的法律，完备的法律体系涵盖了网络犯罪、儿童保护、知识产权、电子商务、域名注册、国家安全等各个领域，为互联网的发展提供了有力保障。

美国政府对网上非法信息、不良信息、有害信息的管理主要采取技术手段控制，最常用的措施是分级和过滤。分级主要通过对网络上纷繁复杂的信息内容进行分级整理，将那些不符合法律规范、道德规范的信息直接屏蔽掉。比较著名的分级系统如PICS（Platform for Internet Content Selection）技术标准协议，过滤主要通过过滤软件来实现，CyberPatrol是美国过滤软件的代表。政府通常制订一个封堵用户访问的"互联网网址清单"，对网络不良信息进行过滤和筛选。

对于网络犯罪，美国尝试引入大数据概念。大数据可以帮助警察分析历史案件，发现犯罪趋势和犯罪模式，找出共同点和相关性，通过分析城市数据源和社交网络数据，来预测和防控犯罪。美国孟菲斯市警察局启用Blue CRUSH预测型分析系统后，过去5年暴力犯罪率大幅下降。

英国

英国为了防止网络被用来传递有害信息，成立了网络观察基金会。这是由政府牵头成立的互联网行业自律组织，它的主要职责是对网络内容进行分级标注并接待投诉。英国网络观察基金会密切监管着互联网上的内容，尤其重视对于可能影响青少年的色情暴力、涉及恐怖主义危害国家安全这两类信息的监管。2008年，英国内政部还提出"监听现代化计划"，监听并保留英国互联网上所有人的通信数据。尽管许多人用"网络自由"和"侵犯隐私"的理由来反对政府的这项计划，但内政部表示，出于日益严重的恐怖主义威胁等原因，仍将推动相关工作的进展。

意大利

意大利对网络的监管相当严格。除色情内容以外，极端言论是重点监控对象，意大利政府制定了对网站视频进行审查的法令，并于2010年2月4日开始生效。这项长达34页的法令要求包括优兔在内的网上视频都需要接受审核。同时，该法令准许电信运营商关闭未遵守法令的网站，否则将处150～150000欧元的罚款。意大利政府还联手微软研发了网络屏蔽软件。

德国

在德国，《多媒体法》《刑法法典》等法律法规对什么是互联网上的不良信息、什么样的言论应受法律保护，什么样的信息言论应受到法律制裁做出了具体解释，以便在"个人利益"与"公众利益"之间求得平衡。当两者发生冲突的时候，管理上会更多考虑到国家利益和公众利益，个人言论自由价值一方需要作出退让。

印度

20世纪末，印度政府就意识到网络监管的必要性。2001年9月，被称为"印度硅谷"的班加罗尔市就成立了第一家专门对付网络犯罪的警察局。2008年孟买恐怖袭击之后，印度政府开始对所有国内与国外连接的网上数据进行监控，实现对印度境内所有有线电话、移动电话和互联网等通信内容实施24小时全天候监听。在孟买袭击事件中由于黑莓手机的特殊加密设置，印度警方无法掌握恐怖分子的联络和行动内容，2010年8月14日，印度政府向黑莓制造商RIM发出最后通牒，限令其交出黑莓手机的电邮和信息服务密码。

现在在美国，乃至全世界，我们的空中管制系统是因特网控制的，我们的能源电网是因特网控制的。如果我们无法保障安全，那么罪犯很有可能损害甚至摧毁我们的电网，我们的空中交通，我们的设备，我称之为的网络实体系统。无论对实体系统的控制是否经过因特网，但是随着我们对因特网的进一步应用，我认为安全将会成为首要问题。

——乔治·斯特朗

（美国网络与信息技术研发计划负责人）

有一个危险性，就在于我们会利用大数据预测，来给某些人带上责任，不是因为他们实际上做了什么事情，而是他们被推测会做的。这一危险也就是说在将来，政府会因为某些人仅仅因为被预测做了、而不是真的做了某件事而被惩罚——因此危险就是我们会利用大数据分析而滥用其结果。

——维克托·迈尔-舍恩伯格

（英国牛津大学互联网研究中心教授、《大数据时代》作者）

未来肯定会有相关的办法让这样的事情发生：人们也有可能在医院中遭到杀害，因为如今医院在利用计算机时刻监视病人的病情，如果这些计算机受到攻击的话，就有可能造成生命的丧失。

——唐·B.帕克

（FBI特聘专家、美国斯坦福安全研究所计算机专家）

大家在使用互联网时，最常遇到的一个问题就是"钓鱼攻击"。你会收到一些不可靠的邮件，邀请你点击某个链接，接着骗取密码或其他安全设置，把你引入恶意网站，采集你的信息用于日后犯罪。因此我们需要思考，如何安全地连接至网络。尽管专家们提出很多建议，但我们认为目前最有效的仍是密码。

目前有很多人提出新的想法，希望开发出比密码更高明的方法，于是皇家霍洛威发明了一项技术，帮助你真正安全地连接至熟悉的网站，而不会连接到任何未经证实的邮件而被骗取密码。在进入网上银行或与银行沟通时，你只需要点击一个特定的方框。这是一个需要你下载并保存在浏览器中的数字证书，它会以某种方式保护密码。我们的目的是使人们形成一种意识，在任何情况下都不要绕过证书用邮件与银行联系。

——基思·马丁

（英国伦敦大学皇家霍洛威学院教授）

我想说的是我们应该再另外建立一个互联网，一个不是由大公司控制的、非资本主义的互联网，因此我认为现存的这种全球性监控产业集合体、资本家控制的互联网以及这些所带来的担忧确实向我们显示出我们需要再创建一个互联网，而且我也坚信这是可能的。

——克里斯蒂安·福克斯

（英国威斯敏斯特大学教授）

事实上，互联网作为全球性的通信系统，忽略国家的边界，这增加了全球互联网治理的复杂性。我们知道，对某些原则有可能已经达成国际共识，但是，在落实这些原则时，我们看到不同国家有所差异。

——贾尼思·卡克林斯

（联合国教科文组织总干事助理）

第三集／忧虑

此应用程序有权访问您手机上的以下内容：

✓ 您的位置
（基于网络的）粗略位置，精准的(GPS)位置

✓ 网络通信

✓

引子

塞纳河，中分巴黎而过。它的右岸，凝结着奢华与宏大；它的左岸，汇聚了叛逆与思辨。

左岸巴黎第一大学近旁，矗立着一座古希腊风格的圣殿——先贤祠。

永生的烛火灯影里，安眠着72位法兰西高贵的灵魂。这些伟人中间，两位先哲占据着最显耀的位置。他们比邻而居，相安无事，共享世荣；他们生前，却针锋相对，唇枪舌剑，至死方休。

伏尔泰，鼓吹科技与进步，他锲而不舍地描绘着技术文明的进步，带给人类前所未有的快乐与幸福。他宣称："启蒙的旗帜是理性，启蒙的基石是进步。"

卢梭，被后人称为"自然之子"，终生的信奉则截然相反。他坚定地认为："理性是感性的压抑，进步是人与自然的背离，科学和艺术的进步必将导致人性的普遍退化。"

飘荡在法国启蒙运动上空，这场关于人类命运的持久争论，没有对错、没有结论，没有胜利者或屈服者。

一

互联网技术一旦离开实验室，踏进服务公众的现代市场，它积聚财富、成全公司、树立英雄的能量，就让过去历史上所有的成功者黯然失色。在这个日新月异的全球舞台上，谷歌与Facebook是优势竞争者的代表。

不论是谷歌还是Facebook，他们的道德形象不再像曾经的公司那样单纯：一方面，他们是新时代智慧的巅峰，他们是人类史上最普遍服务的开创者，他们是全球优秀青年向往的就业目的地；另一方面，他们是人类史上最普遍的侵犯者，他们是诉讼台上最频繁的被告，他们是公众爱与恨的共同焦点。

谷歌机房

2004年，雄心勃勃的谷歌还在他上市的路演途中，就迎来了他的第一场国际控诉。从此之后谷歌的每一次技术创新，几乎都伴随着相应的民事诉讼；谷歌在地球上的每一次服务扩张，几乎都同时迎来法庭上的新对手。这个曾经宣称"永不作恶"的公司，在内部设立了专门的隐私政策机构和全球隐私顾问，范围涵盖所有谷歌产品。

这个能量笼罩全球的公司，也创造了他诉讼路途上的新景观：在英国，上千万认为谷歌跟踪了自己在线行为的受害者，将形成人类史上最大的集体诉讼；在欧洲，6个国家的数据保护机构同时向谷歌展开联合法律调查，这是人类史上少有的由数个国家向同一家公司发起的法律挑战。

Facebook迎来它第一场侵犯隐私的诉讼是在2007年，这个后来的崛起者在诉讼场上创造的奇迹绝不亚于谷歌。2012年，被判向用户集体赔偿2000万美元，而在上市前几小时，又遭遇可能高达150亿美元的集体索赔。

伴随诉讼成长的新时代宠儿们，已经具备了充分的新时代的市场理性。它们会在公司的经营计划中为败诉赔偿准备专门的预算，这意味着与既定法律、既定社会秩序的冲撞，已是这些公司预计之内的成本。

这些涉及主体远远超越谷歌和Facebook，几乎笼罩所有国际化网络公司的法律诉讼，绝大多数起因都源于突然显赫的国际词汇：隐私。

英国伦敦政治经济学院教授理查德·桑内特认为："像谷歌和Facebook这样的公司，它们唯一能够赚钱的方式，就是披露人们的个性，更多挖掘人们的个人信息，及时找到与他们个人信息相关的邮件或者短信信息。如果真是这样的话，那我们就失去了匿名的自由。"

"即使最穷的人，在他的小屋里也能够对抗国王的权威。屋子可能很破旧，屋顶可能摇摇欲坠；风可以吹进这所房子，雨可以淋进这所房子，但是国王不能踏进这所房子，他的千军万马也不敢跨过这间破房子的门槛。"理查德·桑内特说。

这是250年前英国首相老威廉·皮特在国会上的一次演讲，日后在西方演化为"风能进，雨能进，国王不能进"的个人权利格言。

1936年，英国国王爱德华八世访问康华尔矿区，国王站在一座破

"风能进，雨能进，国王不能进"的英国木屋

旧房屋的门口，恭问主人："我能进来吗？"贫民和国王都熟知这条知名的格言。

在佩剑作为个人武器的岁月里，1832～1835年的3年间，仅在巴黎就有180多起由记者们参与的决斗事件。其中，将近1/4的参与者，永远地倒毙在这力量的更是精神的交锋中。决斗的起因大都出于个人的隐私被触动或侵犯。

美国独立战争的发端地波士顿，是现代隐私权概念的原产地。

1890年的一个夏夜，身为参议员女儿的华伦夫人在家中举行了一场盛大的社交宴会。次日早上，当她从甜蜜、满足的酣睡中醒来后，却在波士顿当地的《星期六晚报》上看到她在宴会上一些让人尴尬的细节。

愤怒者的行动是历史性的。她的丈夫，毕业于哈佛大学法学院的波士顿报业巨子山缪·华伦，与自己的同学，日后成为美国联邦最高法院大法官的刘易斯·布兰迪，共同撰写了《隐私权》一文，并发表在1890年12月出刊的《哈佛法学评论》上。这是隐私权概念在人类社会发展中的首次出现。

刊发《隐私权》一文的《哈佛法学评论》

英国牛津大学互联网研究所教授卢恰诺·弗洛里迪说："我们需要从历史的角度来看待问题。假如想想你自己的曾祖父母，例如我的曾祖父母，他们住在小村庄里，他们根本没有隐私可言。所有人都知道每个人的每件事。当然，隐私是和大城市相关联的，确切地说是和匿名相关，不是我们有隐私，而是没有人知道我们，因此我们的隐私就得到了保护。我们就像是树林里的叶子。"

如果说伴随着工业化的都市化进程，密集生存的陌生人世界是现代隐私意识的社会土壤，那么具体的商业利益动机则是侵犯隐私的社会元凶。

被印在面粉厂广告上的美丽少妇

1902年的纽约，一家面粉厂的主人总是瞪大了眼睛，在人群里捕捉青春与美丽。未经个人同意，他将一位美丽少妇的肖像印在了面粉厂的宣传广告上。在邻居的挖苦讽刺中大病一场的少妇将侵犯者告上了纽约的州法院，由此，隐私权作为法律明确保护的权利，第一次写入人类的法律之中。

1974年的一天，美国总统尼克松在电视讲话中向公众告知："我将辞去总统一职，从明天中午开始生效。副总统福特将在这个办公室就任下一任总统。"

1974年名扬天下的"水门事件"成为美国和欧洲公众舆论中的持续热点，导致这一事件的主角，成为美国第一个辞职下台的总统，根本原因在于，尼克松严重侵犯了社会的隐私权意识。尼克松的行为让整个美国感到恐慌：连地位相近的政治对手都难以幸免，何谈普通公民的隐私安全呢？

20世纪六七十年代，欧美国家相继衍生出庞大的、保护个人隐私权的法律体系，美国仅在联邦立法中涉及个人隐私的法律就有将近40部，被认为是隐私权立法最发达的国家。

因"水门事件"辞职的尼克松

在今天美国的某些州，擅自搬运、打开或翻捡居民整理好扔在自家门口的垃圾袋，就有可能面临法律起诉，因为在抛弃的垃圾中可能会带有包含个人隐私的信用卡收据、购物账单、透露个人健康状况的药品包装。

二

美国匹兹堡市的波林夫妇，人到中年终于获得了心满意足的住处：地处郊外的富兰克林公园，风景宜人，清静祥和。好日子刚刚过去两年，身边的风景如常，心中的风景却不再——谷歌几乎无所不在的眼睛发现了他们，繁茂树木遮掩下的房屋，还有他们的游泳池被送上网络。他们为了寻求私密精心选择的居所，出现在天下人的视野之中。

2012年3月轰动台湾地

谷歌街景车

区的新闻，发生在花莲市一栋二层的住宅。一位女子裸体在她的居室中活动，不小心来到窗户边，正在马路上作业的谷歌街景车却将这一瞬清晰而永远地留在了人类的视线里。

视线难及的高处曾经是秘密的保护者，但荷兰海牙的一男一女的确是不幸的。他们分别躺在自己住宅的最高处——在屋顶上晒日光浴，周围所有的视线都不可能窥探他们的从容与安详。但是"谷歌地球"的取景卫星如同鸟儿一样从上空飞过，将他们的裸体直播全球。于是这相隔好几条街道的一男一女，很难再安心享受那份惬意了。

美国电子前沿基金会法律主管辛迪·柯恩的观点是："技术能给予我们隐私，同时技术也能够剥夺隐私。我认为隐私是个人自尊，我不认为人们能够自由生活，当他们知道自己随时被监视的时候。"

在屋里就是安全的吗？关起门窗就是安全的吗？曾经翻墙越屋的窥探，在今天是那么容易。

美国新泽西州罗格斯大学，学习音乐的一年级学生泰勒·克莱曼，小提琴演奏出类拔萃，是校乐队的重要成员。如同许多有特别才智的青少年一样，他性格

美国新泽西州罗格斯大学

敏感而腼腆。但就是他，在世界上车流量最繁忙的华盛顿大桥上一跃而下，成为轰动美国的一出新闻事件的主角。原因是克莱曼的一位同学，将一个不足10美元的摄像头装在了他的寝室，将他与另一位同性同学的亲密约会向屋墙外面的世界实时播放。

人类在过去岁月建构的所有私密空间，都不再是那么私密了。我们习惯上熟悉的所有的物理屏障都不能遮挡外部的视线了。过去的篱笆、院墙，越来越精致的门窗、越来越精密的编织物，越来越醒目辉煌的私人领地，都不再是秘密的护卫，不再是心理安全的依托。过去锁在保险柜里，锁在自家的抽屉里，留在自己的影集中，写在特别的笔记上不愿为人所知的东西，现在几乎都是数据、都是光缆尽头的矿藏。

"互联网给你一种身处泡沫的感觉，没有人注视着你。"英国莱斯特大学教授莫妮卡·惠蒂说，"但事实是，很多人都能看到你，你的互动往往处于非常公开的空间里，并且它们是可记录的。在你看来，你觉得自己在家里，在一个房间里，没有其他人看着你，没有其他人关心，但事情可以被传递。"

不仅如此，人们社会生活的另一重空间——远离我们熟悉环境的公共空间，也不再是安全的，你无法消失在密集的人群之中。

在俄罗斯欧亚地理交界处的彼尔姆市，24岁的姑娘玛丽娜，正在欣赏俄罗斯网络公司推出的街景实况服务。不幸的是，她在密集的闹市中看到了她最熟悉的身影，并最终确定是她长恋5年的男友。这一跨时代的偶遇，无可挽回地使他们劳燕分飞。

《六度分隔》作者邓肯·沃茨讲述了另一个故事："我还记得在几年前，加拿大温哥华有一场骚乱，当时有这么一张照片，照片上街道都被警察清场了，一对年轻情侣，看上去是在

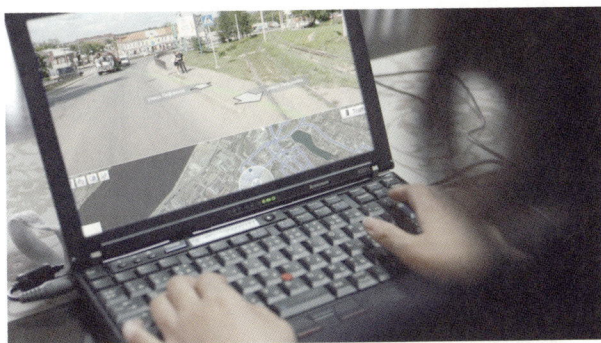

通过街景车发现相恋5年的男友出轨

拥抱的样子，躺在马路上。这张照片会让我们回忆起第二次世界大战那张标志性的照片：一名从战场归来的水兵，在人群中亲吻着一名护士。那张第二次世界大战中拍摄的照片，非常著名，每个人都能认出这张照片。但没人知道照片里的人是谁。他们在那儿，有人拍了下来，然后他们就消失了。照片留存了下来，他们的名字却无人知晓。但是现在到了21世纪，类似的照片被上传到网络，我们在几个小时之内，就确定了照片中两人的身份，而且是被他们家人确定的。"

斯佩茨是一位普通的德国电信用户。他在新时代的特殊经历，将他送上了世界级论坛的中央。

斯佩茨说："2007年，德国通过了一部法律，人们智能手机的数据和来自于网络端口，以及人们邮件的信息，要被储存6个月之久。我只想知道，我们有哪些数据会被储存，以及这种储存的限度是什么？另外，我是不是能够取回这些数据？而电信公司却对我说，不可以。所以我决定起诉他们。"

这个执着的手机用户，经过3年的司法交涉，终于成功迫使德国电信将他的通讯记录送还主人。电信公司保留的斯佩茨过去6个月通话、短信、邮件、网络浏览的记录高达35830行。

这些信息可以将一个人过去的行为清晰地描绘出来。

"滚动鼠标浏览这些数据，滚动，滚动，滚动，根本看不到末尾。"斯佩茨说，"当他们掌握这些长达半年的数据后，可以清楚地观察到，一个人的行为方式，停留过的地方，晚上睡在什么地方，什么时候起床，晚上和谁打过电话，以及这些通话的具体时间。"

斯佩茨的遭遇不是他一个人的，是整个人类一个时代的遭遇。势不可当的网络"爬虫"们爬进了千家万户，爬入了你的每一个日夜，你交往交流的所有痕迹都不再是你自己的。你昨天和今天的每一个足迹都不会被时间磨损，将清晰地成为善意或恶意的他人通向你的路标。

2012年，《纽约时报》科技专栏作家尼克·比尔顿出于好奇，他进行了一个网络上的"陌生人搜索之旅"。

尼克·比尔顿说："我大概花了10分钟，然后我已经知道她是谁、她在哪里工作，住在什么地方。我只是通过她的照片，对照她在其他网站上的用户名和照片，就很精确地了解了她。"

仅仅10分钟，尼克·比尔顿收集到一个陌生人丰富的信息，甚至通过她正在使用的一个手机软件，查看到她晨跑的路线图。

"那一刻，我推开电脑，当我打开了这些网页，突然觉得非常可怕，这个人我从来就不认识，我却知道她的这些私人信息。"尼克·比尔顿说。

事实上，比尔顿的恐惧已经属于全社会。今天，你独处时在互联网上做的每一次点击，甚至每一次删除，都被网络原封不动地记录下来，而且存放在我们无法探知的某个服务器角落里。无一遗漏、分毫不差。

美国哈佛大学互联网研究中心高级研究员大卫·温伯格的观察是："我觉得，这似乎是互联网时代的悖论，一方面，互联网给了我们巨大的自由，任何人都可以畅所欲言，并被全世界知道。我们获得比历史上任何时候更大的自由。同时，数字技术的进步也同样意味着万事万物都能被追踪。经过追踪，个人信息和行为将显露无疑。"

在被称为"大数据"的网络时代的收集和储存能力面前，未来的每一个人在执意的搜索面前都无所遁形。

"你有没有看过一幅漫画，一条大狗坐在电脑旁边上网，旁边还有一条小狗。大狗对小狗说：'在互联网上没有人知道你是一条狗，事实是人们不仅知道你是一条狗，而且知道你早餐吃了什么，你穿了什么衣服，你拿着手机到处转转，他们就知道你在哪里，你说了什么。你的隐私没有了，也许是在无意之间，但隐私就是没了。'"互联网之父、美国加州大学洛杉矶分校特聘教授伦纳德·克兰罗克说。

英国牛津大学互联网研究中心教授、《大数据时代》作者维克托·迈尔-舍恩伯格担忧的是："不是因为我们进入了一个被监视的社会，而是我们进入了一个人类行为被如此精确预测的社会，并且我们将要因此而惩罚人类。我们降低了人类自由的意志，以及人类的个人特征，而这些远比被监视更加危险。"

人们面临的危险已经被描绘得具体而真切。英国剑桥大学的研究者已经表示，他们通过网络数据，可以预测一个人的性取向，判断一个人的父母是否曾经

英国牛津大学互联网研究中心教授、《大数据时代》作者
维克托·迈尔-舍恩伯格

离婚；美国东北大学跟踪研究了10万名欧洲手机用户，分析了1600万条通话记录和位置信息，他们得出的结论是：预测一个人在未来某时刻的地点位置，准确率可以达到93.6%。

为此，美国著名媒体人、《网民的狂欢》作者安德鲁·基恩告诫说："彻底的透明化，将使我们不成为人。我建议，只有人们保持一定程度的自我隐私，我们才不会丢掉人的核心——人性，我们才不会丢掉人类最重要的东西。"

时代性的技术带来更重要的改变，网络中的数据将因永久保存而永远存在，网络为人类实现了不会遗忘的记忆，网络永远记住了每个人的每个行为。

美国教师米歇尔，年少时曾经尝试过大麻，盗取过他喜欢的某件物品。20岁的时候，他为此专门写了一本书，反省自己的少不更事，并上传到网络。在他32岁时，这部私人作品中曾经的劣迹被同事发现，于是他失去了当下的工作；此后的数年间，他辗转美国各地多次求职都被拒绝，他知道，是自己的过往又被一次次搜索了出来，少时的大麻和偶然偷盗成为他摆不脱的人生噩梦。

"当我还是个孩子的时候，你可以犯错，可以说愚蠢的话，做愚蠢的事，没有人会知道的，也不会被保存下来。"美国《新闻周刊》编辑丹尼尔·格罗斯警示说，"但现在，你做的每件事，你在Facebook、推特上这些动作，都会被永远地记录下来。"

加拿大心理咨询师安德鲁·费尔德玛，在穿越美加边境去接一位朋友的时候，毫无思想准备地被美国警方扣留。当值警察在网络搜寻中，一个严重的信息跳了出来：这位加拿大的来客服用过致幻剂。尽管这件事发生在40年前，是费尔德玛在6年前的一篇论文中自己引用的。即便如此，4个小时后获得自由的费尔德玛被告知不得再进入美国境内。

此时，年逾古稀的费尔德玛已经儿孙满堂。

"现在与过去的一个不同点，我认为是互联网永远不会忘记信息。"英国伦敦政治经济学院访问学者阿莱克斯·克罗托斯基说，"你非常容易就可以找到一个人所有的信息，在某种程度上说，成为私人侦探是非常容易的，因为每个人的信息都已经在那儿了。这对社会应对而言是有意思的演变。"

维克托·迈尔-舍恩伯格的担忧是："遗忘，在我们的社会中发挥着极其重要的作用。我们的头脑非常聪明，我们忘掉最多的就是，在当下与我们不再有关联的事情。随着我们原谅某些人，原谅他们的过失，我们同时也开始遗忘他们的过失。如果我们不能够再遗忘，因为我们时常想起其他人对我们做的不好的事情，如果我们不能忘记，我们就更不能原谅。随着我们进入一个'无法遗忘'的年代，我们也许会进入一个'无法原谅'的社会，这非常令人担心。"

网络永远记住了我们，网络不会遗忘每一个岁月，我们在数字时代实现了永生，但没有人知道，那些永远存在的数据会在什么时候、以什么方式，给一个人带来什么。

在培育宽容的社会胸怀漫长路途上颇有收获的现代人，又来到了"一失足成千古恨"的集体窘境之中。

所有人的成长，都伴随着时间的维护；所有人性的美好，都吸食着遗忘的营养。当社会不再遗忘的时候，我们将如何面对我们自身？我们将如何面对完全不同的他人？我们还会拥有尊敬的师长吗？我们还会拥有心中完美的父亲和母亲吗？

三

这栋普通的楼房并不普通，这里储存着现代公民对国家权力的深刻畏惧。柏林墙被摧毁之际，积累长久愤怒的人们冲进了这里，不论是曾经的西德人还是曾经的东德人，都被原东德国家安全局里保存的秘密震惊了。

德国史塔西博物馆储存的东德时期出于监控公民而建立的秘密档案

德国史塔西博物馆馆长约尔格·德里塞尔曼说："这些信息被收集得非常详尽，远远超过了人们的想象，它们涉猎的范围之广让我非常惊讶。人们常会自问，我的某个朋友是不是间谍？麦克风藏在哪里？街上是不是有人在监视我？"

这些出于监控公民的目的而建立的秘密档案，横起来排列长达120公里，包含了600万人的私人信息，其中有140万张图片、16.9万份录像录音带以及15500袋撕碎的材料。

当年东德政府以10万秘密警察，历时40年创造的这一"成就"，与互联网时代，美国政府监控全球获取的数据相比，可以说是微不足道。

2001年"9·11事件"后，庞大的对公民的监控计划在美国秘密展开，国家安全局当时的服务器已无法装填搜集到的海量数据，他们为此在犹他州布拉夫代尔小镇建立了数据储存中心，足够储存这个世界100年的有价值的电子通信。

时至今日，美国政府对公众信息的搜集和监控已扩大到全球70亿人，这里反对和坚持都理直气壮。

美国国家安全局局长基思·亚历山大的辩解是："近几年，这个（棱镜）计划和其他情报计划，能够保护我国和其盟国免于恐怖袭击。"

辛迪·柯恩则认为："我们知道他们收集了美国的电话记录，我们知道他们监控了深海电缆，我们知道他们从国外复制了人们的通讯记录，所有的这些行为都是非法的。全球所有的公民都需要站起来，呼吁我们在交流时应得的隐私，这是人类尊严的一部分，这是人类自由的一部分。"

一位美国游行示威者激动地说："我们被当作可疑的人对待，美国国家安全局监控着我们一切行为、通话、邮件信息，追踪我们的行踪，还有间谍或私人公司通过电脑和浏览的网页监控我们，他们拿我们的信息做了什么？"

"国家安全问题是每个政府都面临的问题。安全性的强度，通常取

英国牛津大学互联网研究所教授　卢恰诺·弗洛里迪

决于，掌握更多国家动态的信息。如果我们想要保护，我们就需要预测，要想预测，我们就需要信息，获得信息也就意味着监控。每个政府都具有保护公民的职能和保护公民人权不受侵犯的职能，但这两项职能是相违背的。安全性和隐私权之间的平衡是每个国家都面临的困难抉择。"卢恰诺·弗洛里迪说。

在数据化的河流汇成浩瀚海洋的新时代，美国政府缺乏约束的努力也不过是采集了沧海之一粟，更多的数据不是任何政府的能量能够掌握和驾驭的，它们存在于服务今天生活的、无数大大小小的网络公司的服务器里。

丹尼尔·格罗斯反思说："我认为人们始终都要问自己，如果说互联网上一些东西是免费的，真的是免费的吗？免费的意思就是不需要任何成本。真的不需要成本吗？因为商业的规则就是，总是有人要支付费用。如果你不知道谁被卖了，那么就是你被卖了。"

早在2005年，美国司法部以打击儿童色情犯罪为由，要求四家公司——美国在线、微软、雅虎和谷歌提供有关网络搜索的数据信息。类似的请求，仅在2013年上半年，谷歌就接到超过万次。

英国威斯敏斯特大学教授克里斯蒂安·福克斯认为："目前既有运用个人信息获取经济利益的需求，也有为了政治利益获取个人信息的需求。在全球范围内存在着一种监控产业集合体，在这一集合体中，私有数字媒体公司与政府机构合作来创建一个大型的监控体系。"

更普遍的冲突和博弈发生在普通公众与网络公司之间。

英伦岛上偏居一隅的布劳顿小镇，因一场与谷歌之间的战争名扬天下：2009年，小镇居民成功围堵了谷歌的街景车，将2000名居民的生活捍卫在了谷歌街景地图之外。在印度班加罗尔、韩国的首尔、日本的东京，都发生了当地警方叫停谷歌街景车的事件。

被英国小镇居民围堵的谷歌街景车

谷歌大数据预测流感

意味深长的是，谷歌车的阻拦者未必不是谷歌信息的需求者，即便是手拉着手组成人墙，阻止谷歌车通过的小镇布劳顿，镇上居民数以千计的终端上，仍然流淌着小镇之外的世界。

那些看似巧取豪夺的数据拥有者，却因为这种拥有，成为人们生活和生存的重要依赖。

因为追踪用户浏览习惯而在欧美屡遭起诉的谷歌，在一场大规模流感爆发时，依据用户的搜索浏览记录，迅速准确地判断了流感的传播方向，而官方的疾病控制中心需要一两周时间才能跟上谷歌的步伐。

英国牛津大学互联网研究中心教授维克托·迈尔-舍恩伯格坦言："'大数据'时代中数据的真正价值，体现在所谓的'二次用途'中，数据的这种使用，在这之前从未有人想过。在'大数据'时代，旧的隐私条例就失效了；失效后，我们就需要新的条例。同时，我们还要尽可能让数据长久存在，因为数据有很多附加价值。定时删除数据，是我们在保护大数据使用价值和保护个人隐私之间，求得平衡的一个办法。"

在谷歌被法国当局以违反当地隐私保护规定处以罚款的时候，谷歌全球隐私首席顾问彼得·弗莱舍说，《欧盟隐私法案》"已经死亡"，不适合指导当前的业务实践；在应对一起民事诉讼时，谷歌发言人宣称："在当今的卫星图像技术面前，完全的隐私是不存在的。"

"我们想赤裸地看到其他人的生活，设身处地地想一下，有谁愿意生活在玻璃房子里让其他人站在那儿，观看你生活中最私密的部分？所以我看到好的一面也看到坏的一面。但不论好坏，它都在步步逼近，这就是历史正在前进的方向。"英国剑桥大学伊曼纽尔学院荣誉教授彼特·柏克说。

在个人隐私与网络活动的对立中，互联网公司通常的策略是给你选择权——如果接受服务，则留下痕迹；若要隐私，可以拒绝服务。但在汹涌澎湃的数字化浪潮中，在生活立体的数字化之后，普通人的选择权还有什么意义呢？

前法国国家图书馆馆长让·诺埃尔·让纳内说："我告诉你，互联网绝对是矛盾的，它能给出最好的和最坏的（未来）。而这取决于人类自己。"

人类的精神来到了历史性的十字路口。拥有隐私的人类当然是幸福的，人性不可示人的一面有了活动和收藏的处所，于是，人际相处的社会天空里便总是荡漾着自尊、柔和、高贵的云霞。不幸的是，在人类历史上，利害、效能总是成为与精神较量的胜利者。

尼克·比尔顿认为："互联网终结了隐私，互联网技术出现后，人们通常都跑向同一个方向，他们都异常兴奋，然后他们突然意识到，我们该怎么办？我们怎么回到过去？我们没法离开互联网，没有网络就像没有了电一样。我们没法再像以前那样生活了。"

谷歌的街景车还未驶出人类争议的视线，运用脸部识别技术的图像搜索又来到人们身边，你偶尔露面的一瞬，就会勾连出你人生痕迹的所有。

在伴随互联网成长的全过程，波及全球的保卫隐私的战场上，中国身处的情境的复杂性，既来源于特定的发展阶段，更来源于过去连绵不绝的数千年的文明史。

中华的先人对人性的判断充满了乐观，数千年里这个成就不凡的文明动员每个成员不遗余力地追求完美，他认为每个人都可以成为"圣人"，他崇尚"心底无私天地宽"，"事无不可对人言"。

在改革开放的进程中，个人隐私权仍然是一个未引起社会广泛关注的新命题。学校里的教师该不该查看学生的日记，母亲该不该允许女儿有一个锁起的抽屉，全社会并未达成普遍的共识。

背负着传统前行的中国，伴随都市化生活个人隐私意识刚刚崛起，隐私观念和隐私法规还缺乏建构，解构隐私的新时代已霍然降临了。

链接

"网络成瘾"

"网络成瘾"最初是美国的精神科医生伊万·戈登伯格首先提出的，此说引来精神卫生界一场持久的争论。2007年，美国医药协会明确表示网络成瘾并不属于精神疾病范畴。

但伊万·戈登伯格坚持认为，网络成瘾只是一种表面现象，它只是一个人无法很好地化解生活压力和烦恼的消极表现。他对网络有一句真知灼见："电脑和网络犹如火焰，是人类生活极好的仆人；但也和火焰一样，它们都是不合格的管家。"

每一次新技术的出现都会引发焦虑

19世纪，随着英国工业革命的爆发，大量工人涌入城市，在带来经济高速发展的同时，人们借助杜松子酒麻痹身处陌生人社会和机械式劳作中的焦虑与不适，这也引发了酗酒等社会现象。时至今日，英国伦敦林立的古老酒吧仍然见证着那段不堪回首的岁月。

19世纪下半叶，随着美国铁路网的建立，美国西部的田园生活被打破。愤怒的牛仔们纷纷拿起武器，去拆毁铁路，对抗铁路公司。在当时，甚至还有专家煞有介事地对火车的危险加以论证。

《纽约时报》科技专栏作家尼克·比尔顿是如此描述这种情形的："19世纪火车系统刚被发明时，人们以为火车会摧毁社会，他们认为如果火车的速度超过每小时20英里，你可能会面临死亡。人们曾经担心会发生这样的惨剧，但事实是，火车连接了城市。"

尼古拉斯·卡尔，《哈佛商业评论》的前执行主编，他曾是第一本数字化商业专著的编辑，如今却对互联网产生了反思："我们最开始看到的，只是科学技术为我们打开了通向新世界的窗口，让我们得到了更多的信息，与他人有了一种新的联系方式。这就是我们看到的科技的全部。但是，我们与科技之间的强制性联系使得科学技术开始主导我们的生活，科技可以决定我们应该关注些什么，决定我们的头脑里想些什么，却不能让我们自己的思想精神来控制我们的注意力。所以，在生活中，我们把过多的权利移交给了科技。"

"电脑失写症"

电脑的出现，让很多人正在丢掉书写的习惯，一种命名为"电脑失写症"的现象正在全球蔓延。在英国，2/3的人拼错了"必需的"这个单词；在美国，一项针对纽约市民的拼写调查中，只有1/3的人答对了5道拼写测试题，而这些人中，绝大部分都是很少使用电脑的中老年人；在中国，虽然汉字智能输入法在20世纪90年代才开始普及，但在今天，提笔忘字的现象已经屡见不鲜。

高度碎片化的世界

2010年6月24日，iPhon4正式面世时，《纽约时报》做了一次相关的民调。在45岁以下的受访者当中，有近1/3的人表示，虽然电脑、智能手机等设备极大地提高了个人获取信息的能力，但压力也随之增大，主要表现是间歇性焦虑、精神游离。

2012年谷歌的一次调查指出，智能手机不仅成了中国消费者生活中不可或缺的一部分，也改变了消费者的行为和购物方式，成了消费者的向导。数据显示，中国城市的智能手机用户对智能手机的依赖程度越来越高，有64%的用户每天都会使用智能手机访问互联网；用户随时随地都在使用智能手机，家里（94%）、路上（87%）、办公室（87%）、乘坐公共交通工具（83%）及餐馆（75%）为主要使用地点；超过一半的用户（54%）宁可放弃电视，也不愿放弃他们的智能手机。

面对如此繁杂的信息，人们仍担心自己错过信息。越来越多人的手机24小时在线，他们把它放在枕边，取代了自己爱人的位置。

在2013年第十届慕尼黑数字生活大会上，公布了这样一个数据：2013年全球共有18.3亿部智能手机，每位手机用户平均每天查看150次手机，也就是说，除去8小时睡眠之外，平均每人每6分半钟就看一次手机。

在互联网时代，信息成为商品。更好地迎合用户心理，提供更多的信息服务成为运营商们遵循的原则。这就导致了文字越来越少，链接越来越多，视频越来越短，片段越来越多的现象。在碎片化的信息中，人类的时间和精力也被切割得七零八落。据统计，Windows的用户平均每小时切换窗口37次。

互联网鼓励我们蜻蜓点水般地从多种信息来源中广泛采集碎片化的信息，一切速度至上、效率至上，我们变得对扫描和略读越来越得心应手。

美国著名媒体人、《网民的狂欢》作者安德鲁·基恩说："我们身处于一个患了注意力分散症的文化中。我们无法将注意力集中在此时此刻，无法集中精神注视着别人的眼睛，或者把我们的移动设备留在家里。而我们需要用自制力去忽视我们的移动设备，关掉它们，把它们放在家里，真正地和大家坐在同一个屋子里、同一张桌上，而不是时刻准备着在Twitter或Facebook查看和发布消息。"

浅阅读

2011年1月，谷歌公司提出要收购亚马逊，建立自己的"图书搜索"王国，谷歌希望把网上数字图书的内容"切成薄片、剁成小块"，让读者可以"在10秒钟内研究完一本书"。海量的信息、便捷的搜索引擎正在改变着人们的阅读习惯，人的身体开始从书斋里解放出来，整个世界都成了书房。与此同时，阅读开始变得越来越简单随意，看时一目十行，看后过目即忘，"读屏时代"的浅阅读已经越来越多地进入人们的生活。

美国文学评论家斯文·伯克茨认为电脑和其他电子媒介正在摧残人们"深度阅读"的能力。他的学生，由于电子设备的普及，而变得习惯略读、扫读，他们已无法像自己那样沉浸在一本小说中。

"浅阅读"具备了大众流行文化的基本特征，即快速、快感，跳跃式浏览。在高科技浪潮中，很多网络发达的国家反而更强调传统式阅读：美国政府陆续提出了"美国阅读挑战""阅读优先"等计划，英国政府设定"阅读年"，要打造一个"读书人"的国度。

尼古拉斯·卡尔曾发出这样的警告：从深阅读到浅浏览，互联网在改变阅读方式的同时，正在重塑我们"浅薄"的思维模式。他说："网络浏览与阅读方式的改变，将'效率'和'直接性'凌驾于其他之上，我们的大脑'在这种飞行过程中重新对本身编程，改变它的运作方式'。以Google为代表的新贵正在创造一个完美的效率乌托邦，人类的大脑正在沦为一台过时的计算机，一个更快的处理器和更大的硬盘成为必要。这种技术对大脑带来一些积极改变（更好的手眼协调、模式识别、多任务处理技术等）的同时，形成了一种趋势：人类对速度和群体认可的重视超过了原创能力和创造性，网络正在不遗余力地孕育肤浅的大脑。

尼古拉斯·卡尔亦对现代人的"忧虑和恐慌"进行了探讨。在他委托进行的一项实验中，部分受试者无法专心阅读托尔斯泰的《战争与和平》，因为他们的大脑发生了某种程度上的"变异"。另一些受试者则表示自己只能进行"间歇性"的思考，他们担心自己已沦为所谓的"信息解码器"。网络媒介带给人们极大便利的同时，又消解着人们的理性思维，使人变成了懒得思考的"平面人"。

怀疑论主义者苏格拉底，大概是历史上最早一位提出对技术要怀有戒惧之心的人。在《斐德罗篇》中，他哀悼书写技术的发明，这让人在心灵上"可能成为健忘的人"，他警告说，那些新的阅读者会盲目信任"外在的符号"，"而不再依靠内在的资源"。图书馆正在慢慢摧毁你的头脑。千载之下，与时俱进的论调，变成了Google、互联网正在摧毁我们的大脑，这也正是尼古拉斯·卡尔一书《浅薄：互联网如何毒化了我们的大脑》的论调。

隐私无处不被追踪和记录

人们住在哪里？在哪里工作？在哪里娱乐？人们在现实世界中是如何移动的？美国旧金山一家创业公司可以用软件显示现实世界谁去了哪里的分析数据图。对于用户在现实世界中的活动，无线运营商拥有了前所未有的大量信息。智能手机的用户们也正越来越清楚地意识到，自己口袋里装有一个随身携带的跟踪器。

随着智能手机的普及，GPS定位已无处不在，位置已经毫无隐私。即使你不用微信摇一摇，别人也能知道你在哪里，众多与地理位置毫不相干的手机应用软件，不经过你的允许，也可以随时窃取你的手机信息、地理位置，而实现对你的跟踪定位。

诸多的互联网企业也正在分析你的网络行为。当一家人共用一台电脑购物时，阿里巴巴可以从你们购买的不同类别的东西中，分析出你们之间的关系，分析你的搜索行为和购买习惯，预测出今年流行的服饰与布料。通过将淘宝、天猫、支付宝和聚划算的用户数据做系统研究，观察你们喜欢看什么媒体，上什么网，就可以生动地知道你是一个怎样的人，进而推荐商品供你购买，而这种购买行为也可以准确预测出来。

　　《纽约客》1993年刊载了重印次数最多的一幅漫画，漫画上有一行众所周知的经典句子："在互联网上，没人知道你是一条狗。"而如今，在这个隐私无处不被追踪和记录的年代，在互联网上连一条狗都不会放过成为了这句话的最好注释。

　　在位置定位、行为分析的背后，人们的数据信息还面临着被交易、被泄露的巨大风险，而云服务更是使得个人信息的泄露风险与日俱增。2013年，全球互联网上一分钟就会新增20个被盗的网络身份。

　　人类建构心理安全保障的隐私世界，正在面对着巨大的危机。

隐私保护的博弈

　　早在100多年以前，山谬·华伦和刘易斯·布兰迪就曾发出警告，无数的机械设备预示着将来有一天，在密室中的私语，将如同在房顶大声喧哗一样。

　　随着互联网技术在全球各个角落的延伸，保护公民的隐私已成为了世界各国政府、组织的普遍共识。2012年，欧盟法律明确规定，如果用Cookie来追踪用户的使用习惯，网站必须取得使用者的明确同意。隐私问题成为了各国政府、组织悬在互联网企业头上的达摩克利斯之剑。

　　2008年，Facebook因灯塔广告服务将人们的购买记录私人信息卖给广告商，遭遇360万用户的起诉，一年后，灯塔计划被完全终止。而反复进行的隐私权争夺使互联网公司巨头与用户一步步试探彼此的忍耐力，以求得最终平衡，这一过程显然还需要若干年。

　　2012年，12名英国网民指控谷歌的团体，声称谷歌在Safari中利用Cookie秘密追踪他们的网络浏览习惯，定位广告，严重侵犯了他们的隐私权。虽然，这场具有里程碑意义的案例将为多达1000万英国人起诉谷歌涉嫌侵犯隐私权的斗争铺平了道路，然而，在隐私权面前，在技术的中性面前，推动效能的公司与保护隐私的公众之间的拉锯战成为了互联网时代的一种必然。

声音

如果我们不控制技术，这将会是隐私的一个大问题。技术没有欲望，它只是受人摆布。如果我们想要自由，我们需要获取主导权，我们需要掌控技术是如何设计的，只有这样，我们才能保护我们的隐私。

——辛迪·柯恩

（美国电子前沿基金会法律主管）

我们担心隐私的时候，想到的总是政府和企业之类的。大部分关于隐私的讨论都是，政府知道了我的哪些信息，他们会怎么用这些信息；企业知道了我的哪些信息，他们会怎么用这些信息。这些都是很合理的担忧。但是，我们却不太关注其他的一些方面，而这些方面很可能影响更加深远。那就是，我的同胞们知道我的什么信息？他们又在收集我的什么情况？他们是怎样分享这些信息的？会有什么样的后果呢？

——邓肯·沃茨

（《六度分隔》作者）

在谈论隐私权时，我们必须始终铭记的一点是我们应该保证哪些人的隐私权，是应该确保民族国家和大型公司的隐私权，还是应该首先确保市民、消费者、工人和用户的隐私权不受到公司和政府的侵害。因此，这是一种非常矛盾的状况，公司和各国政府开展的很多监控行为每天都在伤害市民、用户和工人的隐私权，但是与此同时，他们却在要求公众为他们的行为保密，要求保护自己的隐私权。我认为我们必须将这种状况调转过来，这就涉及到了调转权利关系的问题，我认为市民应该有权了解那些大型的、权利很大的公司在做些什么，而工人、用户和市民的通讯信息应该在某种程度上得到保护。但是如今的方式确实恰恰相反的：一方面是消费者、工人和市民的隐私权在不断地遭到侵害，另一方面是民族国家和公司在要求自身的隐私权。

——克里斯蒂安·福克斯

（英国威斯敏斯特大学教授）

我认为和所有技术一样，因特网是双刃剑。作用是好是坏这取决于我们如何使用，我们如何管理。

最早的人类研发了斧头、锤子，这些技术改变了人们生活的方式。现在的问题是这些工具改变了我们的人性吗？我认为人性是很灵活的，有巨大的潜力来利用各种不同的技术。所有的科技都是工具，因特网和斧头无异，都是工具。

——马克·格兰诺维特

（美国斯坦福大学社会学院教授、"弱连接"理论提出者）

显然，数据时代已经对隐私造成了威胁，大数据时代仍将对隐私安全造成威胁。但我不担心传统意义上的隐私，我不担心那些发布微博自愿泄露个人信息后又想把它们要回来的人，那不是我对大数据时代最大的担忧。在大数据时代，我最大的担心是政府和商人可能利用大数据分析预测人们的未来行为，并为预测出的、人们还没做的行为处罚人们。让我给你举个例子，在美国，地下道等地方放置着一种被称为"预测监管仪"的植物，于是通过大数据及其分析，警察就能预测出犯罪什么时候将发生，在哪条街，什么时候，哪天。而在那时候，他们就会对那片地区加强监管。这就意味着，住在那的居民的生活受到了影响，他们将被警察持续监视。为什么？因为他们做了坏事吗？不！因为模拟数据预测出他们将会做坏事，即使他们还什么都没做。

——维克托·迈尔-舍恩伯格

（英国牛津大学互联网研究中心教授、《大数据时代》作者）

我并不认为互联网上的一切都是可见的，我觉得很多高科技企业都在保护用户的隐私。因此，我不认为我们面临着一场战争。在线技术的美妙之处在于可以对其加以控制，这就是社会的责任所在。我们需要思考自己对此是否能够接受，如果不能接受，就需要通过立法，消除那些让我们不快的部分。作为科学家，我个人的责任在于公开地和大众讨论这些负面影响，从而使得决策者和普通公众能够采取相应行动，保护自己的利益。

——艾伯特-拉斯洛·巴拉巴西

（美国东北大学复杂网络研究中心主任、《爆发》作者）

对于互联网来说，隐私是一个很大的问题。每个人都可以知道其他人在干什么，任何的在线系统都可以追踪人们的IP地址，知道他们在系统上干什么。毫无疑问，互联网时代的劣势之一在于虽然它有着诸多的优势，但它还是会透露我们的隐私。

——保罗·莱文森

（美国福特汉姆大学教授、《新新媒介》作者）

第９集／世界

引子

近年来，在餐桌上特别有成就感的中国人，集体地享受着一个新的市场事实：所谓八大菜系中，以麻辣闻名的川菜，跃居南北中国的领袖地位。

在浩瀚的中国食谱名录上，川菜不过是一个来历特殊的小兄弟。今天能够查到的关于辣椒最早的文字记录，出自265年前乾隆年间的《大邑县志》。

500年前哥伦布向美洲陆地那次著名的远航，是中国人餐桌上这一热烈辉煌的源头。

当然，交流从来不只是带来好东西，先于辣椒从南美抵达中国的是烟草。

一次伟大的交流，在推动人类文明升级的同时，也给拥有不同文化传统的人类群体带来不同的机遇和挑战。

一

互联网不是蒸汽机，它无须爬行，便在地球上扩张了它的版图。

互联网像试纸，浸入不同的文化之水，就会化合出不同的颜色；互联网像探针，刺进不同的社会肌体，就会呈现不同强度的反应或抽搐。

法国人拥抱网络技术的最初激情，结局是悲壮的。

在公共表述中被涂抹上特别浪漫色彩的法国，敏感和果断得堪称浪漫。互联网正在美国市场上化蛹成茧，法国人就率先建成了名为Minitel的国家网络；市场还没能确定地诊断互联网绝对开放的天性，法国政府就用900万台家庭视频终端铸造了封闭的法国网"马其诺防线"。时任法国总统的希拉克曾经自豪地说："法国北部城镇奥贝维利埃的面包师都十分清楚如何通过Minitel查询他的账户。

法国巴黎电信博物馆

这种事情能在纽约的面包师身上发生吗？"

当时的纽约确实不能，但随后的硅谷却能做许多出人意料的事情。

法国政府赠送每一个家庭的终端是免费的，但穿越世界的光缆却让拴在电话线上的Minitel，交流的费用日显昂贵；法国网企图在确定的边界内守护传统，构建独立的技术基础，没想到互联网的意义在于不断增加的用户成为伟大的创造者。封闭的圈子不论多么庞大，它实质上都是渺小的。

时任法国Minitel项目设计师的让·路易·格朗日说："Minitel是电信部及当年的邮政和电报部制造的产品，它由欧洲国家，尤其是动用法国国家之力研发的，而互联网Internet的到来，是一个没有垄断的环境里，由各国科研人员自发合作的成果。"

数据报技术发明者、法国互联网之父路易斯·普赞坦言："确切地说一方面是由于法国互联网的发展相对很慢，因为有视频文字终端，但另一方面是因为法国人掌握新鲜事物的速度总是很慢。然而，这个启蒙太迟了。"

政府资金支撑着的法国网，坚守残缺的阵地30年，2012年6月30日，开先河者无可奈何地退出历史舞台。

好在率先举起人类自由旗帜的法国终究是自由的，政府主导的法国网的坚持，并没有阻碍互联网在法国的土地上另起炉灶。法国这只早起的

数据报技术发明者、法国互联网之父 路易斯·普赞

鸟儿没有吃到互联网时代最肥的虫子，但整个法国依然是今日全球互联网重要的有机构成部分。

在人类以制造业为中心的工业时代，日本曾经跃上竞争的巅峰。20世纪最后30年，日本电器曾经是一代人的消费时尚。研发一代、储备一代、应用一代，这是日本公司信奉的发展三步曲。他们企图驾驭自己的每一样产品，榨干市场的每一滴养分。不期而至的互联网则宣称："今天就是明天。"新时代的节奏颠覆了日本经济曾经的频率。

日本东京大学经济学研究院教授新宅纯二郎认为："在日本传统的组织模式中，机械学领域作为主要动力，是最发达的部分；其后才是开发电子领域的人，最后才是开发软件的人，现如今最重要的是，软件开发人员变得日益重要。"

"日本也有很多储备技术，但是日本觉得这些储备拿出去会颠覆它现在的商业模式，会使现在的摇钱树受损，或者把摇钱树埋藏掉，所以一直在维护它现在的秩序。"东京经济大学教授周牧之说。

拥有是基础，拥有也会成为负担。老时代特别的拥有者，在新时代面前丧失了应有的敏感。

日本互联网协会顾问高桥彻沮丧地说："日本失败了。他们认为只要不断生产高品质的高价产品就能获胜，这完全是个错误。"

悲壮的转型仍然在进行之中。曾经的索尼帝国依然在生死存亡的挣扎中飘

摇；当年的电器之王松下依然在持续的财务危机中寻找出路；昔日的领袖群体中，只有东芝成功抛弃了制造时代的所有身家，跻身于IT行业的竞争潮头。

从企业到政府的立体反省，既是观念的，也是行动的。它出台了《IT基本法》，它设立了首相领导、全体阁员参加的IT推进本部，它宣称要创造任何人在日本都能以低廉的价格使用网络的环境。

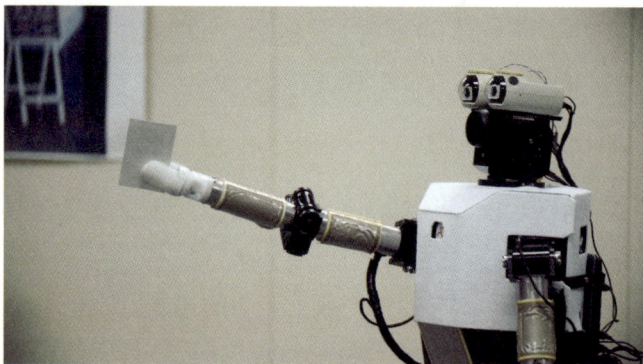

日本制造的机器人

日本错过了互联网的PC时代，却及时地抓住了网络的移动时代，因此日本的智能终端用户是全球最早享受视频交流的网民，被称为世界第一个移动帝国。日本已经成为现代智能生活试验和建设的全球重要领导者。

一向以日本作为竞争参照的韩国，在互联网时代创造的成就，就像他们当初的一款网络游戏的名字一样，是一部《传奇》。

韩国未来创造科学部书记官孙畅庸的理解是；"为什么韩国人想要更快的速度，希望投入更多？韩国有句全世界闻名的词语'bar li（快），bar li（快）。'事实上，互联网行业也不例外。"

互联网时代的"快"，遇到了韩国国家文化中的"快快"，形成了特别的共振。

在互联网时代的应用竞跑中，只有5000万人口的韩国，总是处于领跑者的地位。韩国率先将普及宽带提升为国家战略，人均无线宽带普及率和网速全球排名第一；电子政务位居世界首位；2013年，国际电信联盟发布了各国信息与电信技术指数，韩国连续4年位居世界第一。

韩国科技大学教授、韩国互联网之父金吉男说："先开始的人当然会更辛苦，但是得到的回报也就越多。所以说先开始是非常重要的。"

互联网速度，早已经超越了技术节奏，而成为流通的节奏，交流的节奏，思想的节奏，创造的节奏。

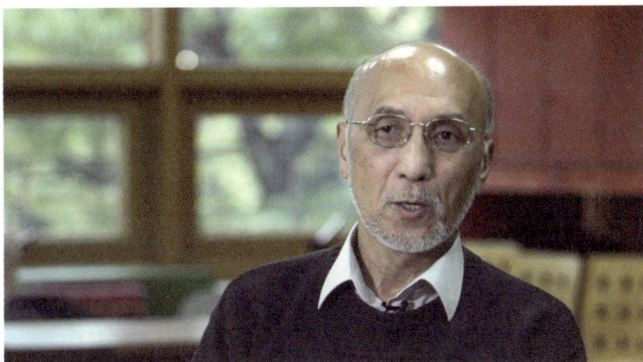

韩国科技大学教授、韩国互联网之父　金吉男

二

本质上，互联网是现代富裕的产儿，但一旦长大，它就试图跨越贫困的沟壑。

东非大裂谷，将埃塞俄比亚与富足的世界割裂开来。2013年，这个排名世界贫困前列的国家，人均年国民收入相当于人民币2400元。

时至今日，拥有300万人口的首都亚的斯亚贝巴，依然没有邮递员，富人可以租用设在邮局的邮箱，定时去邮局收取邮件。

这个国家的大多数乡村都还是无电世界。因此这个国家市场上也出现了一项特别的业务，为周围日行走半径内的人们设立充电所，居民们每隔两三天，前来给手机充电。

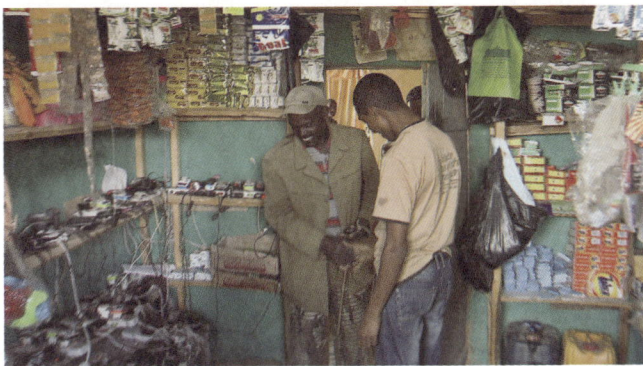

步行几十里给手机充电的埃塞俄比亚人

即便如此，埃塞俄比亚于2006年启动了国家的互联网建设。政府通过财政和国际贷款投入了21亿美元，而当年，这个国家的财政总收入还不到30亿美元。

英国牛津大学互联网研究所高级研究员马克·格雷厄姆说："这些问题不是仅仅把人连通起来就能解决的。它们是政治问题、经济问题，不仅仅只是技术问题。"

目前在埃塞俄比亚，最低包月费相当于普通公民一个月的收入。到2012年，全国互联网用户普及率仅为1.5％。

2012年年底，美国麻省理工学院媒体实验室，设立了一个与贫困相关的网络实验项目。他们带着20台平板电脑，来到埃塞俄比亚温奇村一群孩子面前。

美国麻省理工学院媒体实验室创办人、《数字化生存》作者尼古拉斯·尼葛洛庞蒂见到的情景是："这村子只有20个孩子，在4岁到12岁之间的孩子，没有会读写的成人，这个村子没有人识字，没有电，没有电话，什么都没有。"

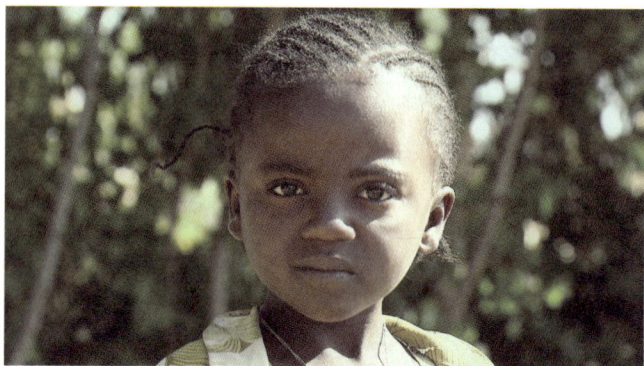

温奇村的孩子

温奇村的孩子们是这样回答世界的：在不到5分钟的时间里，有人拆开了包装，并且找到开机键。不到5天，没有任何人引导，每一个孩子都可以运行40多个程序，使用预装在电脑里的游戏、电子书、绘画程序。

尼古拉斯·尼葛洛庞蒂回忆说："让我印象最深刻的是，6个月之后这些孩子就破解了电脑。非常令人震惊。他们真的是破解了，而且破解得很深，不仅是进入一些工具，实际上他们转移了一些代码。"

人都是人，孩子都是孩子，都是人类的孩子。但这些孩子因为互联网是更快地走进现代世界，还是更远地停留在温奇村，人类还没有答案。

弥漫于大街小巷的祷告，每天5次固定的吟诵，是伊朗社会精神情感的律动，也是伊朗社会运动节奏的尺度。7500万总人口中，超过7000万的穆斯林，就跟随

正在祷告的伊朗人

着这个与神交流的节律作息。

面纱，是信守千年的意识形态为这里的女子编织的永远的首饰。男人和女人在所有公共场所的隔离，既是信念，也是习俗，还是普遍的社会工程。德黑兰的公共汽车里，前部属于男人，后部属于妇女；政府大楼的电梯，这部属于男性，那部属于女性。

对知识和教育的推崇，也是伊朗历史传承的一部分。许多人都知道先知穆罕默德的名言："如果知识存在于遥远的星际，波斯人将到达星际。"伊朗的公立大学全部免费，公共教育支出在国民生产总值所占比例超过了美国。作为穆斯林世界工业化水平最高的国家，伊朗是中东拥抱

德黑兰男女隔绝的公共汽车

互联网的领导者。它是中东第一互联网大国，网络普及率超过50％。最高精神领袖哈梅内伊也是4200万网民中的一员。

"互联网能确保通过跨文化对话，我们能知道邻居们在做什么，我们能知道他们的传统是怎样的，因此我们能知道我们传统的一些部分是历史决定的。"英国牛津大学互联网研究所教授卢恰诺·弗洛里迪分析说。

裹挟一切而来的互联网，使国家强盛的理想与守护传统的信念发生了前所未有的冲突。公开的社会生活依然延续着传统，被网络连接了的一些年轻人，却创造出花样翻新的地下生活。他们看美剧，听欧美流行音乐，在网上晒违背习俗的照片，在当然禁酒的穆斯林土地上，派对上的女孩们与男孩亲密无间地喝酒聊天。他们甚至冲出院墙，用网络相约在城市中央的广场上打水仗，让水渍将她们身体的曲线勾勒得清晰可见。

对此，卢恰诺·弗洛里迪认为："传统突然被更新了，互联网造成的痛苦是，它们过去的更新要缓慢得多，很多像我这个年纪的人觉得痛苦的是传统改变的速度。解决方案是感觉到痛苦但又忍着痛苦前行。"

爆炸性的事件发生在网络开通后的第五年，2006年11月13日，一位伊朗影星与男友的性爱视频意外被传上网等一系列事件，将整个伊朗卷入了互联网的善恶存废之争。一段时间，伊朗是否要建一个独立于世界的清洁国家网络，成为国际新闻，5万多家国际网站一次性登上伊朗政府控制网络的黑名单。

被"PS"的米歇尔·奥巴马

2013年2月，美国"第一夫人"米歇尔·奥巴马，身着一件低领、无袖银色礼服，借助视频连线现身第85届奥斯卡颁奖典礼。在伊朗法尔斯通讯社网站发布的图片中，米歇尔的这件礼服被加工成了高领，续上了短袖。

2500万人口的孟买，足以和世界上任何一座现代化城市相媲美。这座城市是如此深刻地融入世界之中：一位数学研究生稳定的兼职收益是为地球另一端的美国学生辅导课程；一位会计师无须与美国的客户谋面，根据互联网及时递送的数据就可以完成为对方申报税收的业务；数以百计的孟买青年，会通过网络视频，为纽约的豪宅做夜间保安。

从孟买市中心的窗口望过去，是孟买有着150年历史的全世界最大的露天洗衣场。800多个洗衣池，墓穴一般规定了1000多个洗衣工的生命历程。这些低种姓的印度人，即使经过150年的揉搓捶打，也没能洗

孟买洗衣场的工人

去他们低等种姓的社会印记。

美国哈佛大学讲座教授霍米·K.巴巴的思考是："互联网是伟大的发明。但是我们必须意识到一些陈旧的问题，像文盲、贫苦和准入问题仍然存在。互联网既是一个重要的贡献，也凸显了我们还没有解决的问题。"

印度理工学院是属于世界的科学皇冠上的瑰宝，这里极受欢迎的毕业生被美国舆论称为从印度最珍贵的进口。与此同时，印度每三个女性里就有一个不能阅读。

充分开放的印度，IT服务外包总收入在2012年已达约1000亿美元，但与此同时，印度有1/3的人口生活在国际公认的极端贫困线以下，每天生活费不足1.25美元，占全世界贫困人口的1/3。

人种，宗教，西方掠夺者强加的400年的殖民史，将印度社会区隔为极难融合的两个极端。

"种姓制度其中一部分是社会性的，在社会环境下人与人交往是一回事，但

种姓制度也决定了我们的婚姻，我们对于生活中的事物，如教育、音乐的态度，父母离世时的仪式安排，孩子出生时的仪式安排，尽管你可能废除了某些制度，但仪式仍然继续。"美国芝加哥大学教授迪佩什·查卡拉巴提如是说。

印度紧跟着美国的步伐迈入了互联网世界，但它仍然是全球互联网普及程度最低的国家之一。在17%人口使用的网络上，男女求偶者是这样征婚的：婆罗门家庭某女，30岁，聪慧可爱善解人意，德里大学本科毕业，征同样是婆罗门种姓的伴侣。

为打通种姓、贫富、城乡之间的高墙，印度以政府补贴的方式，以125元人民币的价格提供平板电脑，并没有明显增加网络社会的人口；酝酿推出的"一人一部手机"计划，因担心发放的手机会被换成口粮而流产。

依然在实施中的"最后一公里计划"，试图将网络远处的十数亿人口拉到1公里范围内来。但这1公里究竟有多么遥远，没有人能给出确切的判断。

互联网像一个反向的潜望镜，将常态社会中难以看到的景物映现出来，让我们有了新的认知。

三

中国，作为全球人口第一大国，作为一个强大的独立文明持续传承的国度，作为在现代化路途上攀登和跋涉的发展中国家，它与互联网的相遇，对人类和中国自身都是一个历史性的大事件。

在人类过去更长的岁月里，一个勤劳的民族，以黄河、长江两岸为中心，繁育出了农耕时代璀璨的文明。

它以辽阔的版图、众多的人口汇聚起的庞大财富和力量，建造起人类史上最伟大的军事防御工程；开辟出人类历史上最早最长的运河，沟通了5000里的不同水系；1000年前，地球上仅有的3个百万人口城市都在中国。

因为欧洲的位置而处于遥远东方的中华，通过时断时续人类最早的东西方贸易路线——丝绸之路，创造了整个西方社会仰望千年的人类云霞。温润如玉的瓷器、灿若云霞的锦缎，正是东西方交往的历史象征。鸦片战争前的两个半世纪，世界50%的白银涌向这里。

人类农业时代强大的东方国度，打量由蒸汽机驱动而来的新文明，经历了漫长而痛苦的过程。

1793年，蒸汽机启动工业革命24年后，作为西欧国家首次正式向中国派出的使节，英国伯爵马戛尔尼借为清朝乾隆皇帝贺寿之机来到中国。在观看庞大使团带来的地球仪、天体仪、战舰模型以及榴弹炮等英国最新发明时，乾隆指着其中的一台水泵说："这些东西只配给小孩玩。"

瓦特蒸汽机诞生百年后，英国怡和洋行投资的淞沪铁路运行不到一年，这头冒着黑烟、喷着雾气的"怪物"引起朝野上下的激愤，清政府下令两江总督支付近30万两白银，于1877年10月购回拆除。

独特的生活方式和过去岁月里的自信，使这个东方文明在工业化的新时代的面前，表现得警觉、警惕、紧张，却很少有适应新时代的举措，因此它在屈辱和苦难中徘徊了上百年。

人类的互联网是幸运的，当它在西方的实验室穿墙而出的时候，正赶上中国社会数百年以来，第一次主动地向外部世界开放。从此，人类事业的发展有了身量庞大的新同伴，多了一份来自东方的智慧和力量。

中国是幸运的，历经农业时代的兴盛、工业时代的落后，它复兴自身的壮丽崛起，史无前例地与世界并行在新时代的行程中。

一代有担当的政治家，重开现代大学教育点燃的全民求知激情，放飞了整整一代人。

1978年12月份，首批52名优秀青年从10485名应考人员中遴选出来，由国家资费赴美进学。在国用局促的艰难时刻，邓小平说："要成千成万地派，不是只派十个八个。为了科技强国，我们花多少钱，值得。"此后的9年间，3万多学子公费前往欧美和日本。

当时国内公职人员平均月收入不到50元，而一次国际往返机票超过4000元，外派的每一个留学生，需要10000个农民的产出支付他们的费用。

"各种各样的磁带，就是存储软件，存储数据，当时磁带很大，我们背回来。这个跟一两千年前唐僧取经回来背那个经书差不多。"中国科学院研究员许榕生回忆说。

正是这些留学者的回归，开启了中国互联网元年。

中国第一台www服务器

1993年3月2日，因为需要与国际研究机构分享高能物理的数据和研究成果，在全球十几名顶尖科学家联合签名推动下，中美之间一条从中科院高能所到美国斯坦福大学国家实验中心的专线架接成功。

许榕生说："有一个美国研究生帮我们办调试，他很高兴发信给他在美国的朋友说：'我们已经通了，我们现在是用计算机跟你们对话，我是在几万公里外的中国跟你对话的。'他也很激动。"

跨越文化与意识形态营垒的过程，比跨越大洋的计算机通信更为艰辛和曲折。实际上，这条中美专线开通仅仅一天，就被美国政府下令关闭，因为对方担心中国会通过互联网获取美国科技情报。一周后专线恢复，仅获准访问美国的一所科学网站。

通过很长时间的交涉，直到1994年4月20日，中国终于实现了与国际互联网的全功能连接。

1996年深冬，在北京中关村白颐路南端的街角处，一块广告牌上以耳目一新的语调说：中国人离信息高速公路还有多远——向北1500米。向北1500米外，是首家中国互联网民营企业瀛海威墨迹未干的牌匾。

时任瀛海威信息通信有限公司总裁的张树新回忆："1995年到1998年完全是一个行业的萌芽时代，那这个萌芽到什么程度呢？系统集成商帮很多地方政府来建互联网的连接，说，我来帮你建设中国信息高速公路，然后那个省长说太好了，把交通厅厅长叫来。"

前China Byte总经理宫玉国回忆说："一个商业公司申请带宽是一个很难的事情，而且申请是向谁申请，是北京电报局，您看这个词，就是这个归属，可见当时连组织都没有，更不要说管理政策了。"

先行者的足迹，是整个民族改革进程中壮烈与悲怆的一部分。技术准备、观念准备、制度准备需要成批先行者的开拓与探索。

宽带资本基金董事长田溯宁清楚地记得："当时163网是互联网，169网是一个中国的内联网，这个网络是连不上国际互联网的。实际上根本的争论就是封闭和开放两个争论，但最后开放战胜了封闭。"

当这片广袤而独特的热土与世界连接起来，拥有同一文化属性的13亿人汇聚的能量，在任何领域里都有可能触摸世界级的荣誉。

百度在新时代的出场，是英文的I被表述为汉字的38个"我"，华尔街的投资者顷刻之间领会了中文搜索市场的潜在价值。

在汉字计算机的命运史上，众多西方公司前赴后继地介入过计算机汉字输入法的探索，他们曾经因自己的失败发布过汉字在计算机时代的讣告。但随着汉字输入法在汉语的土地上实现突破，作为文化的自己人的后来者，在市场竞争中便获得了传统和岁月铸造的尚方宝剑。在令人注目的中文输入法市场上，老牌IT领袖微软占有0.87%的覆盖率，雄心勃勃的新领袖谷歌只有0.85%，而立足本土的搜狗达到91%。

搜狗公司首席执行官王小川的看法是："中国的市场或本土的这样一个文化优势，使得我们在互联网领域里面更多看到的是一个优势，看到的是机会。那么使得我们现在中国在全球互联网的美国以外，是一枝独秀的，能够有全球的或者本土的竞争力。"

1毛钱有多少？当这个微不足道的数字总是与13亿相伴的时候，跻身全球网络企业前列的腾讯，就应运而生了。事实上，这个千亿美元身量的现代壮汉，长高长壮的每一步、每一天都汲取着1毛钱的中国营养。

工业化时代是蔑视人口数字的，我们从来没有因为我们的人口数量获得过尊重。进入互联网时代，13亿数字升值了。互联网天然集腋成裘的市场效应，使来到网上的每一个中国人，都是有效数据的构成部分。

如同中国人口在全球人口中的规模一样，截至2013年12月底，中国互联网网民规模6.18亿，超过全球网民总数的1/5，移动互联网用户总数超过8亿。这个全球风景独好的网民集体，不仅在中国特定的市场上哺育了世界级的互联网企业，也造就了有显著中国特征的互联网生活景观。

5亿人前来淘宝，于是就淘出了10万亿计的电子商务消费市场；超过2亿人涌进被称为"双十一"的人为节日，日消费超过700亿元的全球纪录就创生了；来自千年习俗的红包，一旦跳上微信，就包出了亿万人新时代的快乐。

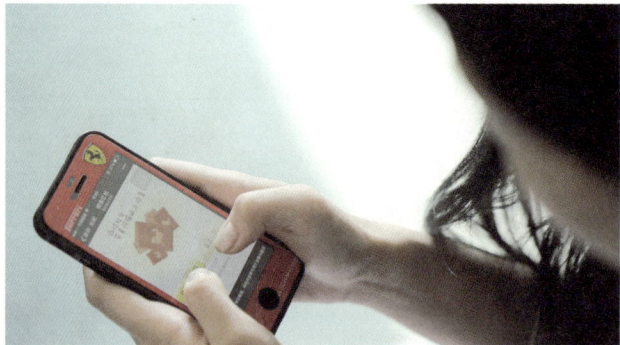

微信红包

中国社会科学院信息化研究中心秘书长姜奇平说："足够的人口、统一的文字、繁荣的市场以及一定的教育水平是互联网企业成功所需要的因素，那么中国恰好具备这个条件。"

短短30多年，在规模惊人的中国高等教育园地里，正在就读信息技术和计算机专业的学子超过180万人，占理工科学生总数的1/3。

依然年轻的华为集团，27岁的成长史已经为国人奠基了这个民族新时代创造性的一份自信。它为全球170个国家提供包括网络通信在内的现代通信服务，它创造的国内外专利数以万计，并在充分竞争的市场上，成为全球通信设备的第一供应商。

在中国科学院的实验室里，已经看见眉目的量子通信研究，中国的科学家们也来到了潮头。计划在一年后发射的全球首颗量子通信卫星，意味着人类互联网时代未来的传输速度将超过光速万倍，且更为安全。

互联网激活了一个古老民族孕育已久的渴望，一旦融入时代发展的潮流，中国注定是一个互联网大国。但整体上而言，中国仍然不是一个互联网强国。

中国拥有全球数量第一的网民，但宽带网速排名第42位，低于世界平均水平；2013年，4G网络在中国投入商用，这一年，韩国宣布进入4.5G时代，并率先开发出基于5G核心技术的移动传输网络；2013年年底，中国农村宽带人口普及率仅7.5%，宽广版图上不同地区间的数字鸿沟，成为社会提速和均衡发展的瓶颈；全球十大互联网公司中，中国拥有3席，但中国数十亿数字终端上使用的操作系统，被苹果、微软和谷歌所占据，全球新一代移动通信核心专利技术大多被以美国为首的西方公司所垄断。

中国科学院前副院长的胡启恒说："再往深层走，我觉得可能我们就需要考验我们的创新的环境、竞争的环境、公平竞争的政策，和人对法制的这个理解，我们和世界的差距，实际上是在扩大，国际上许多的原始的创

在长城上使用iPad的年轻人

新，我们到现在为止基本上还都是跟着走。"

哈佛大学教授德怀特·珀金斯断言："中国的挑战不在于互联网的实际使用，而是在于中国能否成为信息技术的真正创造者。"

互联网并不能回答中国互联网的所有问题。教师怎么教书，医生怎么看病，官员怎么做官，法官怎么裁判，整个国家都需要为中国的互联网谱写全新的软件。

"未来的话，实际上互联网意味着一个国家的一个核心竞争力，如果落后的话，这个国家很难在其他方面说是很先进的。"新浪董事长兼首席执行官曹国伟如是说。

美国塔夫茨大学弗莱切学院高级副院长巴斯卡尔·恰克亚维奇认为："现在

中国政府已经投入巨资在技术研发和各级教育方面，这将成为中国创新起飞的巨大动力。"

互联网之父、TCP/IP协议联合发明人罗伯特·卡恩期待地说："中国正面对一个充满了机会的世界，让我们拭目以待吧。"

阿里巴巴集团董事局主席马云说："数据的竞争才是真正世界未来的竞争。我们在工业时代错失了一个时代，我们不应该错失一个数据的时代，而且今天中国已经有能力把握这个时代。"

2014年2月27日，中国宣布中央网络安全和信息化领导小组成立，中共中央总书记、国家主席、中央军委主席习近平亲自担任组长。习近平总书记在相关会议上首次郑重地提出："把我国从网络大国建设成为网络强国。"

国内外的舆论普遍认为，这是中国网络安全和信息化国家战略迈出的重要一步，这将是中国面对互联网时代，自信而坚定的又一次开始。

链接

第一封国家元首的邮件

某种程度上说，互联网是人类共同创造的。就互联网酝酿、创造和普及的过程而言，学者们一般认为，相同的经济制度和政治制度，在这个以信息的绝对开放为目标的新事物面前，其态度和步伐是相似的。这个同步发育和普及的世界，大致可以称为互联网的本土地带。

保守的英国，在互联网面前并不保守。实际上，英国早期在互联网技术发展方面处于领先地位。早在20世纪70年代初，英国"互联网之父"、伦敦大学计算机学院教授彼得·克斯汀就开始将第一个欧洲ARPANET节点与大西洋对岸的IP

连接。在当时，英国的阿帕网更加出色，因为英国的通信系统已经数字化。1967年－1969年阿帕网最终建成，虽然采用过时的模拟通信方式，也达到了比较合理的速度，最终的速度为56k字节。

1976年3月26日上午，英国"皇家信号与雷达研究院"的科学家们，正在为一座新落成的建筑物庆祝时，一位神秘的客人来到了现场。大家一阵惊喜，原来是伊丽莎白二世女王陛下。

"有人叮嘱我必须要尽量保持低调。突然听说女王要来，美国那边的人都跃跃欲试，想要参与进来。每个人都忘了要保持低调，相反，为了不错过女王，他们在加州早上5点，甚至更早就起床了。"彼得·克斯汀对此记忆深刻。

庆祝仪式特殊而简单，女王陛下将对外发送一封电子邮件。由克斯汀来帮助女王发送第一封邮件再合适不过了。他不仅率先在英国引入阿帕网，帮助伦敦大学于1973年建立了节点，而且在七八十代巩固了英国在阿帕网研究界的地位，同时，他还推动了TCP/IP协议的普及，为互联网的建立打下铺垫。

彼得·克斯汀教授帮助女王创建了一个电邮帐号："HME2."，其实这是"女王伊丽莎白二世"的缩写。克斯汀拟好内容，女王陛下步态优雅地走到计算机跟前，戴着她那由东萨塞克斯郡的科妮莉亚詹姆斯公司供应的精致的拉毛棉手套，用右手在计算机键盘上按了几下，发出了人类历史上第一封国家元首的邮件："本消息向所有的阿帕网用户宣布，珊瑚66编译器已经在阿帕网上线。珊瑚66是国防部采用的标准实时高级语言。"

当时年已半百的女王放飞的E-mail，现在读起来仍然有着强烈的骇客气质。

在发出那封电子邮件34年后，84岁的英国女王伊丽莎白二世在Facebook上登记注册，开通了个人主页。人们可以通过视频、照片和新闻了解女王的日常生活，而包括英国威廉和哈里王子在内的其他皇室成员都拥有自己的Facebook主页。

面对新技术，保守的英国人非常敏感。

英国剑桥大学伊曼纽尔学院荣誉教授彼特·柏克谈及英国人的保守时，解释说："英国人比其他文化的人民更加重视传统，包括物质传统。和中国相比，我们有更多自己的建筑遗产。英国有许多法律禁止人们拆毁老建筑，它们都是国家遗产。我们还有女王，我们还沿袭着许多旧习俗。"

"为什么呢？我们发生的改变都是平稳过渡式的。英国日常生活中有一个有趣的现象很好地反映了我们讨论的问题。就我所知整个英格兰都没有以日期命名的街道。如果你去法国、意大利或者南美都能发现日期命名的街道，那些是革命纪念日。我们没有发生过革命，也就没有纪念日来命名街道。我们非常重视历史的延续性。我们身上发生的改变比我们承认的部分更加巨大。"

英国剑桥大学国王学院名誉教授艾伦·麦克法兰则认为："我们不喜欢以一种革命的方式快速地改变事情。但是另外一方面，在表面之下，我们又不断快速地做出小改变。我们不喜欢革命，但是我们喜欢演变。我们就像是一个达尔文式的体系，由快速的、小的渐进演变组成。因此英国人并不保守，他们喜欢传统，喜欢保留回忆。但是他们又很乐意尝试新事物，不担心新东西。因此，他们能够跳跃前进。他们在自己的历史里面不断地演变、演变再演变。所以我们有时把这种现象称为'在改变中保持原样'。"

法国Minitel失败的启示

早在1982年，甚至互联网在美国尚未发育完全的时候，法国政府为保护法国技术与法语文化的独立性，大力推行建立在本国通信传输协议上中心化的国家网络Minitel。法国的推行措施令其他国家的用户眼红：凡安装有普通电话的用户，都可免费获得一台9寸屏幕并带有袖珍小键盘的简易数字式终端机。

路易斯·普赞曾说："那个时代的政府有个想法，就是拥有一个终端产业。因为随着网络的发展，必须要有终端，这些终端基本上要么是在美国，要么是在日本购买。那时候亚洲供应商还不多，然而这个设备在当时相对来说非常昂贵，所以就产生了发展终端产业的想法。"

路易斯·普赞的朋友，时任法国Minitel项目设计师让·路易·格朗日参与了基克拉泽斯系统的建设工作："它得到了极重要的财政政策支持，并且所有程序都由国家实施，因为视频文字终端制造的付款人是通信总部，也就是当时的通信邮政部。"

最辉煌的时候，Minitel终端设备在法国全国的安装量达到900万台，提供包括从纳税到剧场购票等共2.6万项服务。当时，这个几乎覆盖全国一半家庭的国家网络，曾让许多国家羡慕不已。然而，这个政府主导下的全国性网络，实质是中心化的，只是完成了每一个用户与中心机构信息系统的连接，传输信息与服务有限。而当用户创造内容、创造应用的全球互联网形成后，Minitel也随之渐渐退出了历史舞台。

路易斯·普赞说："终端是免费的，但是必须支付使用费用，实际上，使用也相当昂贵。视频文字终端是欧洲邮政、电信与传播机构，特别是法国相应机构、领导人沟通的产物。所以，这是几个电信工程师创造的东西，因为这些工程师在这方面有垄断性技术，所以容易出售这些视频文字终端。而互联网是社区共同的产物，不具有垄断性，因此互联网在本质上是不同于其他的。因而，在这个情况下，视频文字终端无法生存下去。"

法国先知先觉般地意识到了互联网的强大，并最先拥有了引以为傲的Minitel这个世界上第一个国家民用计算机网络，但最终却被无情淘汰。这一结局实际上也宣告了另一个事实：在互联网时代，没有任何意志和力量创造一个中心化的独立网络。融合一切、沟通一切的互联网，必须是开放的。

路易斯·普赞最后总结："就个人而言，我觉得法国在互联网方面的成功不算太差，法国非常不成功的是国际水平方面。也就是说法国人整体上始终没有明白互联网在本质上也是一种政治事业，跟19世纪殖民化很相似。互联网是他们没有引起重视的东西，这导致他们在国际水平上没有产生实际影响。"

印度的"每人一部手机"计划

在互联网全球发育的过程中，印度几乎踩着美国的节奏，这里的优秀工程师直接参与了诸多软件的发明创造。但由于贫富两极极度分化，仅为11％网络普及率，仍让印度排在互联网普及程度较低的国家行列。

美国芝加哥大学教授迪佩什·查卡拉巴提说："现在有3000万人生活在贫困线以下，世界1/3的文盲都在印度。为了得到受过教育的劳动力，我们试图利用因特网，另外一个工具，就是电话和平板电脑。政府正在努力生产廉价的平板电脑。因此，因特网对于经济的贡献，就在于其在教育上面发挥的作用。"

印度选择了借助移动互联网实现跨越式的"弯道超车"策略。2012年印度推出第二代Aakash平板电脑，售价约250元人民币。政府以补贴的方法，为贫困学生提供接触互联网的机会。在农村，印度政府正借助"最后一公里"计划用互联网将偏远地区与世界联接；"每人一部手机"的计划，试图使售价700元人民币以下的智能手机开始普及。

但所有的举措进展效果并不理想。也许，这里的人们认为，跟人连接，跟世界连接，都不如跟神的连接。一种社会生活节奏从容、安详到不可思议的状态，如同亿万年缓缓流淌的恒河，流过这个三千年历史的国家。

1994年，中国互联网元年

中国互联网早期的拓荒者，绝大多数是那一时代的留学归国人员。中国科学院研究员许榕生说："我们那个时代的研究生、学生，当时都是希望学完有所作为。我们都希望把中国变成一个自己的施展才华的田园，然后使中国逐步逐步变得更好。"

1988年，在美国拿到博士学位的许榕生回到中科院高能所，负责计算机数据处理工作。此时中国已经加入到世界高能物理研究的国际合作中，需要与欧美等高能实验室分享交换大量粒子对撞数据和研究成果。而存储这些数据的磁盘，都需要往来的各国科学家们肩背人抗。

1991年，随着中美高能物理合作更加深入，建立一条从北京高能所到位于美国加州斯坦福大学国家实验中心的专线势在必行。为了冲破美国意识形态屏障，在十几位全球顶尖的科学家，其中大部分是诺贝尔奖得主的联合签名建议下，美国能源部表示同意。

遗憾的是，因美国担心自己的重要信息会泄露，刚刚连通的专线，在几天后被切断了。直到1994年4月，中国正式实现全功能接入Internet，这条专线才实现了Internet的全线连通。

当美国的科学家来到北京为人家讲授互联网时，即使是最渊博的科学家，也对这个全新技术一头雾水。

许榕生说："美国人当时给我们介绍，互联网必须要有路由器，美国人的口音路由器念成router（发音）。这个router当时很多人还不懂这个意思，然后一查字典上也没有解释那么清楚，但是他从原理上讲，关键是中国当时没有这个路由器。"

如今保存在电信博物馆的当时价值3000美元的Cisco3000路由器，是那时高能所向美国思科公司定购的，这是思科公司的第一个中国用户。就是通过这台路由器，1994年3月2日，中美之间第一条专线架接成功。当时专线的速度在今天听起来令人感叹，每秒传输数据64K，但这在当时已经令科学家们非常兴奋了。

如今一个普通小区的用户，带宽也要在几兆甚至几十兆。当时这条只有百分之一甚至更少的64K专线，成为近千名中国科学家那段时期通向全球信息海洋的唯一通路。

俄罗斯的互联网

追寻互联网的起源，我们无法回避冷战时期的世界另一极——苏联，正是1957年"史伯尼克"的发射，使美国人的恐惧和担心最终演化成一次影响全人类的科技革命。

具有容纳和共享天性的互联网，并没有停止向全球任何一个可能地带延伸的意图。

1990年，苏联成立格拉斯耐特公司，该公司为教师、法律工作者、生态学家和一些非正式组织成员等50多人提供资金，为他们举办电话主题会议，帮助他们从网络上获益，这可视为苏联使用互联网技术的开始。后来，库尔恰托夫原子能研究所的科学家们，创办了列尔科姆和杰莫斯两个专门提供网络服务的商业公司，苏联互联网蹒跚起步，但仅局限于国内机构间的通信网络尝试。

一年后的1991年8月，苏联解体。处于紧急状态之中，许多报纸、广播、电视受到控制甚至被迫停刊或停播，这时网络充分显示了在传播信息上的优势，民众借助网络看到坦克驶入莫斯科街头的场景。

二十世纪最后十年，是全球互联网开辟疆土最快的十年，但经济处于休克状态的俄罗斯，互联网发展速度却相对缓慢。

1993年国际科学基金会在俄罗斯推行一项电信交流计划，这个计划的投资者是世界著名金融家乔治·索罗斯，他的介入推动了万维网技术在俄罗斯的普及应用。1993年年末，俄罗斯国家网正式与国际互联网相联。

历史汇聚一个卓越民族的能量，不可能因为间断性的曲折而消失。1999年12月1日，刚刚成立的俄罗斯互联网协会对世界宣布：要使俄罗斯互联网合乎俄罗斯作为世界文化大国的地位，使互联网成为俄罗斯生活方式的重要部分。也是在那年的12月，初掌政权的普京在莫斯科与20位互联网企业家座谈时，表示不会干涉互联网的自由。

普京曾说过："俄罗斯领土确实很大，但是没有一寸是多余的。"而两百多年前，女皇叶卡捷琳娜二世也曾豪情万丈："假如我能够活到二百岁，全欧洲都将匍匐在我的脚下！"俄罗斯人近乎天生的大国情怀，使它在任何一个时代都不是无足轻重的部分。

在过去的12年之间，因为人口冬天，俄罗斯总人口从1亿9千万跌落到1亿4千万，但这其中超过一半——8000万成了互联网网民。

在搜索对谷歌全开放的俄罗斯，并没有被谷歌征服。俄罗斯本土搜索引擎网站Yandex每天要处理超过1.5亿次的搜索请求，占据了六成以上的俄罗斯搜索市场份额。无论Google如何努力，始终无法突破30%的市场占有率。当Facebook惊云天下的时候，日渐强大俄罗斯本土网站VK（原VKontakte）社交网站，已经不甘心Facebook在俄罗斯的母土上伸展腰肢，以全球1.57亿用户数量，不仅捍卫了本土市场，而且还在欧洲与Facebook形成正面对抗。

面对来势汹涌的欧美数字巨人们，俄罗斯人用自己的力量向世界宣告着：互联网大国的阵营中不能缺少俄罗斯的身影。

在互联网走向人类的这个特殊的时代，不同的国家会有着不同的遭遇。支持互联网的那些制度的、智慧的、经济的、财富的元素，它只决定一个国家在某个互联网发展阶段的地位，而不是这个国家的终极命运。

当你从头参与一项工作，亲眼看着它不断发展，会有一种难以言说的满足感。不仅是在我自己的国家，在一些发展中国家，如印度，互联网的发展也相当喜人。今天，在下一代互联网，即IPv6等方面，中国可能领先于大多数国家。在这个领域，你们有强有力的政策支持，而英国完全还不知道下一步该做什么。

——彼得·克斯汀

（英国伦敦大学计算机学院教授、英国互联网之父）

互联网用户的数量正在大量增长，我们现在的网民有25亿人，很快会变成30亿，很快会变成40亿。所以人们之间的连通以一种相对较快的速度在发生。想想我们10年前的情况，我们可以比照一下。但这是不是一定意味着我们在解决数字鸿沟的问题呢？并不一定。因为我认为，随着我们经历改变连通性对于不同地方不同人的意义，我们实际上一直在创造新的鸿沟，我们一直在创造互动的新方式，这些互动通过不同的数字技术或者信息通信技术作为中介而完成。

——马克·格雷厄姆

（英国牛津大学互联网研究所高级研究员）

中国市场非常之大，如果没有中国，很多领域都无法发展。因此，我个人认为，韩中日在进行很好的良性竞争。如果以这个组合为中心使亚洲成为领导世界的角色那就再好不过了。

——金吉男

（韩国科技大学教授、韩国互联网之父）

通常人们更多关注信息量的变化、物理距离意义的转变，但是，我更注重社会学。因此，从社会学角度分析，最重要的变化就是人与人之间形成的关系的量或结构在改变。因此，人们行为在变化，其结果将导致社会整体姿态的变化，我觉得这就是最关键的变化。

——张德镇

（韩国首尔大学社会发展和政策研究中心主任）

互联网技术也被称为基础系统。如果没有了互联网，产业技术也不会革新。互联网已经成为了社会性基础设施，作为社会性的通讯基础，没有了互联网的话，谁也过不下去吧。

——高桥彻

（日本互联网协会顾问）

我可以想象，10年之内，互联网的力量会比现在大50倍、100倍。所有有需求的人都可以有这样一台设备，能够获取所有的书籍和影像资料，它总结了人类的知识，直接可以被我们戴在手腕上。但是最后，它会改变商务模式、改变科学、改变教育，改变一切。

——艾伦·麦克法兰

（英国剑桥大学国王学院名誉教授）

第10集／眺望

引子

有一台时钟，是一项试图触摸万年以后岁月的人类工程。

这一伟大的企图，出自杰出的美国计算机科学家丹尼尔·希利斯，29岁时，他曾是世界运算速度最快计算机的设计师。与希利斯用特种金属一起铸造永恒的热心人，有《失控》的作者凯文·凯利，有影响乔布斯等一代人的《全球目录》刊物的创始人斯图尔特·伯兰特，有亚马逊的创建者杰夫·贝佐斯……

这台准备跨越万年的时钟，在美国内华达州拥有了一块7万多平方米的栖身之地，已经耗费36万美元，并手握4200万美元的预算，耗时30年，如何不受干扰永不停息地连续行走1万年，仍然在执着的研究试验中。不过，著名英国音乐家布莱恩·伊诺，已经为它提供了一个确定的名称：漫长当下。

一

后人用岩石和金属雕塑的，是人类史上描绘未来的杰出奇迹：儒勒·凡尔纳。

《海底两万里》《地心游记》《八十天环游地球》，至今依然是几乎所有语言的人类后人阅读的经典。被誉为全球科幻小说之父的凡尔纳，以他

万年钟

的想象力，指引了人类的未来。人类第一艘远航潜艇的发明人西蒙·莱克，在他

儒勒·凡尔纳墓地

的自传中宣称："凡尔纳是我一生事业的总指导。"无线电发明者马可尼、第一次飞落南极的海军上将伯德，在谈到他们的人生成就时，都将凡尔纳视为他们思想的导师。

人类努力触摸未来的历史，与人类的历史一样漫长。即便站在人类万年设想未来的巅峰，生活在19世纪法国的凡尔纳，也只能停留在文学的浪漫与不确定之中。

凡尔纳故去60年，人类确定预见的新时代到来了。

坐落在美国硅谷的计算机历史博物馆的12号展区，有一个特别的展位，不同于惯常的发明与特别的产品，这个无法直观却渗入整个人类生活的展品，实际上是一个观念或一个判断。它叫摩尔定律。

摩尔定律首次发表在1965年第35期《电子》杂志上，时年36岁的戈登·摩尔预言了人类互联网时代的技术节奏和生活节奏，不久后他便成为实践自己预期的领导性公司——英特尔的创始人。

前英特尔中国研究院院长方之熙对摩尔定律的解释是："它是指半导体芯片单位面积上的半导体数字，每隔两年会翻一倍，这是一个基本观念。比如说最早的时候，一个芯片上面最多才4个半导体，那么过2年又会变成8个，再过2年又会变成16个，就是每隔两年都翻一倍。"

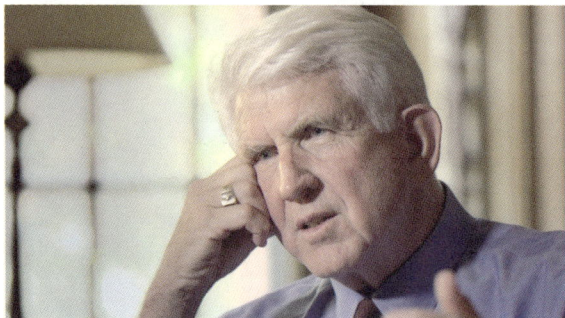

美国得克萨斯大学奥斯汀分校教授、以太网发明者罗伯特·梅特卡夫

美国得克萨斯大学教授、以太网发明者罗伯特·梅特卡夫对摩尔定律的评价是："定律的作用就是设定发展路线，

这非常重要。它指出方向，同时量化发展，为人们设定了发展路线图。人们跟随它，最终会变成一个自我应验的预言。"

有一片已经被历史供奉起来的人工硅片，宽3毫米，长4毫米，上面集成了2250个晶体管，诞生于1971年。踩着摩尔定律的鼓点，它的后代们已经呈现了人类经验难以理解的新世界。在相同面积的硅片上，可以驻扎数亿个晶体管的浩荡队伍；在相同面积的芯片上，所能储存的字节已经是当初的30亿倍。

在1968年，一美元可以买一个晶体管，而如今，一美元可以买千万个。信息储存成本和计算成本，在人们的通常消费中，几乎可以忽略不计。

苹果公司联合创始人史蒂夫·沃兹尼亚克感叹说："当我年轻的时候，一个硅片上只有一个传感器，但是现在有几亿个。这就是技术如何掌控星球的。"

"摩尔定律的理念还被应用到了其他类似技术上，如磁盘存储器，磁盘上的字节数每隔几年便翻一番，其增长速度与微处理器的增长速度一致，因此摩尔定律不仅仅是物理学上的，它还推动了硅谷以外和世界各地的许多创新。"美国计算机历史博物馆研究员戴维斯说。

在摩尔定律作用的时代，人们推想未来变得如此自信、确定和具体。

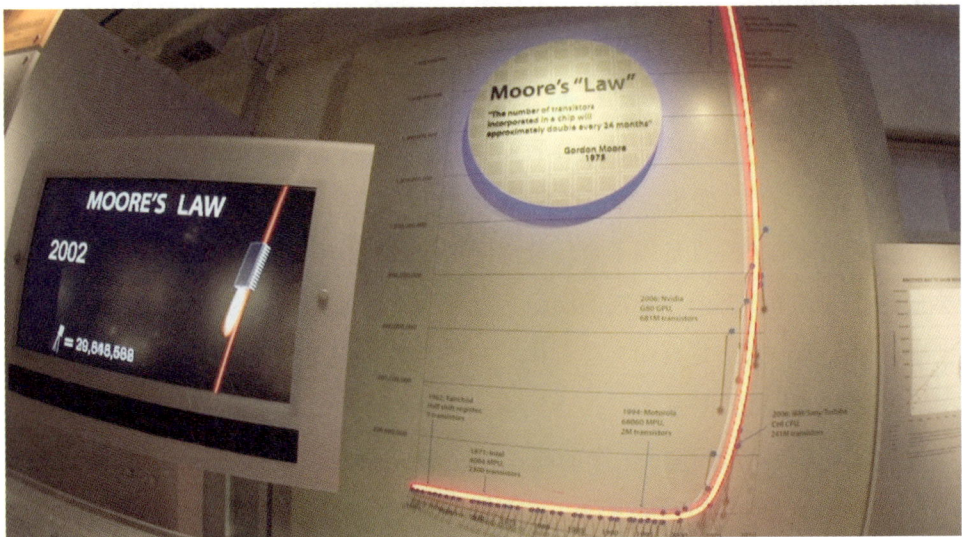

美国计算机历史博物馆中陈列的摩尔定律

2002年上映的电影《少数派报告》，是由斯皮尔伯格导演执导的科幻电影，它猜想了2054年华盛顿警察局里匪夷所思的故事。作为影片的技术顾问，约翰·昂德科夫勒为影片设计了手势性的人机交互界面。

他说："我最大的任务是开发新的用户界面，也就是汤姆·克鲁斯、尼尔·麦克唐纳和科林·法瑞尔在警察局那段戏里用到的手势用户界面。所以关键在于，我设计这些虚拟技术时就像是在设计真实技术一样。"

就职于麻省理工学院的科学家约翰·昂德科夫勒，不满足于对未来的幻想，他创办了一家公司，亲手将电影中虚构的场景变为现实。

在这个推想与现实融为一体的年代，所有的竞争者都不同寻常地抬起头来。

英特尔公司首席未来学家 斯蒂夫·布朗

斯蒂夫·布朗，从1985年进入英特尔公司开始，担任过工程师、产品规划师，以及市场经理，现在，他荣居英特尔总部的新职位：首席未来学家。他说："因为我们必须要想象人类在7年、10年甚至15年以后需要什么样的产品，这样我们就能规划接下来生产什么产品。所以我们需要思考很久以后的变化，确保15年后我们能为人类生产出很棒的产品。"

过去，对未来的打量属于全球范围内特定的机构和有限的人群，今天，未来学家，已经成为众多企业必需的岗位；过去，对未来的判断是浪漫、是畅想、是大概；而今天，未来是真切、是具体、是行为。人们对今天的掌控，已经越来越多地取决于对未来的把握。

斯蒂夫·布朗举例说："车的前灯，120年来都是一成不变的，就是一束光，来自车的前方。但是如果把前灯变得智能呢？它不仅仅是一个灯，而是智能的放映机和照相机。在雨中驾驶时，你可以用高速照相机和计算机观察雨滴，算出它们滴落的位置。你就能在雨夜畅行无阻了。这真的很神奇，它让车前灯变得智能。想象这个例子，再想想生活中每个物体，如果它不是智能的，没有联网，你能做什么。这就是为什么我是一名未来学家，这就是我每天的工作。"

就普通人而言，哪些事物能够与互联网连接，获得期待的智能，还是我们畅想的空间。但在英特尔未来学家布朗那里，需要他思考的，是哪些事物将无法与互联网连接。

未来，不能联网将成为独特，而连接则成为普遍。

二

有一座初具规模的城市，是因为互联网，也为了互联网诞生的。这座南望中国渤海的人工新城，由美国人投资，几乎凭空出现在韩国首都首尔60公里外的大海边。这座自誉为智能的未来之城、样板之城，拥有6.5万套住房，入住人口预计达到50万。

韩国松岛新城境外投资部副总裁斯科特·萨默斯的理解是："城市设计中的因特网特点真的是被掩藏起来了，用肉眼无法看到。因特网是发展中的水管，是发展的脊骨。"

在这座还没有竣工的城市里，公共设施大都实现了所谓的智能化。

在这里，钥匙的概念消失了，所有的房间都不会记错它主人的音容笑貌；在这里，你的习惯就是你咖啡壶的习惯、面包机的习惯、窗帘的习惯、音箱的习惯。在外观上，这座城还是我们熟悉的城，这座楼还是我们熟悉的楼，一旦你深入其中，一切都会超越你的经验。

思科公司的工程师通过电话，将照明等设施进行远程控制。像这样关灯开灯，所有的设施都可以用电话控制。

在这座城市里，人的成长环境，依托于这座城，但不局限于这座城。小学、中学的孩子们，他们的同学，可能就是一墙之隔的邻居，但更多的会是隔洋相望的异乡同伴。在这个课堂上，老师和数量更多的同学都在美国南加州。除了牵手和拥抱，远隔6000公里，美国和韩国的孩子们，体验着同一份沉思和同一份欢乐。

IBM智慧城市项目主管迈克尔·迪克森说："因特网是所有项目的核心。就像公路是公共交通的中心一样。因特网和水资源、天然气、电力一样重要，它构成了城市的架构，改变了人们生活的方式，改变了政府提供服务的方式，改变了商业运转的方式。"

这座立体的将自己放在网上的城市，自信地宣称，作为新生的国际贸易、国际商务中心，将与世界上2/3的人发生密切的关系。这份不亚于纽约城的雄心，是网络对人和物最彻底的连接所提供的。

松岛新城

韩国的松岛新城，不过是人类尝试重构未来智能生活的一个缩影。老城市的智能化改造，全新智能城市的构想和设计，这已经是许多国家发展战略的一部分。

2013年10月24日，第三届"智能城市周"展会在日本神奈川县太平洋横滨国际会展中心举行。展会上出现的各种新型智能设备，描绘着一个个即将到来的未来生活场景。

有一款指甲盖大小的微型电脑，是刚刚发布的，它拥有的计算能量，足以承担将一颗卫星送上轨道的重任。而在一年前，比沙砾还小的微型芯片在美国帕罗奥拓研究中心研发成功。微型化的计算设备，开始爬上我们的身体，或者变成我们身体的一部分。眼镜、手表、手环、戒指、服装、鞋袜等众多可穿戴设备开始重新武装我们，微型芯片会植入我们的皮肤，会流进我们的血液。

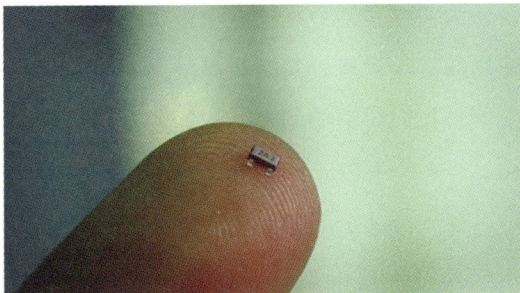

指甲盖大小的电脑

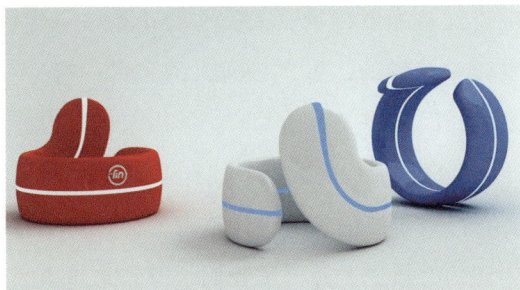

智能穿戴

斯蒂夫·布朗说："最初电就是这样，你需要去一个有电的地方，而现在你习惯了有电的生活，因为到处都有电。计算机也是一样的，智能将随处可见。"

如同人类工业史一样，动力最为充沛的行业开创性大公司，总是冲在创造和改变的第一线，争先恐后地描绘着属于所有人的新生活。

我们这样出行，我们这样驾驶，我们这样上课，我们这样就诊，我们这样工作，我们这样游戏……

无处不终端，处处皆计算的时代正在到来。

万物相连的世界和人生，与所有人都不再遥远。

从人类文明出现到2003年，所有存储下来的信息总和，仅仅相当于如今人类两天创造出的数据量。全球最大的图书馆——美国国会图书馆的所有馆藏，不足今天人类一天所产生数据量的万分之一。而专家预测，4年后，全球产生的数据量将是今天的44倍。

美国东北大学复杂网络研究中心主任、《爆发》作者艾伯特-拉斯洛·巴拉巴西认为："我们身处的这个世界，没有数字化设备就不复存在。我们每个人都在使用数字化设备，其副产品是大量有关我们的数据，记录我们身在何处、与何人交谈、我们讨论的频率、我们的开销、我们的采购清单、我们在哪儿采购，不一而足，无所不包。"

在人类文明延续和发展的漫长岁月里，无论是东方还是西方，少数优秀的人会比常人更能从有限的信息中找出规则，这些规则被总结为概念，变成理论，成为书本和教材。人类建设图书馆和学校，将这些人类的精英所总结出的宝贵经验加以传承。人类文明正是在一代代杰出人物、天才思想和超前理念的引领中前行的，更多普通人的一喜一怒，一怨一叹，一步一行，都被泯灭于岁月的长河之中。

互联网时代的数据，拥有了新时代全然不同的价值内涵。

有用才被记录的时代结束了，一切能够被记录的都会是有意义的。闯入我们生活的大数据，颠覆了我们一万年来建构的关于信息获取、信息记忆、信息储存的知识伦理。

谷歌的街景车2007年5月25日开上了街头，今天全球3000个城市的800万公里街道的全景图，被事无巨细地记录在它的服务器中。街景车所看到的，不仅在今天变成所有人能看到的，也是未来所有人能看到的。在搜集者的眼中，听到、看到的一切现象，都是有用的数据。

美国计算机科学家丹尼尔·希利斯说："我们的父母看到了世界的不同部分，他们生活在非常不同的世界里。但是，我们的孩子都会生活在同一个世界里，不管他们生活在世界的哪个角落，因为互联网将他们都串联在一起。我们都生活在同一个信息空间里。所以，我们当然会改变人类文化。"

你用一定数量的钞票购买了一张机票，时过境迁，这个被互联网记忆的信息，似乎对你不再有意义。但这无数个你的行为汇聚起来，却产生了特别的意义。美国人奥伦·埃奇奥尼，就依托一个拥有10万亿条价格记录的机票预订数据库，开发了一款订票预测系统。今天，随着数据不断增加，预测准确度提高到75%，使用这一系统的旅客，每次出行可以节省50美元。

你在超市里看似随意地选取了一样商品，你走了，你的行为的意义便消失了，但汇聚了无数个你行为的数据，却诞生了更大的意义。美国本顿维尔镇的沃尔玛总部却据此发现，今天婴儿尿布的购买者主要是年轻的父亲们，于是，在沃尔玛超市里，啤酒和婴儿尿布出人意料地成为邻居。

既往的案件和行为记录，将使公共犯罪在行为之前露出可预防的蛛丝马迹；全球稀少的罕见疾病的汇集，让医生获得足够数据寻找解开医学难题的密码；千家万户电表上跳动的数字，为千家万户选择着最合适的供电方案；你的每一次呼吸、心跳和实时的体温、血压，将汇聚为属于你个人未来健康的指引。

维克托·迈尔-舍恩伯格的观察是："因为我们将看到和了解许多有关社会运作的、自然界的、人的生活的细节，在全球掀起了第二次启蒙运动，第一次启蒙运动带给我们理性思维，但没有充足的数据能证明其正确性，第二次启蒙运动将带给我们这些数据。"

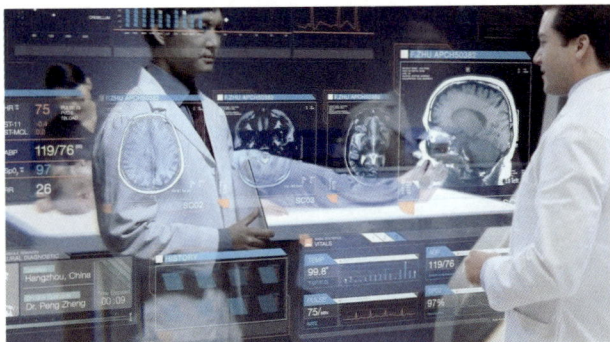

未来的医疗场景

当然，这一切仅仅只是开始，最终是所有人所有的行为，所有的声音，自然岁月一切变迁都将被数字化记录，变成人们采取行为或把握未来的依据。

维克托·迈尔-舍恩伯格说："我想在5年或10年之后我们不会讲'数字化的一代'或者'互联网一代'了，我们会讲'大数据的一代'。当他们面对一个决定却没有任何参数时，他们会不知所措。那将会与现在的情况相反，现在我们经常要在没有足够数据参数的情况下决定。"

人类第一位不会呼吸的明星，叫做初音未来。她在东京新木场的庆生会上首次露面，就被盛情地邀往全世界的大舞台。2012年3月8日，踩着洛杉矶、新加坡、香港万众欢呼的波涛，她来到了上海大舞台。这个虚拟的，划时代的演出

虚拟歌手初音未来

者，会随着人类总是浅薄的新鲜感的衰落而星光暗淡吗？

当所有表演者、艺术家的一颦一笑、一喜一怒，都被大数据整合，成为这个永远16岁的少女成长的营养，还有怎样的自然人能与这看得见的虚幻比试高低呢？

三

一位风趣的英国人，通过植入在他身体的芯片，控制着他身后的台灯。嬉笑间，这个男子成为人类历史上第一位实现自我进化的个体。

凯文·沃里克，英国雷丁大学教授，主要研究人工智能、机器人和生物制药工程。

1998年，凯文·沃里克在外科医生的帮助下，将一枚硅芯片植入了他左臂的神经系统中。沃里克因此获得了"世界第一电子人"的称号。

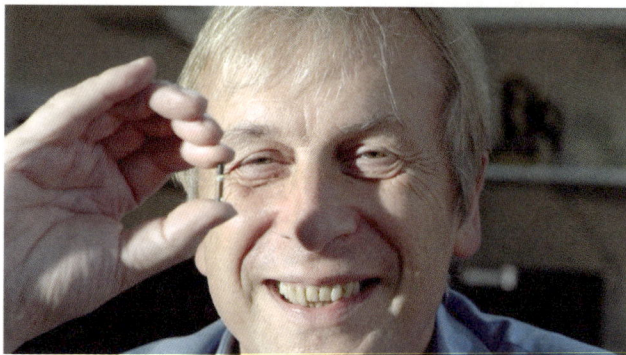

第一"电子人"

凯文·沃里克说："我把这个芯片植入到我的手臂里，有了它，当我在屋子里走动的时候，电脑会为我打开大门，调节灯光。当我走到门前的时候，甚至会说你好！"

不够成熟的技术，使

沃里克的电子人身份仅仅维持了三个月，但这三个月成了沃里克花甲人生难忘的体验。

"当芯片被取出之后，好多天我都觉得特别失落，好像很亲的亲戚刚过世。突然间，我进入大楼的时候，大楼不会向我打招呼了。我变回为一个平常的人、枯燥的人。那种感觉太糟了。"凯文·沃里克说。

4年后，沃里克进行了更大胆的实验，不仅再次在手臂中植入更先进的芯片，还将另一枚芯片植入妻子的手臂中。希望通过植入体内的芯片，实现人与人之间最直接的连接。

凯文·沃里克回忆说："实验中，我的妻子握紧拳头的时候，我的大脑会接受到电波。我们实现了人类第一次神经系统间的交流。但是这表明未来有各种可能性，仅是通过语言，那太贫乏了，同时也有思想、图像、感觉、情感的交流。未来交流的各种可能性都振奋人心。"

这次试验，让沃里克的妻子体会到了与丈夫间难以言表的奇妙体验。不过作为妻子，却对亿万人植入芯片后所面临的伦理问题，产生了特别的担忧。

凯文·沃里克说："可以想象，性行为可以让人变得亲密，而将神经系统连起来就更加亲密了，这不常见。因此，我们有了这段亲密的接触，她很享受。但是现在她很担心我会继续此类实验，相连的不仅仅是神经系统，我还想将大脑和别人的大脑连接。她觉得有些风险。我不确定她还想不想继续（实验）。她有些担心，如果我和一个年轻貌美比如从中国来的女子联系在一起，我的妻子会非常愤怒。"

在沃里克成为首个电子人14年后，这项技术被运用于普通人。与14年前相比，芯片与人体结合的部位，从手臂迈向了大脑。

2012年2月10日，美国匹兹堡大学医学院神经外科的手术室里，外科医生将一块芯片成功地植入一位已经瘫痪15年的女士的大脑中。这一史无前例的植入，帮助已经永久丧失行动能力的肖伊尔曼·简，再次获得支配手臂的能力。

肖伊尔曼·简说："我不需要思考说应该把手臂向前移动到左边，我就直接去拿那个东西就行。实验室里面的所有人都在鼓掌。我一直都非常喜欢吃巧克

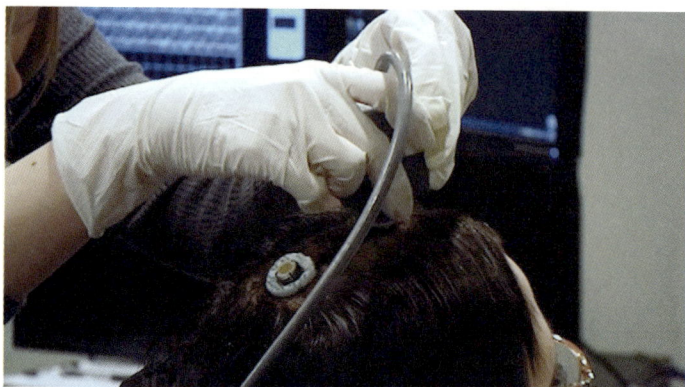

芯片入脑

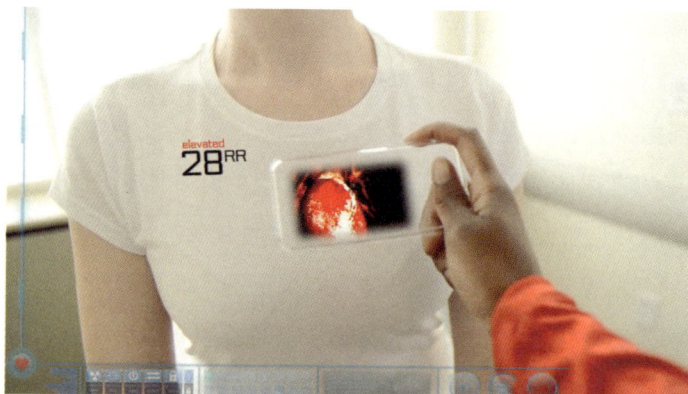

心脏观测软件

力，而那一小口简直是我吃过的最好吃的巧克力了。"

今天，人脑与电子设备和网络结合的实验在世界各地的各大高校与企业的实验室里进行着，一些科学家探索通过无创的方式来实现人脑与电子设备的结合。

在美国，科学家们正在通过头戴式的脑电波识别系统完成用意念控制飞行器的实验。

在中国，意识操控技术被运用于控制人形机器人。这里的蹒跚，透露出人与机器共生时代清晰的面容。

四

2011年2月，美国国家广播公司风行了半个世纪的电视竞赛节目《危险边缘》，因为一场人与机器的智力竞赛，来到了全美收视率前排。挂在竞赛台中央的沃森，是人类超级计算机50强的第49名，它最终战胜的两位人类对手，一位是全美相关竞赛连胜纪录的保持者，一位是最高奖金的保持者。沃森通向胜利的抢答，包含了机器与思想和意识的密切关系。

主持人问："这是米开朗基罗画在西斯廷小礼拜堂里的一个壁画，它描绘了被救赎的人和被诅咒的人。"

沃森理解了这些描绘，正确地回答出这幅名作的名称："最后的审判。"

《危险边缘》节目现场

主持人又说："米洛拉德·查维奇几乎破坏了这个人的完美2008奥运，仅仅输给这个人百分之一秒。"

沃森懂得这里的风趣和幽默，正确地给出了这个在北京创造奇迹的美国男子的名字："沃森·菲尔普斯。"

2012年斯坦福大学的华裔科学家吴恩达，与谷歌合作构建了一个由 1000 台电脑组成、含有16000 颗处理器、多达 10 亿个连接的全球最大的电子模拟神经网络，在向这个人工神经网络展示了来自视频网站上随机选取的1000万段视频后，在没有外界指令的环境下，这个人工神经网络竟然自主学会了识别猫的面孔，甚至还能认出人的脸和身体。机器的这种自我学习能力，被视为越来越接近人类思维方式。

欧洲的科学家们已经在尝试，为机器人建立他们的网络，在这个已经运行的数据库中，机器人可以下载互联网上的信息，自主学习和更新自身的知识，并执行更多样化的任务。

尽管计算机和网络模仿人脑的进程未必能说已经获得了突破口，但这里产生的必将惊天动地的联想，已经鼓舞人类社会采取不同寻常的行动。

2013年1月，欧盟委员会作出决定，将"人脑计划"升级为欧洲科学研究的旗舰计划，并投入50亿美元，推动这艘旗舰起航。

3个月后，白宫正式公布，将拨款30亿美元支持脑科学研究计划，以探索人类大脑工作机制、绘制脑活动全图。

"这个项目将会给多领域带来益处，现在甚至都无法想象，比如机器人、类似人脑的计算机、互联网、数据传输、移动技术、大数据分析。我认为，最终我们需要更多类似人脑的计算机，来应对未来一二十年巨大的技术挑战。"欧洲人脑计划负责人亨利·马克拉姆如是说。

在硅谷的美国宇航局艾姆士研究中心，有一所一出生就声名显赫的大学——"奇点大学"。它的名字，来源于美国未来学家雷·库兹韦尔关于"奇点年"的预言。他认为，伴随生物基因、纳米、机器人技术几何级的加速度发展，2045年左右，人工智能将来到一个"奇点"，跨越这个临界点，人工智能将超越人类智慧，人们需要重新审视自己与机器的关系。人类也将改变对生命形式的理解，会以我们无法想象的方式超越自身的生物极限。人类将在与机器的共生共存中，开启一个新的时代。

《连线》杂志创始主编、《失控》作者凯文·凯利说："我们正在做的这个互联网，这个'技术元素'要比我们自己大得多，超过我们的理解范围。但我们制造得实在是太精密了，以至于我们根本不了解它是如何运转的，尽管它（互联网）会正常运作，但了解它会超出人类的理解范围，我觉得人们可能就更谦卑了。"

关于"奇点"的论点至今众说纷纭，许多科学家依然对人类大脑的复杂性抱有信心，但在另一个新时代的概念——"地球脑"面前，几乎所有的科学家都认为那个网罗人类、网罗地球的唯一大脑，近在眼前。

"人的大脑实际上是一个网络。这是神经元非常简单的部分，每个神经元实际上都有点愚蠢，但是我们可以将它们连接在一起，智能就这样形成了。"丹尼尔·希利斯说。他的观点是："这是由于互联网连接才出现的属性。同样地，一个单独的微处理器是愚蠢的，但当你将其连入网络时，就像互联网一样，你就会拥有潜力，会出现某种新兴智能，有点像是世界大脑。我不知道是否像人类的意识一样，但是会有某种新出现的行为，这对我们来说很难想象。"

"互联网就像一个神经系统，身体的某一细胞可以立即感知周围细胞的情况。全球脑确实存在，并非一个大脑，而是一个庞大的人类与机器的连接体。"

特斯拉公司首席执行官埃隆·马斯克如是说。

凯文·凯利断言："互联网时代会把我们连接在一起，然后，再把我们与机器进行连接。我们和机器才是真正强大的结合体。这就是互联网时代的意义所在。"

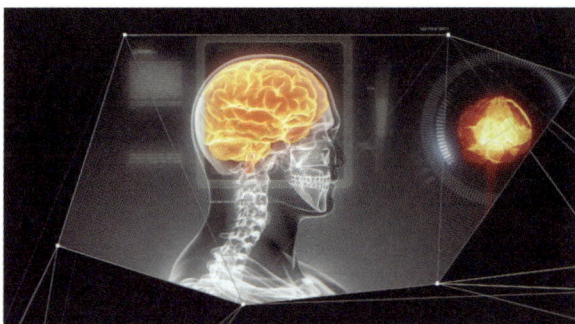

人脑分析

那个地球脑是怎样的大脑呢？全球所有的计算机，所有的存储器，包括所有的人，都将被连为一体。这个无所不包的连接体，随时被每个人驱使，随时呼应每一个人。因此，每个人将拥有一切，每个人同时又微不足道。在这里，独立的机器和独立的人都不再有意义。

那个地球脑面前的人类是怎样的人类呢？人们必须在飞速成长的网络和机器的能量面前，重新面对社会的样貌，面对人生的意义。

2013年12月20日，美国宾夕法尼亚州西雷丁镇上，近万名邻近城镇的居民相约而来，为一个名叫兰妮·布朗的8岁女孩祈福。人们从互联网上得知，这个不幸的孩子已是白血病晚期，这天可能是她人生最后一个生日。

冬日的傍晚，互不相识的人们，持久地汇聚在兰妮·布朗居住的栗树街，注视着偶尔会打开的那扇窗户，期望为兰妮·布朗短暂的人生提供一份安慰。在傍晚的昏暗中，在那些颜色质朴的冬装的纹理上，都流淌着灼热的、人的精神的温暖。

我们相信，有关互联网的未来的种种大胆预测皆有可能，但汇聚在兰妮·布朗窗前的这份积累了一万年的人类的情感，如同天边的一抹晚霞，在人类社会的天际，永远不会消散。

链接

30万倍

1971年， Intel成功地在一块12平方毫米的芯片上集成了2300个晶体管，制成了一款包括运算器、控制器在内的可编程序运算芯片，这也是世界上第一款微处理器——4004。

从一个芯片上1个晶体管到一个芯片集成数亿个晶体管；从一个芯片上储存200个字节到一个芯片储存32G甚至64G个字节； 从体积占用一个房间、耗电150千瓦的计算机到今天耗电2瓦的手持智能终端；在1968年，1美元可以买一个晶体管，而如今1美元可以买上千万个。单位信息的储存和计算成本，已经到了几乎可以忽略不计的程度。

2007年手机里指甲般大小的芯片每秒大约能进行10亿次运算，要比老式的IBM 1401快30万倍。

虚拟与现实的融合

1998年，中国学者翟振明在美国访学期间在他的个人网页上公布了一个"虚拟现实发展的假想时间表"，并特别说明"不能当作对未来的预测"，而只是个人表达虚拟世界从胚胎走向成熟的逻辑路径的一种可能方式而已。但这份"假想时间表"还是被美国的某些研究者当作一种目标投射型的预测。

在这份时间表上翟振明"预言"2008年键盘和鼠标将会被淘汰，显示屏不久将被头盔代替。而现在中国政府投入巨资的"物联网"，正在给实现他说的"第二阶段"的"遥距操作"打基础。美国Second Life等网上虚拟世界的成功运营和3D虚拟现实技术的发展，正为他"预言"的2060年的"赛博空间与互联网的结合"做必要的准备。

德国慕尼黑大学教授茨威博士率领的研究团队由来自9所大学的科研人员组成，致力于研发新的技术让虚拟世界中的物体和人具有真实的可触碰性。这个项目在欧盟的科研项目资金的支持下进行。科研人员正在发明可触摸的多模式通道界面，新的信号传输技术和先进的虚拟现实物体生成技术，让虚拟现实物体能在真实的世界中逼真地再现。

更进一步的技术在瑞士苏黎世联邦理工学院的电脑视觉实验室中进行研发。科学家用3D扫描仪和先进的模型化系统生成一个真实物品的虚拟现实替代物，例如生成一个杯子、一个盒子，甚至一次实验中科学家们生成了一只绿色毛绒青蛙玩具。生成的3D数字虚拟现实替代物可以被传送到相距遥远的人们那里，接收者需要配戴虚拟现实护目镜并触摸一个可触界面，这样就可以对虚拟现实替代物进行移动、刺破、戳入等动作。

而在东京大学开发出的"触控全息术"，让真实与虚拟有了更深的关系。这种远程显示可以保证用户在接触到投射在空气中的虚拟画面时会有触觉感受。一旦有物体打断了超声波的传输，压力场就会作用于身体部位上，这种改进了的全息触控方案能带给用户真实的触觉感受。

"我们是虚拟世界的建筑师。"中国"中山大学虚拟世界研究中心"翟振明教授这么形容与自己志同道合的一帮人——科学家、学者或是工程师。

翟振明教授说："在很长的时间内，这些在虚拟世界里操作现实世界可以做到的主体技术被运用在领先的医疗、工业设计和科研军事方面。而把这一切技术整合起来，再与网络世界对接，所有物理世界的操作都不用出来进行，这意味着人类可以设计出一个自己想要的虚拟世界，并且可以永远'宅'在里面不出来。这不只是上上网了，而是一个独立于现实的虚拟世界！"

网络进入身体

信息科技界的下一个目标之一就是"爬上"用户的身体。

耐克开发出的FuelBand腕带，可以记录和测量日常生活中的运动量，苹果CEO蒂姆·库克就佩戴了这个腕带，如今它已是众多普通用户的腕部装饰。2013年1月的CES展会上，Basis Sciences展示了一款腕上设备，能够监控用户的心率和睡眠质量等信息。一款内置压力垫的美式橄榄球头盔，能够监测运动员的健康状况，以及是否受伤等。Verizon展示了一款专为消防人员设计的可穿戴无线计算机，可浏览一般图像和红外图像。

可穿戴设备无法是否会成为主流，它都让人们以不同的方式看待技术，我们正迈向一个新世界，即技术与人们互动方式的多种可能。人们不仅仅是盯着屏幕，它会提出建议。例如，你该出去散步或购物了。

当某一天谷歌眼镜遍布全球时，又一次吸引人们眼球的，也许是视网膜成像显示的增强隐形眼镜了。

一位研究人员说："如果我们能将它设计得和传统隐形眼镜一样舒适，人们便不会感觉自己佩戴了一种特殊的隐形眼镜。并且由于采用了隐形眼镜的设计，人们可以戴着它去任何地方。不用手，也不用架在你的耳朵上。说到底，这将是一种真正的'无感'电子设备，在路上的人，可以在只有他们能看见的显示屏上浏览网页。"

"聪明的"植物

美国西部的一片农田西部，这里的植物叶面上贴着一层比一张邮票还要轻薄的智能微芯片，这是美国科罗拉多大学的科学家在2011年研制出来的，贴上这样的微智能芯片，当植物需要水时，会向农户的手机发送需求信息，获得及时适量的灌溉。

树之声音（Tree Voice）"穿戴"于树干上，利用传感器收集噪音、温度、污染度等数据指标，并发光及显示标志性图像，将这些数据显示给路人。人们只要与它"聊"上几句，就能对周边的环境了如指掌。同时，分布在城市各个角落的Tree Voice通过云端连接起来，在Dashboard这一平台上分享彼此间的数据——既包括树周边的环境，也包括它们自身的状态。

系统运行的平台Dashboard就像是大树们的Facebook，在这个平台上，你可以听取它的建议，决定晚上去哪里锻炼，甚至是哪儿的房子周边环境更好，更值得购买。最终，可以想象，这些数据将在建设无害环境的智能化未来城市中发挥作用。

"人机合一"

2007年3月，来华访问的互联网之父温顿·瑟夫被问到随着未来芯片植入人脑，互联网还会不会有边界。瑟夫在肯定了这一问题后说，他的夫人听力完全丧失，10年前在耳部嵌入了人工耳蜗，才得以部分恢复听力。瑟夫希望能够对人工耳蜗进行重新编程，使语音信息经过转化后进入互联网，而来自互联网的信息也可以转换成神经信号脉冲。这样，瑟夫夫人就可以对着电脑热烈地"交谈"。

2013年德国图宾根大学的科学家发明出一种可以修复视力的微型芯片，通过植入病人脑内，放置于眼球后方，帮助9名盲人成功恢复了视力。这个3毫米的芯片能够让1500万患者恢复视觉功能，摆脱失明的困扰。

电影《阿凡达》中，科学家人工培育名为"阿凡达"的肉体替身，通过自己的意识对其进行"远程控制"。伴随对脑电波的数字化识别、传输、翻译，似乎极为遥远的电影场景已在现实中有了映射。

浙江大学的研究团队成功地在猴子的大脑运动皮层植入两个芯片，通过意念控制一只机械手做不同的动作。虽然人脑的奥秘至今仍未被破解，"脑—机接口"目前还处在在单向识别上，电脑可以接受人的脑电波识别人的意识，但还不能将机器中的信息传输进入大脑，信息不能双向流动，但"人机合一"的大胆设想正在走向可能。

安德鲁·施瓦茨是美国匹斯堡大学"意念控制机械臂"实验项目负责人，自1988年以来，就一直参与脑电波意识控制方面的研究。他带领的团队通过大脑的意识控制手术，在6位残疾人身上成功实验。其中一位瘫痪15年的肖伊尔曼·简回忆芯片植入大脑的经历，至今依然兴奋："刚开始只是前后移动手臂，然后学着伸开和收紧手指，又慢慢能够移动手腕。我花费了几个月的时间练习怎么拿起东西，把它们从桌子的一边移动到另一边。刚开始一次要花3分钟时间，几个月之后，我每拿起一样东西只要花费不到10秒钟了。所以就是需要不断的练习、练习、再练习。而且基本上练习都会很快收到效果，我比前一天快了5秒钟。这是很大的进步，我做得越来越好。喂自己吃东西是一项很了不起的成就，因为这是我尝试完成的第一项实际任务,这也是用这样的机械手臂在自己家里面能够完成的头等实际任务。这些都是在实际生活中的应用。"

"我非常兴奋，非常高兴，也非常骄傲。在实验之前，我以为我再也不能够移动任何东西了。我可能就在自己的轮椅里面待一辈子，我也没有什么成就要去完成了。"

明尼苏达州大学神经工程中心主任、神经生物学家贺斌向《互联网时代》摄制组介绍："国际科技界的脑机接口基本上有两大类。一类是把芯片植入人脑，另一类是把装置置于颅骨之上，是完全无创的，其目标是尝试为瘫痪并非那么严重的病人服务，让他们控制计算机外部设备。通过检测跟踪脑电波信号，然后解码信号来控制外部设备。你会看到，颅骨上有一顶帽子，很多神经活动，你将其解码并发送信号来控制一系列活动，比如控制轮椅或电子邮件，或移动电脑鼠标，微控制直升机等。"

贺斌带领的团队现场演示了微控制直升飞机："脑机接口是一个带有传感器的系统，我们检测大脑是怎么想的。换句话说，如果你想要飞向左边，你就要想象移动左手。如果你想要把直升飞机转向右边，你就得想象移动右手。如果你要上升，你就得想象两只手都动。因此，能检测到此类特定模式想象，它们以可靠的方式被转换为控制信号，控制直升飞机飞行。

更为惊人的实验，是华盛顿大学首次实现的两个人脑之间的远程控制。2013年8月28日，华盛顿大学通过互联网发送其中一人脑中的"想法"，实现对另一人大脑及手部动作的控制。当时传到网上的视频显示，计算机教授拉杰什·拉奥头戴一顶连接脑电图仪的帽子，盯着电脑游戏屏幕，想象移动右手点击鼠标，发出"开火"指令，向游戏中的目标射击。脑电图仪捕捉到"开火"的脑电波信号后，将其通过互联网传给位于另一实验室的心理学助理教授安德烈亚·斯托科。斯托科头上戴有一个名为经颅磁刺激线圈的装置，该设备刺激他左脑皮层，从而指挥他的右手做出动作。斯托科在未看到电脑屏幕的情况下，"不自觉"地移动右手食指，按下面前键盘的空格键"开火"，将游戏目标击中，整个过程基本同步完成。斯托科描述称，右手"不自觉"地移动，感觉像是"神经痉挛"。

通过想法控制别人的活动，听起来好像科幻电影。斯托科解释试验中所用的只是易被脑电图仪识别的简单脑电波信号，而不是人类真正复杂的思想，目前不会让任何人拥有控制别人行动的能力。

人工智能与奇点年

2009年上半年，iRobot公司在网站上发出声明，扫地机器人Roomba已经在全球卖出了300万台，继续创造着机器人商业史上的神话。

美国的达芬奇机器人系统（Da Vinci Surgical System），以其"稳，准，狠"的刀法以及创口小，术后恢复好的效果让众多病人趋之若鹜。

除开外科手术机器人，针对老年人的医护机器人以及针对中风患者的复健机器人的研究在各国也是展开得如火如荼，全球老龄化趋势和老年人的医疗护理难关，智能化的护理机器人无疑是弥补护理人员不足的一根救命稻草。

机器人，已经表现为人形的机器，以前所未有的速度进入社会的各个角落。这要感谢两个条件的成熟：一是机器人在大规模生产上面的驾轻就熟，尤其在生产机器人上。二是机器智慧的发展。人工智能在20世纪末经历了长长的"冬天"，尤其是对脑计算的仿生（如神经网络），在蛰伏了20年后随着深度学习

（Deep Learning）等新技术潮流的兴起而重新复苏，并且在充沛的计算能力支持下达到新的历史高度。

IBM的计算机研究人员使用了世界上运算速度最快的96台计算机，制造出了包含5300亿个神经元和100万亿个突触的人造"大脑"。

亨利·马克拉姆是人脑计划（Blue Brain）的领军人物。该计划旨在通过超级计算机来"复制"人脑所有的活动，以及在其内部发生的各种反应。亨利·马克拉姆称，他正在构建的人类大脑模型将帮助我们对抗疾病，利用大脑模型，我们能更清楚地了解基本的、真实的自我，从而更真实地了解周围的事物，并更真实地认识世界。

比尔·盖茨在被问及今后20年《连线》会关注什么问题时认为，它仍会谈及对类似于可以自己写文章的机器人的恐惧并且这个议题会持续很长一段时间。

他说："探究'什么才是人类独有的智慧'将会成为未来20年，甚至更长时间内的主要议题。但在此期间，我们也会见证普适计算的逐步完善：视觉、语音、手写、眼动，所有表现出来的，对机器学习、更大存储容量、更高的可靠性无止境的追求，基本不用什么成本。"

"奇点"这个术语描述的是导致机器智能大爆炸的技术加速现象，它是由数学家斯塔尼斯拉夫·乌拉姆在1958年杜撰出来的。最近这个概念已经被未来主义者雷·库兹韦尔普及，他明确地指出2045年将成为奇点年。

雷·库兹韦尔说："我们正迎来这样一个时刻，电脑将变得智慧，不止是像人类一样智慧，而是会远远超越人类。当这一刻来临，人类——我们的身体、思维、文明都将会面临翻天覆地、无可扭转的剧变。他认为这一刻不仅无法避免，而且迫在眉睫。人类将会通过与计算机结合而获得'永生'，计算机智能将取代人脑，永久改变人类的命运。"

全球脑

《连线》杂志创始主编凯文·凯利在TED大会上向人们描述了未来5000天后

的网络世界。他认为网络将是"一台有史以来最强大的机器，是全球性的，它使用了世界5%的电力，却永远不会休息，从不停止，你不能将其关闭。这可以说是我们有史以来所做的最伟大的事情"。

"我们最后不需要那么多玩意带在身上，随时可以在随地可见的任何类型的屏幕上去登录进网络，身份得到验证，得到想要的信息，传递给想传递的人。而你想要享受的任何体验，比如读书、音乐、游戏、电影，也会有越来越多丰富的终端给你无法区分真实和虚拟的感受。"这可能就是凯文·凯利所说的未来社会——One Machine。

凯利认为，互联网的未来是个更加值得依赖的统一体（The One），更加可靠的"大机器"（One Machine）。只有一个统一体，网络就是它的操作系统，全世界所有的显示器都将连为一体。手机、电脑、鞋、汽车，所有的东西都能实现互联。

凯文·凯利说："人类技术下一个阶段应该是一台具有庞大规模的囊括思维、网页、计算机、万物为一体的统一物，它将是有史以来最大、最复杂、最可靠的机器，它的思维将超过一切个体。网络加上集体智慧给了人类一个全球脑，这是一个关于分享人类知识，所有人类智力的思想、创新和发明的总和的概念。"

声 音

很多人类活动其实是重复性的活动。我们倾向于去同一个地方工作、同一个地方娱乐，等等，因此这些行为都具有相当的可预测性。以前，我们没有收集数据并因此发现这些规律的手段。现在，随着手机及其他类似工具的出现，我们可以轻易地量化这些规律，可运用这些规律蕴含的预测能力。

——艾伯特-拉斯洛·巴拉巴西

（美国东北大学复杂网络研究中心主任、《爆发》作者）

正如达尔文的进化论改变了我们在这个世界和更大的宇宙范围内对自己的认识，在这种新的神经传统下，神经技术也有可能会带来全新的观念，让我们认清自己在宇宙中的位置。

——扎克·林奇

（美国生物神经科学家、《第四次革命》作者）

再向未来，我们的预计是，人人能上网，设备皆智能。我们也认为，个人计算机设备会变得更加个人化，它们了解你的需求和需要，远远胜于今日。对人们来说就是更有用，帮助更大了。

——方之熙

（前英特尔中国研究院院长）

我认为因特网是通过智能连接的，我试图增加更多的东西。我们的重点始终是建立一个集住、玩于一体的城市。人们创建了城市，同样更多的人会来到这里，他们会利用我们的科技，提高他们的生活水准。因此我们的主要目标就是吸引人口，为他们创造好的生活环境。我们的目标是让城市的生活更加美好。

——斯科特·萨默斯

（韩国松岛新城境外投资部副总裁）

因特网就是基础设施，就像水资源一样，是被平均分配在社会中的。因特网已经改变了社会运转的方式，就像电力曾经改变了社会运转的方式一样。它提供了电力的基础设施。人们可以利用这些服务来丰富自己的生活。

——迈克尔·迪克森

（IBM智慧城市项目主管）

我觉得可能会有合成生命，200年后吧。200年后我们可能会用细菌制造出人造生命，用以解决生活中的一些问题，像是分解垃圾，提取毒素，或者从矿里提炼黄金。我们会用这小小的细菌制造出新的工具，我觉得200年后会有这种人造生命的出现。

——凯文·凯利

（《连线》杂志创始主编、《失控》作者）

我们可以将互联网看作人脑网络和通讯中的节点，如果要升级，那么就必须提升节点的智慧。因此，如果有更多技术能够帮助处理大数据、帮助分析人脑数据，并且是以一种更加认知的模式，而不仅是纯粹的神经模式。那么就可以想象，互联网网站将变得更加智能。因此，未来互联网本身将变得更加强大。

——亨利·马克拉姆

（欧洲人脑计划负责人）

从精神疾病的角度来看，我认为很多的疾病都可以通过芯片植入来解决，帕金森病已经得到治疗，我认为更多的疾病会被治疗。西方的医学关注的是化学，中国比较关注电子，这是好事，我认为西方应该在这方面向中国学习。我认为我们应该在连接人脑和电脑上做更多的实验。我们会继续推动，更新感官，接下来10年到15年，会有更多此类的实验。

——凯文·沃里克

（英国雷丁大学教授）

"正在发生的未来"系列书
互联网时代必读书

互联网时代

互联网时代已经到来，《互联网时代》是入口
全球第一次全面、系统、深入、客观解析互联网
中央电视台继《大国崛起》《公司的力量》《华
尔街》等之后，再度重磅出击

穿布鞋的马云

阿里巴巴上市纪念版！迄今为止，最大限度地接
近真实的马云，也是唯一客观、真实、完整还原
马云22年创业史的里程碑作品！看马云，这一本
就够了！史玉柱任志强俞敏洪冯仑等14位大佬朋
友们力荐

九败一胜

校内网、饭否网、美团创始人王兴创业十年唯一
真实记录，90%以上独家创业干货首次公开，赠
5万字内部讲话与思维导图

社交红利（修订升级版）

腾讯资深员工首度系统对外分享微信、微博内幕；腾讯内部社交网络教材；李开复雷军张志东等18位CEO强烈推荐！新增6万余字，近50%以上修订幅度！

传统企业，互联网在踢门

首次提出"互联网加减法"，迄今最清晰的转型公式；雷军俞敏洪蒋昌建周健工陆雄文诚恳推荐；你以为你的对手是友商，其实你的对手是时代；看清楚什么在变重要，看清楚什么没有在变更重要

即将到来的场景时代

移动互联网时代争夺的核心，产品经理项目经理做产品研发营销的出发点；抢占场景，就站在了风口上！马云入股优酷和新浪微博，腾讯入股京东和大众点评网，都是在争夺场景
谁能占据场景，就能赢得未来！

粉丝经济

互联网大潮来袭，传统企业不转型，等死！转型，找死！只要找到突破口，就能弯道超车，置之死地而后生！WeMedia联盟成员诚恳推荐，一千万中高端人士必读！

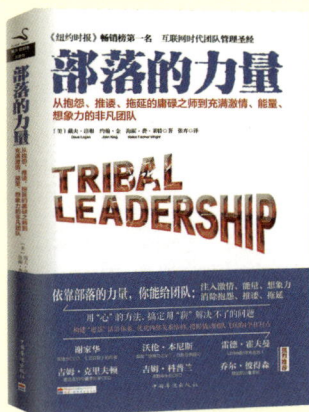

部落的力量

用"心"的办法，搞定用"薪"处理不了的问题。《纽约时报》畅销榜第一名，谢家华、沃伦·本尼斯、禅师菲尔·杰克逊强烈推荐！

智能时代

新技术催生新机会，新机会成就新的王者！智能时代大踏步来临，你准备好了吗？世界科技产业界领袖级人物杰夫·霍金斯解密智能的奥妙。两届诺贝尔奖得主强烈推荐！

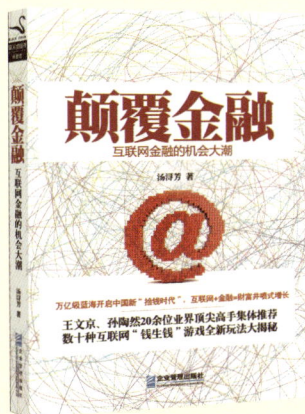

颠覆金融

王文京、孙陶然等20位顶尖高手强烈推荐，最赚钱的行业，最全新的玩法，一本书让你彻底玩转互联网"钱生钱"游戏。

BLACK SWAN
黑天鹅图书

微信账号
扫一扫，回复书名
免费试读更多互联网类好书

如需团购图书，请联络：刘佳，010-82069038
邀请作者讲座培训咨询事宜，请联络：黄先生，13810994327